天津图书馆藏敦煌遗书残片的保护修复

万群 著

学苑出版社

图书在版编目（CIP）数据

天津图书馆藏敦煌遗书残片的保护修复 / 万群著.
-- 北京：学苑出版社，2019.8
 ISBN 978-7-5077-5772-9

Ⅰ.①天… Ⅱ.①万… Ⅲ.①天津图书馆－敦煌学－古籍－图书保护－研究②天津图书馆－敦煌学－古籍－修复－研究 Ⅳ.① K870.6 ② G253.6

中国版本图书馆 CIP 数据核字 (2019) 第 162770 号

责任编辑：战葆红　李蕊沁
出版发行：学苑出版社
社　　址：北京市丰台区南方庄 2 号院 1 号楼
邮政编码：100079
网　　址：www.book001.com
电子信箱：xueyuanpress@163.com
联系电话：010-67601101（营销部）　67603091（总编室）
经　　销：新华书店
印　刷　厂：河北赛文印刷有限公司
开本尺寸：889×1194 1/16
印　　张：13.75
字　　数：175 千字
版　　次：2019 年 8 月第 1 版
印　　次：2019 年 8 月第 1 次印刷
定　　价：480.00 元

感谢国家古籍保护中心、天津市古籍保护中心对项目的支持

项目策划：李国庆　　陈红彦
鉴定专家：李致忠　　方广锠　　李际宁
实验检测：田周玲　　易晓辉　　龙　堃　　王菊华
修复装帧：杜伟生　　张　平　　李　英　　边　莎
　　　　　胡　泊　　王　超
摄影摄像：郝永利　　田婷婷　　杨　涛

序

2007年1月，国务院办公厅发布《关于进一步加强古籍保护工作的意见》，在全国大力实施"中华古籍保护计划"，将加强古籍修复工作和基础实验研究工作提升到国家层面，古籍修复面临新的发展机遇。古籍修复行业迎来了新的高速发展时期。

"中华古籍保护计划"开展的12年间，古籍修复行业无疑是发展最快的，国家、社会给予的重视和投入是之前的几十年无可比拟的，从业人员的数量也增长了十倍，最让人振奋的是科技手段在古籍保护修复中的应用更是以前无法想象的。国家图书馆和天津图书馆合作开展的"天津图书馆藏敦煌残片整理、保护与研究"印证了这一点。

国家图书馆与天津图书馆有着深厚的渊源。

作为国家总书库，国家图书馆建馆110年来，皇家秘籍、民间珍藏、流沙劫余、考古出土，直至近当代出版的书籍报刊，各类文献如涓流百川之汇大海，逐步形成了3996.2万余册馆藏的洋洋巨观，其中古籍特藏近300万册件。这些珍贵典籍一方面承袭南宋以来的皇家珍藏，与南宋缉熙殿、元翰林国史院、明文渊阁、清翰林院及内阁大库等一脉相承，益之以中华人民共和国成立后中央政府的多次调拨，成为国家图书馆藏珍贵典籍的基础；一方面来自历代藏家毕生积聚的慷慨捐让，瞿氏铁琴铜剑楼、傅氏双鉴楼、潘氏宝礼堂、周叔弢自庄严堪、常熟翁氏、涵芬楼等明清以来累世宝藏，著名的公私藏书，如百川归海，陆续入藏国家图书馆，形成国家图书馆珍贵典籍的丰富多彩；再一方面是百年国图人不遗余力地积极搜求，多方面的努力形成今天国家图书馆典籍的洋洋大观。早在京师图书馆时期，国家图书馆就配备了文献修复人员。百余年间，几代修复师用职业的坚守守护着人类文明，并在长期修复实践基础上，总结出"整旧如旧""抢救为主、治病为辅""最少干预""过程可逆"等修复原则，得到国内外同行的普遍认可和遵从。

2008年，国家图书馆古籍修复技艺入选第二批国家级非物质文化遗产名录。2009年，国图古籍修复组被文化部确定为"国家级古籍修复中心"。2012年，杜伟生先生入选第四批国家级非物质文化遗产项目古籍修复技艺代表性传承人。2013年6月，文化部委托国家图书馆成立了"国家图书馆古籍修复技艺传习中心"。2014年，古籍馆修复组被中组部、中宣部、人力资源和社会保障部、科技部联合授予第五届"全国专业技术人才先进集体"，之后，朱振彬、刘建明先后被中组部、中宣部、人力资源和社会保障部、科技部联合授予"全国专业技术人才先进个人"。2015年，国家图书馆获得文物局可移动文物修复资质。

天津图书馆是中国创建较早、历史悠久的省级公共图书馆之一，其前身是清光绪三十四年（1908）创建的直隶图书馆，其宗旨是"保存国粹，宣传文化，辅助学校教育，增长社会知识"。民国二年（1913），馆址迁至中山公园北部一幢楼房，自此有了独立馆舍。1918年9月改称直隶省立第一图书馆，1928年更名为河北省立第一图书馆，抗日战争胜利后更名为河北省立天津图书馆。1949年后，与天津市市立图书馆、天津图书馆合并为天津市人民图书馆，馆址位于承德道12号。1982年，天津市人民图书馆更名为天津图书馆。1991年复康路馆舍建成开放，2011年10月海河教育园馆舍对外开放，2012年5月文化中心馆舍建成开放，天津图书馆形成"一馆三舍"的发展格局。天津馆馆藏320万册，其中古籍文献50余万册，是我国馆藏较为丰富的省级公共图书馆之一。

天津图书馆古籍修复室成立于1978年，起初面积仅10余平方米，1991年搬入南开区复康路馆舍后增加至30平方米。1994年，天津图书馆选派万群前往国家图书馆，师从杜伟生、张平系统学习古籍修复技艺，回馆组建了历史文献部古籍修复组，从此，天津图书馆的古籍修复与保护步入了专业轨道。

天津市古籍保护中心现有受过专业技术培训的古籍保护和科研人员16人，还有两位特聘专家。中心工作用房面积、保护功能区域设置、保护实验仪器设备、大型修复设备、各种配套工具、修复纸张及材料等均位于全国前列，是集古籍修复、科研、教学、实验于一体的综合性可移动文物修复保护基地，2010年与国家图书馆一起被文化部命名为首批"国家级古籍修复中心"。由于贡献突出，天津图书馆修复的带头人万群当选2016年"全国图书馆榜样人物"。

在为两馆的古籍收藏做出重大贡献的先贤中，有一个共同的名字，那就是周叔弢先生。周叔弢（1891—1984），原名暹，字叔弢，安徽东至人，著名民族实业家、民主爱国人士和古籍文物收藏家。他出身于官宦书香之家，受到良好的传统文化教育和熏陶，自幼养成了读书、爱书的习惯。从事工商业之暇，由购读廉价石印书开始，逐步走上长达半个多世纪的藏书道路。所藏宋椠元刊、明清佳刻及抄校稿本等，质精量多，饮誉海内外，成为一代藏书大家。

1942年，周先生开始筹划将所藏古籍善本捐赠国立图书馆，他在手定的书目上写下这样一段话：

> 生计日艰，书价益贵，著录善本或止于斯矣。此编固不足与海内藏家相抗衡，然数十年精力所聚，实天下公物，不欲吾子孙私守之。四海澄清，宇内无事，应举赠国立图书馆，公之世人，是为善继吾志。倘因于衣食，不得不用以易米，则取平值也可。勿售之私家，至作云烟之散，庶不负此书耳。

中华人民共和国成立后，周叔弢先生向北京图书馆（今国家图书馆）捐献所藏善本书715种。1955年，周叔弢先生向天津市人民图书馆捐赠古籍2.2余万册，大大充实了天津图书馆的古籍收藏。周叔弢先生收藏的敦煌遗书，大多捐赠天津市艺术博物馆；少量装裱成册的敦煌遗书残片，则捐赠给了天津图书馆。

周叔弢先生对早期古籍修复事业的发展也功不可没。早在1959年，他与徐森玉作为人大代表联名提案，建议开办"古籍装修技术班"，获得有关方面采纳，由北京图书馆和中国书店分别举办一个培训班，每期两年。现在仍然活跃在古籍修复教学一线的修复大师们，基本上都是经过这两次培训而成才的。

此次，周叔弢先生赠给天津图书馆的敦煌残叶又一次发挥作用，在修复技艺的探讨和提升科学化水平中起到了巨大的作用。

2007年9月13日，天津图书馆开始进行馆藏周叔弢先生捐献珍贵古籍文献的整理工作，编制"周叔弢先生捐赠木版书本残页样拨交清单"，希望在"中华古籍保护计划"开展期间就残页保存状况进行必要的修复与装帧。经调研、专家论证，2010年向国家图书馆（国家古籍保护中心）正式提出"天津图书馆藏珍贵古籍整理、保护与研究项目"的合作申请。当时，笔者在国家古籍保护中心办公室工作，对这个项目的设计感到兴奋不已。当时，古籍保护实验室已经基本建成，此项目可以丰富古纸库的建设，同时给古籍鉴定的科学化技术手段的研发也带来了新的契机，更利于科学技术手段在古籍修复技艺上的创新和应用，遂立即向上级领导申请立项。2011年，我离开古籍保护中心办公室，回到古籍馆，成为项目的执行者。古籍保护中心办公室由张志清副馆长管理，继续组织论证项目，并为项目拨付了专项科研经费，天津图书馆（天津古籍保护中心）的李培馆长、李国庆主任、万群副主任等又争取到了配套经费，使项目在强有力的支撑下得以顺利开展。

几年过去了，项目早已完成，取得的成果令人欣慰，总结起来值得骄傲的主要有以下几个方面：

一、跨单位开放式合作，加速事业发展。

本项目是"中华古籍保护计划"实施以来，国家图书馆（国家古籍保护中心）与省中心合作开展的首个深度研究项目。

古籍保护是一项功在千秋、利在万代的事业，对于中华民族优秀传统文化传承和当前的文化建设，都有重要意义。古籍保护也是一个非常专业的工作领域，从业人员数量比较少，行业专家集中在几个大馆；古籍保护需要的科学设备有较高的要求，购置与运行成本较高，规模较小的机构较难承受。因此，古籍保护工作特别需要跨越不同单位间的壁垒，开放经营，横向合作，使得人员、设备、资金等方面效能最大化。此次两单位合作基于国家级实验室的硬件条件、两馆人员科技水平软件基础和修复师的高超技艺，使得成果具有比较强的示范意义。

二、跨界合作，提升了修复工作的人文水平和科技含量。

古籍鉴定、编目和修复，如果作为学科而言是边缘学科，古籍修复技艺需要与古籍版本鉴定、纸张检测分析、文献装帧艺术等相关领域发生密切关联，版本鉴定明确古籍刊印的时间、地点，纸张分析明确古籍用纸的各项参数，装帧形制关系到古籍能否便利使用与长久保存。这些领域的知识与研究成果，都是古籍修复工作需要参考的，有的还可以在古籍修复工作中起到关键作用，比如补纸的选择、粘接剂的选用等等。同时，修复过程本身，也需要运用更多的科学方法和检测技术手段。

本项目所保护修复的这批文献，年代从南北朝到宋元时期，时间长达七八个世纪，对于如此古老的文献，其纸张检测分析、修复用纸的适配，以及修复方法评估等诸多方面，采用多学科综合研究，在古籍保护修复领域具有创新性，有助于推动古籍保护修复工作从"经验"到"科学"的迈进。

本项目得天时、地利、人和。人员方面，汇集了国家图书馆和天津图书馆等单位版本鉴定、古籍修复、古籍保护科技等方面的专家团队和业务骨干；利用了国家图书馆近年购进的一批高精古籍纸张检测设备，获得了新的成果，实现了修复技艺的跨越式发展，也为建设古纸库、让检测结果在古籍鉴定方面发挥作用奠定了基础。

三、跨越式发展，积累资料，古籍修复科学、管理水平得以提升。

本项目在修复的同时，对珍贵文献进行科学检测。检测的目的主要是两个方面：一是通过对跨度长达七八百年的古纸样本的检测，获取丰富的数据，为建立古纸库积累资料；二是通过检测，为修复过程中补纸的选配提供参考，提高配纸的科学性。

本项目的纸张检测，力图进行一次完整系统的科学分析。通过现代纸张检测技术与 IT 技术的结合，为最终建立规范化的古籍用纸数字服务平台打下基础。"古籍用纸数字化平台"是古籍保护工作者多年来的愿望，它如同为中国千年古纸建立一个 DNA 库，不仅可以对版本鉴定起到重要辅助作用，还可使古籍修复用纸选配更加科学、合理，从而极大地提高古籍保护工作效率和修复质量。这个在以前未曾有过的实践，必将有着深远的意义。

过去的修复技艺传承更多的是修复人员间的口传身授。大量的工作实践证明，制度管理是项目成功的保障，专家的参与是提高古籍修复项目管理水平的有效途径。本项目制定了严密的修复方案，选择了得当的修复措施，从提出设想、申报论证、拟定修复保护方案，到具体实施修复、进行检测，以及项目研究过程中解决遇到的种种问题，都是依靠专家的智慧和制度的建设完成的。专家的作用在此次项目合作中得到了充分的体现。通过本项目，我们形成了文献专家与修复专家、先进技术与传统工艺、修复与研究、经验与科学相结合的全新的古籍保护理念。

本项目还建立了完备的修复档案，举凡搜集、整理与数据库建设，都有具体明确的要求并严格执行，留下了完整详细的修复记录。

在本书即将问世的时候，我们不禁回忆起几年中的点点滴滴，比如李致忠先生为代表的老一辈专家的热情关注、指导和对成果的殷切期待，张志清副馆长、李培馆长在方方面面，特别是经费方面的大力支持，杜伟生、张平、万群等修复师的心血付出。特别是万群女史，相邻城市中有备考的女儿和需要尽孝的老人，但对事业的执着，让她在北京执着地守望。还有古籍保护实验室的年轻人，对新的技术可以说近乎痴迷。或许这就是古籍工作者的职业精神，是古籍保护者的 DNA。有这样的精神，古籍保护便有了更可期待的美好的未来。

随着"中华古籍保护计划"的开展，古籍修复方案的制定、修复过程控制、新的科学技术手段应用等，在古籍修复中的借鉴参考价值，对修复的科学化、规范化的作用越来越明显，在修复教学与人才培养中也是重要参考。希望这册案例能供同行借鉴参考，其中的问题也希望更多的同行指教。在不断的磨合、修正中，修复事业会有更长足的进步。

我们期待着。

陈红彦

2019 年 2 月

目 录

第一章 天津图书馆藏敦煌文献概况 /1
第一节 文献来源 /1
第二节 文献简介 /4
第三节 残损状况分析 /7

第二章 项目进程与项目管理 /11
第一节 立项背景与基础 /11
第二节 预案管理 /19
第三节 数据采集规范 /22
第四节 项目推进过程 /23

第三章 修复原则与修复方案 /31
第一节 修复理念与原则 /31
第二节 编制修复方案 /39
第三节 残片修复技术路线 /78
第四节 整装平开册页 /92

第四章 修复案例解析 /101
第一节 册页修复案例：《莲华经提婆达多品》/101
第二节 残片修复案例 /104
第三节 背面古代补纸的处理 /118

第五章 保护措施 /135

第一节 内装具制作 /135

第二节 书柜制作 /137

第三节 保存环境 /139

第六章 纸张检测 /141

第一节 定量检测 /141

第二节 厚度检测 /144

第三节 白度检测 /149

第四节 表面 pH 值检测 /154

第五节 纸张纤维检测 /158

第六节 数据汇总与分析 /170

第七章 修复档案系统设计与应用 /179

第一节 古籍修复档案 /179

第二节 项目档案管理系统的总体设计 /182

第三节 项目档案管理系统的具体操作 /186

第四节 古籍修复数字化档案的实践意义 /195

第八章 项目经验总结 /197

主要参考书目 /201

后记 /203

第一章
天津图书馆藏敦煌文献概况

第一节　文献来源

　　天津图书馆是中国创建较早、历史悠久的省级公共图书馆之一，其前身是清光绪三十四年（1908）创建的直隶图书馆。

　　19世纪中叶以后，在变法维新和洋务运动的背景下，天津官绅纷纷兴办学堂，对新知旧学各种典籍有大量需求，长江以北最早的近代公共图书馆——直隶图书馆应运而生。光绪三十三年十月直隶提学使卢靖（木斋）筹建直隶图书馆，次年五月十一日（1908年6月9日）正式开馆。馆址最初设在大经路（今河北区中山路）直隶学务公所内。直隶图书馆以"保存国粹，宣传文化，辅助学

图 1-1　2012 年新建的天津图书馆文化中心馆舍

校教育，增长社会知识"为宗旨，开馆初期藏书近 20 万卷（册），包括严范孙先生捐赠图书、直隶督署拨发图书 1 万余卷和直隶提学使司请款专购图书 12 万卷、奉天总督徐世昌等捐赠图书等基础馆藏。

民国二年（1913），馆址迁至中山公园北部一幢楼房，直隶图书馆自此有了独立馆舍。1918 年 9 月改称直隶省立第一图书馆，1928 年更名河北省立第一图书馆，抗日战争胜利后更名为河北省立天津图书馆。1949 年后，与天津市市立图书馆、天津图书馆合并为天津市人民图书馆，馆址位于承德道 12 号。1982 年，天津市人民图书馆更名为天津图书馆。1991 年复康路馆舍建成开放，2011 年 10 月海河教育园馆舍对外开放，2012 年 5 月文化中心馆舍建成开放，天津图书馆形成"一馆三舍"的发展格局，规模在国内省级公共图书馆中处于领先地位。

中华人民共和国成立初期合并重组的天津市人民图书馆，藏书约计 40 余万册。多年来，天津图书馆多方采购新书新刊，注意征集地方文献，馆藏逐步增长，至今已达 320 万册，其中古籍文献 50 余万册，成为我国馆藏较为丰富的省级公共图书馆之一。

多年来，天津图书馆陆续接受社会各界人士、藏书家的图书捐赠，如任凤苞、周叔弢、张叔诚、叶石甫、顾维钧、石景宜等捐赠的大量中外文图书。其中，周叔弢先生捐献各类珍贵古籍 5000 余种 3.2 万余册，厥功甚伟。馆藏敦煌遗书便来自周叔弢先生捐赠。

周叔弢（1891—1984），原名暹，字叔弢，安徽东至人。著名民族实业家、民主爱国人士和古籍文物收藏家。他出身于官宦书香之家，受到良好的传统文化教育和熏陶，自幼养成了读书、爱书的习惯。从事工商业之暇，由购读廉价石印书开始，逐步走上长达半个多世纪的藏书道路。所藏宋椠元刊、明清佳刻及抄校稿本等，质精量多，饮誉海内外，成为一代藏书大家。

周叔弢与赵万里等版本目录学家交好，互相切磋琢磨，在版本学上有很高的造诣。在多年的藏书与鉴赏实践的基础上，他总结了善本的"五好标准"：版刻好，好比一个人先天体格强健；纸张好，印刷好，好比后天营养好；题跋好，

图 1-2 周叔弢先生

好比此人富有才华；收藏印章好，好比美人淡妆，幽幽素雅；装潢好，好比衣冠整齐。"五好标准"总结精当，比喻贴切，非常容易理解，至今常为古籍工作者称引。

周叔弢先生对书籍饱含着尊重和感情，无论是自己读书还是他人借观，都特别注意保护书籍。周叔弢先生生前用过的《康熙字典》，就生动展现了他爱书护书的细节。周景良先生在回忆文章中这样动情地记述："此同文书局印《康熙字典》乃先父弢翁故物。盖青少年时居扬州

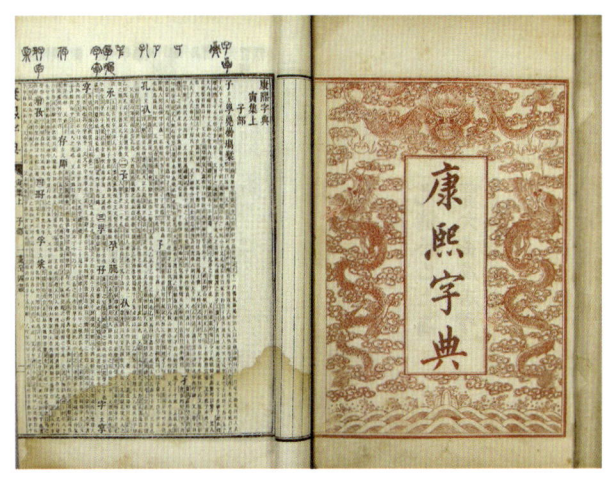

图 1-3 周叔弢先生使用过的《康熙字典》

所购者也。八十余年未尝离左右。十年动乱之初，古籍难觅，先父曾以此授景良。不数月即以另一部同样之同文《康熙字典》易回。足见弢翁对此书感情深厚。此部字典除少数装订线有断开处外，全书整齐如新。封面及书签完好，无一页有折叠、破裂者。然书页之边角处已磨圆。足见弢翁之好整洁、爱护书籍，虽数十年翻检而仍保持完好也。""面对这部用了八十年的《康熙字典》，我深深地为父亲爱护书籍、使用书籍的良好习惯而感动。父亲不但自己爱护书籍，同时也培养我们兄弟爱护书籍。所以我们兄弟每个人都自幼养成良好习惯、尽量保持书的整洁，绝无使书卷叶、折页或以手沾唾液翻书等恶习。"[1]

周叔弢先生是古籍保护工作的先行者。他十分重视对传世古籍的保护工作，常聘请古籍修复师修整自己的藏书。发现新收的古籍有断线、破纸及污渍等情况，就会马上进行保护性修复处理。1954年，他曾将为他修书多年的邢俊斗师傅推荐到天津图书馆特藏部，从事馆藏古籍修复工作，为天津图书馆古籍保护事业物色到难得的专业人员。

周叔弢先生十分关注古籍保护修复事业的发展，建议举办全国范围的培训班，培养古籍修复专业人才，解决专业人才缺乏的问题。1959年，他与徐森玉作为人大代表联名提案，建议开办"古籍装修技术班"，获得有关方面接纳，由北京图书馆和中国书店分别举办一个培训班，每期两年。[2]

周叔弢先生是古籍纸张研究的开拓者。他留意研究自己所藏历代古籍的用纸情况，注意其异同，对古籍用纸十分精通。他在批校古籍目录和撰写题跋时，往往将自己对古籍用纸的鉴别结果写出来，

---

[1] 周景良：《丁亥观书记·回忆我的父亲周叔弢》，北京：国家图书馆出版社，2012年，第1—2页。
[2] 李国庆：《藏书家周叔弢印象》，《中国社会科学报》，2012年8月13日。

如开化纸、高丽纸、明代纸、白棉纸、黄竹纸等，为后人留下了十分重要的研究线索。周叔弢先生曾拟定计划，利用地方志用纸鉴别各地刊印的古籍。遗憾的是，弢翁生前没能留出太多时间对这一问题进行更深入的思考和研究。

周叔弢先生收藏、鉴赏、研究善本书籍，不仅仅是出于个人喜好，更有保护民族文化遗产的深刻思想。他有感于历代私家藏书聚散无常，甚至发生变故而顷刻间化为乌有的种种事实，认为古籍善本只有由国家政府统一管理、珍藏，才能得到妥善保管，传之久远。1942年，他开始计划将所藏古籍善本捐赠国立图书馆，他在手定的书目上写下这样一段话：

> 生计日艰，书价益贵，著录善本或止于斯矣。此编固不足与海内藏家相抗衡，然数十年精力所聚，实天下公物，不欲吾子孙私守之。四海澄清，宇内无事，应举赠国立图书馆，公之世人，是为善继吾志。倘因于衣食，不得不用以易米，则取平值也可。勿售之私家，至作云烟之散，庶不负此书耳。[1]

中华人民共和国成立后，周叔弢先生多次向北京图书馆（今国家图书馆）、南开大学、北京大学历史系、天津医学院、天津市艺术博物馆等机构捐赠藏书与文物，实现了将藏书"举赠国立图书馆，公之世人"的愿望。1955年，周叔弢先生向天津市人民图书馆捐赠清版古籍2.2余万册，大大充实了天津图书馆的古籍收藏。周叔弢先生收藏的敦煌遗书，大多捐赠天津市艺术博物馆（今天津博物馆）；少量装裱成册的敦煌遗书残片，则捐赠给了天津图书馆。

第二节　文献简介

天津图书馆所藏敦煌遗书残片，裱为七个册页：《唐人写经残卷》三册；《唐人写经册（残页）》一册；《唐人写经真本》一册；《敦煌石室经卷残字》一册；《莲华经提婆达多品》一册。下面逐一加以介绍：

《唐人写经残卷》三册

第一册：馆藏编号Z145-1。经折装。上下以樟木板夹持。全书尺寸长×宽×高为

---

[1] 周珏良：《自庄严堪藏书综述——纪念先父叔弢先生逝世五周年》，《图书馆工作与研究》1989年第3期，第8页。

图 1-4　馆藏敦煌文献册页原貌

33.4×22.5×2.7厘米。粘裱有敦煌遗书残片34件，有南北朝写本（5—6世纪）、隋写本（6—7世纪）、唐写本（7—8世纪）、吐蕃统治时期写本（8—9世纪）、归义军时期写本（9—10世纪）。字体均为楷书。

第二册：馆藏编号Z145-2。推蓬式册页装[1]。上下无夹板，有紫黑色皮纸封面，封面正中居上裱有无字洒金书签。开本阔大，全书尺寸为33.9×56.4×1.7厘米。粘裱有敦煌遗书残片58件。本册背面有方尔谦（大方）墨笔题跋3条及敦煌写经照片17幅。

第三册：馆藏编号Z145-3。推蓬式册页装。上下无夹板，有紫黑色皮纸封面，封面正中居上裱有无字洒金书签。开本阔大，全书尺寸为33.9×56.4×2厘米。粘裱有敦煌遗书残片48件，背面附敦煌遗书3件、敦煌遗书照片11幅，实存残片合计51件。

《唐人写经真本》一册

馆藏编号S8429。经折装。上下无夹板。全书尺寸为30.9×16.7×1.5厘米。粘裱有敦煌遗书残片39件。本册为吐蕃统治时期（8—9世纪）写本《大般若波罗蜜多经》卷三五五，原为卷轴

---

[1] 推蓬式是书画册页装裱形式的一种。其做法是，先将小幅作品装裱成单张书叶，再集中成册；画芯宽大于高，裱件成品上下翻阅，向上开版。

装，后割裱为39件，改为经折装。每件7行，行17字，有乌丝栏。第6叶第2行下钤"问畊收藏"阳文长方印，尾钤"居易鸟焦巢"阳文方印、"宿芳草堂"阴文方印。

《敦煌石室经卷残字》一册

馆藏编号S8440。经折装。上下有木板夹持。方尔谦墨笔题签。全书尺寸为32.3×19.8×2.7厘米。粘裱有敦煌遗书残片31件。包括多种残经。所粘每件遗书均有骑缝章"叔弢"方形阳文朱印。该册前附目录二纸，内容如下：

佛名经四种四叶	莲华经五种（又三种）五叶（又三种）
摩诃般若波罗蜜经二种三叶	佛顶尊胜陀罗尼经一叶
大涅槃经三种三叶	维摩诘经残字一叶
金光明经残字一叶	莲华经残字三叶
大涅槃经一叶	大般若波罗蜜经二叶
大涅槃经二叶	

著录明晰，当为熟悉佛教文献与敦煌文献的人士所撰，为了解残片内容提供了必要的帮助。此册背面有方尔谦墨笔题诗及敦煌遗书照片、钱币拓片若干件。

《唐人写经册（残页）》一册

馆藏编号为S3214。经折装。上下以木板夹持。全书尺寸为34×18.4×1.7厘米。粘裱有敦煌遗书残片8件。其中第1—7件为归义军时期（9—10世纪）写本《金刚般若波罗蜜经》，原为卷轴装，后裁切为7件，每叶6行，行17字，有乌丝栏。第8叶为唐写本《妙法莲华经》卷六残片。后钤有"徐良珍藏"朱文方印，有祥麟等人墨笔题跋4则。

《莲华经提婆达多品》一册

馆藏编号为S3755。经折装。上下无夹板。全书尺寸为30.4×13.9×0.6厘米。粘裱有敦煌遗书残片12件，为初唐写本《莲华经提婆达多品》，原为卷轴装，后裁切为12件，改为经折装。每件5行，行17字，有乌丝栏。首钤"小松曾观"白文方印、"澂斋收藏书画"朱文方印。有辛亥年（1911）恽毓鼎墨笔题跋。

据敦煌佛教文献研究专家方广锠先生和李际宁先生鉴定，这批残片是早年方尔谦、李盛铎等人监守自盗，由甘肃解京敦煌遗书中窃出之物，见证了敦煌遗书流散的历史，非常珍贵。方广锠、李际宁等协助整理《天津图书馆藏敦煌遗书目录》[1]，详细记录这批文献各方面的情况。2005年，万群参加在国家图书馆召开的"国际敦煌项目第六次会议"，提交了《天津图书馆藏敦煌文献介绍》一文，从装帧及前人修复角度介绍了这批珍贵馆藏。[2]

表1-1　馆藏敦煌文献基本情况表

序号	书名	馆藏编号	《敦煌吐鲁番研究》目录编号	件数
1	《唐人写经残卷》第一册	Z145-1	津图001—034	34件
2	《唐人写经残卷》第二册	Z145-2	津图035—092	58件
3	《唐人写经残卷》第三册	Z145-3	津图093—143	51件
4	《唐人写经册（残页）》	S3214	津图144—145	8件
5	《唐人写经真本》	S8429	津图146	39件
6	《敦煌石室经卷残字》	S8440	津图147—177	31件
7	《莲华经提婆达多品》	S3755	未编入	12件
合计				233件

这批残片虽然仅有233件，总量并不算大，但仍具有很高的文献价值和史料价值：它们的时间跨度从南北朝到归义军时期，具有一定的代表性；包括多种佛经、经疏，有的佛经与后世通行本文字有差异，有的文献不见于历代大藏经，有较高的文献价值；又有近代名家题跋9则，是研究敦煌遗书流散史与敦煌学史的难得史料。

第三节　残损状况分析

馆藏敦煌遗书残片的保存状态不佳，存在一些明显的残损与病害，以及亟待解决的其他问题。主要有：

其一，在长期的流传过程中，这些册页的保存条件有过一些变化（如2008年天津图书馆馆舍装修期间），温湿度等环境的骤然改变，致使书叶大部分起皱变形，个别书叶甚至出现开裂破损。

---

[1] 天津图书馆历史文献部：《天津图书馆藏敦煌遗书目录》，载《敦煌吐鲁番研究》第八卷，北京：中华书局，2005年1月，第311—358页。

[2] 万群：《天津图书馆藏敦煌文献介绍》，载林世田、蒙安泰主编《融摄与创新：国际敦煌项目第六次会议论文集》，北京：北京图书馆出版社，2007年，第154—161页。

其二，这几件册页整体上存在十分严重的氧化现象，书页衬纸氧化斑迹已达到 70%，如不及时进行处理，衬纸严重氧化将直接损害到珍贵的敦煌文献。

其三，大多数册页之前没有恰当的装具加以护持、装饰。

其四，纸张普遍存在污渍、变形、残缺、粘连、微生物损害等病害，也存在少量的水渍、皱褶、折痕、断裂撕裂、炭化、变色、动物损害、老化、絮化、锈蚀、晕色、褪色、字迹扩散等问题。

这些残损与病害，如不及时进行处理，在保护措施不够完善的情况下，情况有可能逐步恶化，造成更大的损失。有鉴于此，有必要对馆藏敦煌遗书残片进行整理与修复，尤其是病害比较严重的《唐人写经残卷》三册及《敦煌石室经卷残字》一册，以解决当前存在的各种实际问题，使其尽快摆脱严重残损的现状，并改善保存保护环境，避免以后发生更多的病害。

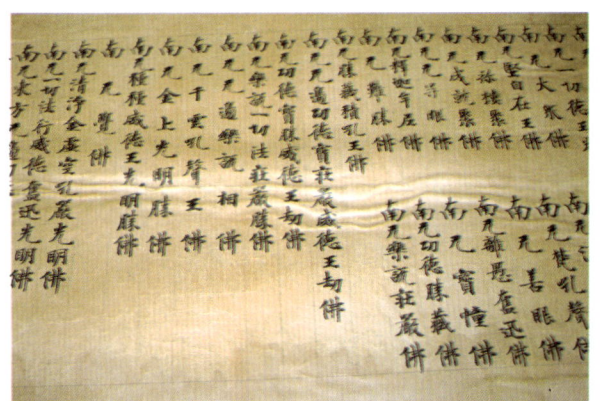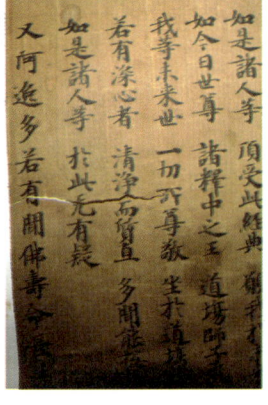

图 1-5 敦煌遗书残片的起皱、变形、断裂

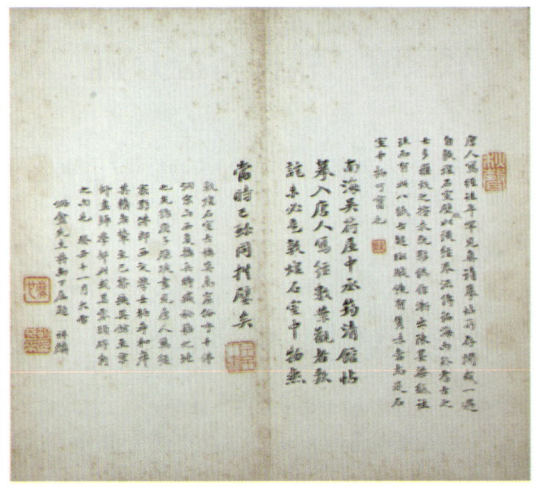

图 1-7 前人装裱

图 1-6 局部褶皱变形的残片

 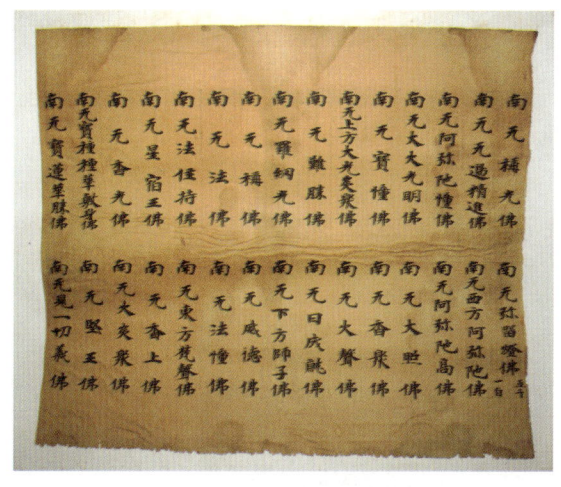

图 1-8《唐人写经残卷》第二、第三册　　　　　　　　图 1-9 状态不佳的残片

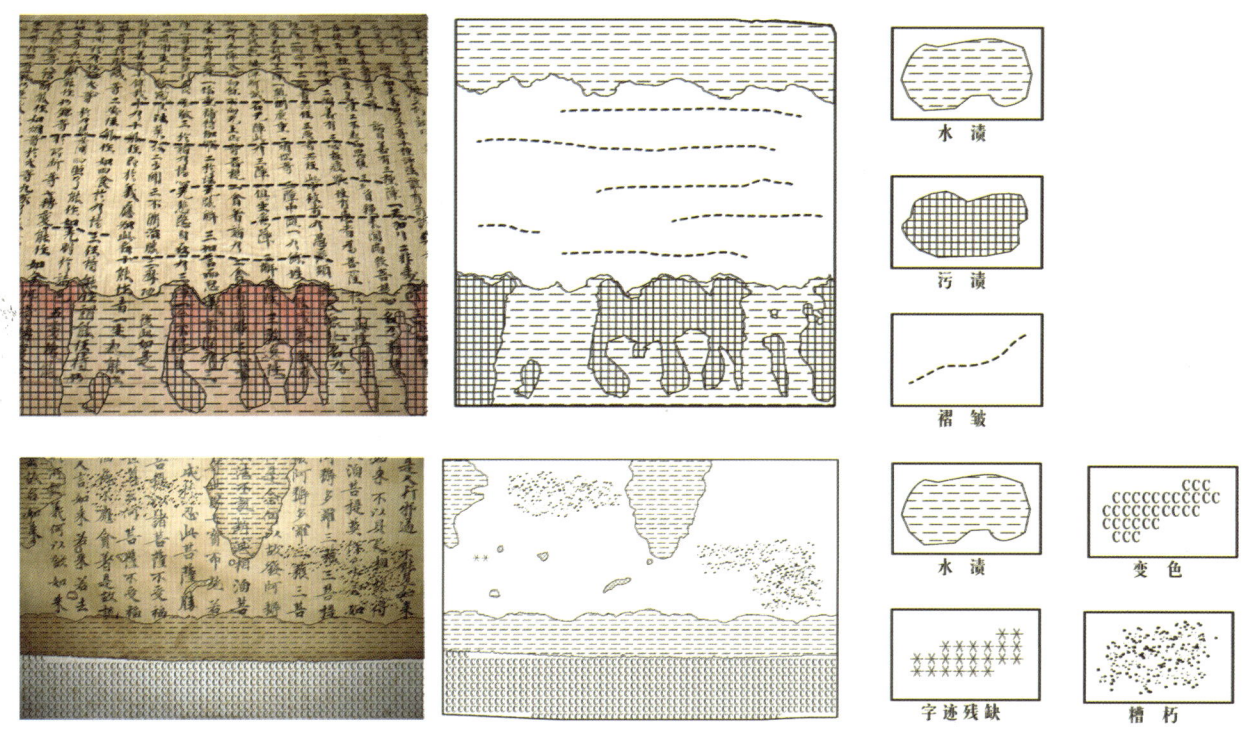

图 1-10 残片病害图示（1）

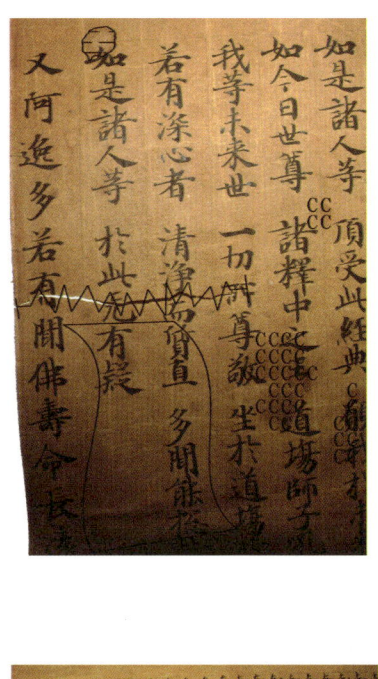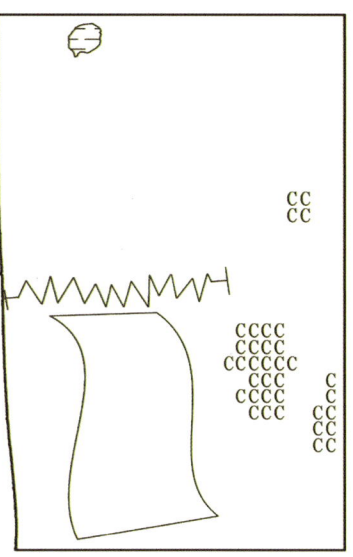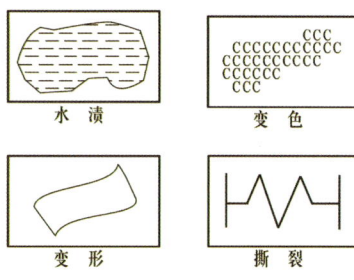

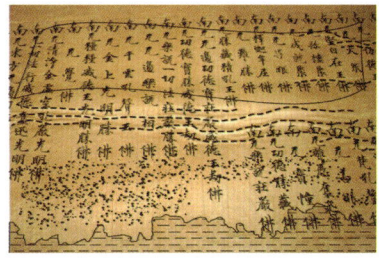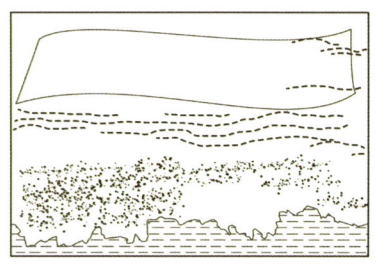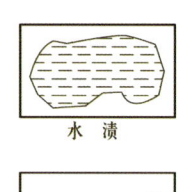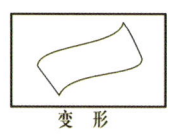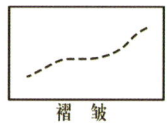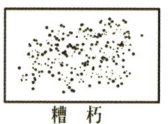

图 1-10 残片病害图示（2）

第二章
项目进程与项目管理

第一节 立项背景与基础

一、项目缘起与内容

2007年,"中华古籍保护计划"启动,开始了由政府主导的全面系统、科学规范地对现存古籍开展普查与保护工作。2010年,天津图书馆被国家文化部命名为首批"国家级古籍修复中心",这充分肯定了天津图书馆以往在古籍保护工作方面的成绩,同时对以后的工作提出了更高的要求。

在全国范围的古籍保护工作蓬勃发展中,天津图书馆积极探索新形势下古籍保护工作的方法和途径。2007年9月13日,天津图书馆开始进行馆藏周叔弢先生捐献珍贵古籍文献的整理工作,编制"周叔弢先生捐赠木版书本残页样拨交清单",希望在"中华古籍保护计划"开展期间就残页保存状况进行必要的修复与装帧。经过一段时间的认真调研,在多次组织专家学者论证分析以及大量前期筹备的基础上,于2010年向国家图书馆(国家古籍保护中心)正式提出"天津图书馆藏珍贵古籍整理、保护与研究项目"的合作申请。

这个项目具有合作模式创新、研究内容出新、预期成果具备行业示范作用等优势,得到国家图书馆(国家古籍保护中心)的高度重视。按照《国家古籍保护中心科研项目管理办法》的规定,国家古籍保护中心组织专家对项目进行评审,通过了项目申请,完成了立项。随后,国家古籍保护中心按照项目书的申请经费下拨部分款项。

"天津图书馆藏珍贵古籍整理、保护与研究"项目由两部分组成:

1. 天津图书馆藏敦煌文献整理、保护与研究。
2. 天津图书馆藏周叔弢先生捐赠宋元版残片整理、保护与研究。

这两部分的研究对象不同，研究细节上也有差异，但在研究方法、研究内容、项目管理等方面，是整体协调推进的。本书仅针对"天津图书馆藏敦煌文献整理、保护与研究"部分，内容包括文献本身的研究、修复过程的记录、修复方式的研究等，具体如下：

1. 纸张酸碱度检测。研究敦煌文献的酸化情况，对残片酸碱度进行测试，获得完整的实验数据，并进行数据分析，分析酸的分布和来源，为敦煌文献保护提供科学依据。

2. 纸张纤维检测。检测并明确纸张纤维的种类，以及填料的种类和形态，以便有针对性地采取保护措施。建立纸张纤维资料库，资料库内容包括纤维的平均长度、宽度、最大长度、宽度，以及长宽比例。纸张检测与纸张纤维资料库可成为基础参照系，以比对鉴别出其他同时代、同区域的文献。进行脱酸、去氧化斑前后扫描电子显微镜细节观察和对比，分析对比各种方法的优劣。

3. 氧化斑检测。检测并明确氧化斑的种类，研究其形成机理以及对文献的破坏作用，并研究去斑抢救方法。

4. 脱酸。对酸化程度较高的文献实施手工脱酸，以增强其机械强度，延长其保存寿命。进行定期跟踪回访，为今后早期纸质文献批量脱酸积累实践经验，提供理论支持。

5. 修复。对破损部位进行手工修复，延长文献保存寿命，并为完成修复的文献选择更科学、更安全的装帧形制。建立完备的保护修复档案，修复过程中全程详细记录修复技艺的每个环节，为今后保护珍贵古籍修复积累经验。拍摄杜伟生、张平等专家开展修复工作的录像，供今后交流教学使用。

6. 制作装具。制作安全、优质、便利的文献装具，改善文献保存的微环境，为同类文献装具制作提供参考。

7. 版本鉴定与研究。邀请专家对文献时代、内容进行鉴定，查明每叶敦煌遗书残片的文献信息并编纂详目，目录著录题名、版本、提要、稽核、版式特征、批注、装帧诸项，编制书名、主题等相关索引。通过鉴定结果与实验数据相互参照，提高鉴定的科学性和鉴定过程的规范化。

国家图书馆（国家古籍保护中心）、天津图书馆（天津市古籍保护中心）长期的工作积累和"中华古籍保护计划"启动以来古籍保护事业的新发展，为项目实施提供了必要的条件。首先，周叔弢先生捐赠的敦煌文献流传有绪，资料可靠，为项目实施提供了可靠的基础。其次，参与版本鉴定的人士，都是目前国内本专业领域成就最突出的专家学者。再次，项目资金方面以"中华古籍保护计划"科研经费为主，天津市古籍保护中心配套了部分经费，足以支持项目研究，保证了项目的顺利推进与圆满完成。

二、文献保护硬件设施

2009年，国家级古籍保护实验室在国家图书馆正式投入使用。2014年，被批准认定为文化部重点实验室，并更名为古籍保护科技文化部重点实验室（现名古籍保护科技文化和旅游部重点实验室）。实验室不仅拥有国内最先进的纸张检测仪器设备，还有多名具有专业研究经验的纸张保护专家。实验室对全国古籍收藏单位和研究者开放，为完成纸张检测提供了可能。

国家图书馆古籍保护实验室是专业从事古籍保护相关检测和研究的专业型实验室，拥有生物、化学、纸张物理性能、纸张老化、精密仪器、脱酸等实验室，仪器设备共50余件，专职工作人员8位，工作人员专业背景涵盖生物、化学、造纸、文献保护等多个领域，具备协同开展文献保护相关领域检测和科研的硬件条件和软件实力。

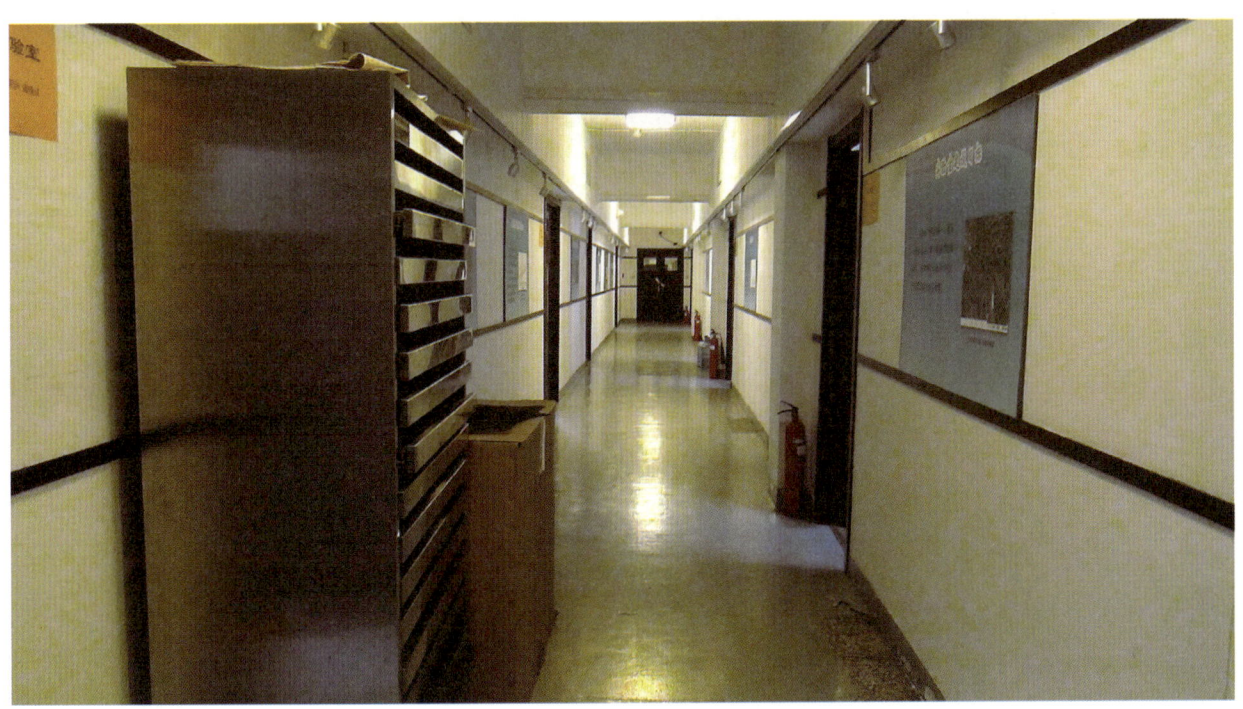

图2-1 国家图书馆古籍保护实验室

国家图书馆古籍保护实验室按照古籍保护所涉及的学科内容和研究需要建设，6个现代化实验室的研究范围分别为：

化学实验室。主要以古籍纸张的化学成分、化学性质和化学变化过程为研究对象，涉及纸张的组成成分、水分含量、pH值、高锰酸钾值、碱保留量、铜价、纤维聚合度、金属离子含量、未知

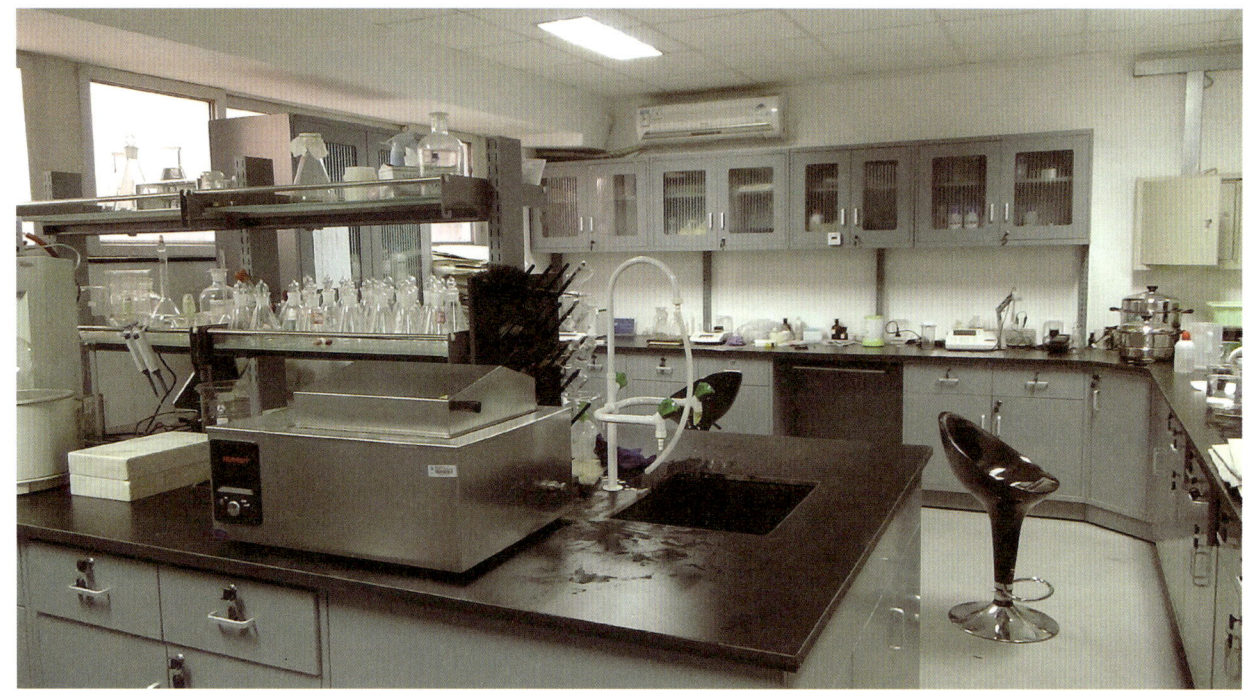

图 2-2 化学实验室

物质组成等多项研究内容。该实验室拥有电子分析天平、pH 计、恒温水浴槽、旋转蒸发仪、离心机、冷冻干燥仪、超低温冰箱、纤维解离器、超声波清洗器等仪器和设备，以及各种常用玻璃仪器、小型设备和化学试剂。实验室可开展修复用纸水分含量、pH 值、高锰酸钾值、碱保留量等参数的测定和研究。

生物实验室。主要以古籍纸张的微观显微形态及其生物危害为研究对象，包括纸张的纤维显微分析、古籍表面显微形态分析、古籍纸张纤维组分鉴定、古籍生物灾害研究及其防治对策等。实验室安装有生化培养箱、全自动正置显微镜、体视显微镜，可以开展古籍纸张表面形态显微观察和纤维显微分析等研究工作。

纸张物理性能实验室。主要以古籍纸张的物理强度、物理性质为研究对象，包括纸张的定量、厚度、紧度、白度、抗张强度、撕裂度、耐破度、耐折度、透气度、吸水性、伸缩率以及油墨的抗水性、耐磨性等各项指标。该实验室安装有全封闭的自动调温调湿系统，能够保证室内环境达到恒温恒湿；安装有精密天平、纸张厚度计、抗张强度仪、耐破仪、撕裂度仪、耐折度仪、白度仪、透气度仪、吸水性仪、油墨摩擦仪、数显卡尺及各式纸张取样刀等仪器和设备，硬件设施已达到国内顶尖水平，能够对纸张物理性能进行全方位多角度的测定和评价。

图 2-3 物理实验室

纸张老化实验室。主要研究古籍纸张的耐老化性能。在自然条件下，光、热、水分、空气等环境因素都对古籍纸张的老化过程有直接影响，开展纸张的耐候性研究对于究竟应以怎样的环境条件来保护古籍有重要意义。

精密仪器实验室。集中安装古籍纸张保护相关的大型精密仪器，如超纯水发生器、纤维质量分析仪、紫外分光光度计、X 射线荧光光谱仪、扫描电子显微镜、气相色谱—质谱联用仪、有害气体

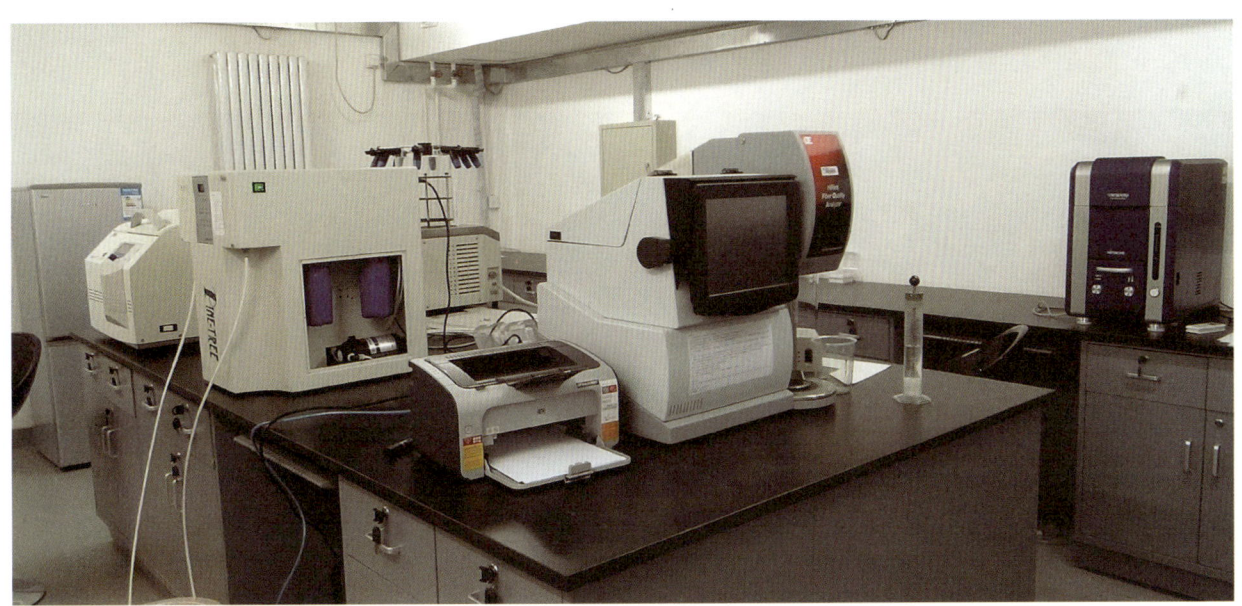

图 2-4 精密仪器实验室

成分收集检测仪等多套仪器设备，可进行纸张纤维质量分析、金属离子检测与含量分析、古籍样品扫描电镜观察、有害气体组分分析以及挥发性样品的定性和定量分析等研究工作。

脱酸实验室。2015年起，实验室开始文献脱酸研究工作，研究工作得到了文化和旅游部、广州市以及民国时期文献保护办公室等多家单位的资助。实验室自主研发了无水、液相脱酸技术，获得国家发明专利两项。研制脱酸设备两套，采用PLC可编程控制系统，可实现整本书籍的批量全自动脱酸处理。

国家图书馆古籍保护实验室良好的环境和硬件设备设施，是实现文献保护和修复既定目标的坚实基础。运用这些先进的仪器设备，本项目完成了以下检测：①修复用纸检测。主要针对修复用纸进行化学、物理性能检测，包括纸张的pH值、定量、厚度、紧度、白度、高锰酸钾值、纤维组分等指标。②古籍状态检测。主要对待修复的全部残片古纸进行化学、物理性能检测，判定估计状态，为修复工作提供参考，包括古籍纸张的pH值、物理强度、白度、纤维组分和纤维质量等指标。③纸张纤维分析。利用显微镜、纤维质量分析仪、粘度仪等仪器对纸张纤维的形态、种类、尺寸状态、聚合度进行检测。

三、古籍修复专家队伍

国家图书馆古籍馆和天津图书馆分别拥有一个经验丰富、技艺高超的古籍修复专家队伍。尤为难得的是，国图修复团队有多年修复馆藏敦煌遗书（包括残片）的经验，在敦煌遗书残片的修复、保存、装具制作方面都有较深厚的积累。

图2-5 国家图书馆古籍馆文献修复组

国家图书馆古籍馆文献修复组历史悠久。早在京师图书馆时期，馆内就配备了文献修复人员。1953年，北京图书馆正式成立"图书修整组"，经过半个多世纪的传承，2008年定名为"文献修复组"。2008年6月，国家图书馆"古籍修复技艺"被确认为国家级非物质文化遗产。2010年2月，文献修复组被评为"国家级古籍修复中心"。2011年和2012年，文献修复组设计制造的高清摄影文献修复台等六种设备器材获得中华人民共和国知识产权实用新型专利证书。2014年9月，被中组部、中宣部、人力资源和社会保障部、科技部联合授予"第五届全国杰出专业技术人才先进集体"称号。2015年4月，获得国家文物局可移动文物修复资质。

经过几代古籍修复工作者的不懈努力，国家图书馆文献修复组完成了大量的国宝级珍贵文献的修复，取得了辉煌的成绩。比如《赵城金藏》《永乐大典》、西夏文献、敦煌遗书的修复，习称为国家图书馆的四大古籍修复工程，在业界和学界都有广泛影响。近年完成或正在进行中的修复项目，有馆藏西域文献修复、馆藏"天禄琳琅"善本书修复、馆藏契约文书修复、馆藏新征集西夏文献修复、馆藏三件早期印刷品修复等项目。文献修复组善于总结工作经验，形成了一些参考价值很高的著作，如2017年5月出版的《中国国家图书馆藏西域文献的修复与保护》，在业内引起了积极的反响。

国家图书馆文献修复组拥有一支经验丰富、技艺精湛的修复专家队伍。研究馆员杜伟生为第四批国家级非物质文化遗产项目古籍修复技艺代表性传承人，中组部、中宣部、人力资源和社会保障部、科技部授予朱振彬第十二届"全国技术能手"，刘建明为第十三届"全国技术能手"，张平、胡

图 2-6 国家图书馆古籍修复师团队

玉清等修复专家在业内享有盛名，被聘为多家古籍修复技艺传习中心的导师。2013年6月，文化部委托国家图书馆成立了"国家图书馆古籍修复技艺传习中心"，杜伟生正式将文献修复组8位青年修复师收为徒弟，新一代修复专家正在茁壮成长。

天津图书馆是全国重点古籍保护单位，2010年被文化部命名为首批"国家级古籍修复中心"，天津市古籍保护中心是天津图书馆的重要业务部门之一。天津图书馆古籍修复室成立于1978年，起初面积仅有10余平方米，1991年搬入南开区复康路馆舍后增加至30平方米。1994年，天津图书馆选派万群前往国家图书馆，师从杜伟生、张平，系统学习古籍修复技艺，回馆组建了历史文献部古籍修复组，从此天津图书馆的古籍修复与保护步入了专业轨道。

天津市古籍保护中心现有受过专业技术培训的古籍保护和科研人员16人，还有两位特聘专家。中心工作用房面积、保护功能区域设置、保护实验仪器设备、大型修复设备、各种配套工具、修复纸张及材料等均位于全国前列，是一家集古籍修复、科研、教学、实验于一体的综合性可移动纸质文物修复保护基地。

天津市古籍保护中心每年修复的各类馆藏文献多达数百件，近年完成的修复项目中，比较重要的有馆藏清稿本《津门闻见录》（48册2500多页）、明洪武二十二年（1389）刻本《休邑黄氏思本图》（孤本）、清乾隆内府刻本《御制劝善要言》、明嘉靖四十四年（1565）南京徐筠泉刻本《大明重刊三藏圣教》，等等。

图 2-7 天津市古籍保护中心

图 2-8 天津图书馆古籍修复师团队

多年来，天津市古籍保护中心先后承接了多项全国各地古籍收藏单位及民间收藏的古籍善本、精平装西文图书、舆图、碑帖拓片等纸质文献修复任务，包括清华大学焚余书、古彝文手稿、北京市文物局藏古籍拓片、天津北疆博物院藏西文旧籍等。2010 至 2014 年间，还出色地修复了民间收藏的明万历刻本《三十二篆体金刚经》、明洪武刻本《老子道德经》，赢得了藏家赞誉。

天津市古籍保护中心近年获得"全国古籍保护工作先进单位"的荣誉称号，获得了"可移动文物修复资质"。古籍修复师万群主持过多项国家珍本古籍修复任务，深度参与国家古籍保护人才培养实践，并当选"2016 年图书馆榜样人物"。国家古籍保护中心在天津图书馆设立国家级古籍修复技艺传习所，聘请万群担任导师。目前，天津图书馆古籍修复的主力是一群年轻活泼的"80 后"，他们中的多位还参加过国家古籍保护中心主办的古籍修复培训班，接受过系统的专业培训。新一代古籍修复人才的成长，为天津图书馆古籍修复事业提供了坚实的保障。

第二节　预案管理

预案即预备方案，它属于工作计划的范畴，是指根据分析或经验，针对潜在的或可能发生的突发事件，预先制定的应急处理方案。其目的是确保事件发生后可迅速进行适当处置，将事件的损失降到最小。

古籍修复工作一般工序复杂，工作流程较长，在这个过程中可能会发生一些意外情况。为确保项目安全顺利实施，保护文献安全，我们制订了本项目的风险防范预案。

"天津图书馆藏珍贵古籍整理、保护与研究"项目文物修复应急预案

一、总则

（一）编制目的：为正确应对和有序处置突发性文物事件，最大限度地防范人为或不可抗拒的自然灾害等原因致使项目所涉文物在修复过程中受到破坏，保护国家图书馆与天津图书馆合作项目在京实施期间藏品的安全稳定，制定本预案。

（二）编制依据：根据《中华人民共和国文物保护法》《中华人民共和国文物保护法实施条例》《天津市文物保护管理条例》，结合国家图书馆古籍馆现行管理条例，制定本预案。

二、应急处置的基本原则

（一）群防群控，把保障文物安全应急工作放在首位，最大限度地减少文物的损害。

（二）预防为主，坚持预防与应急相结，随时做好对文物保护的思想准备。应急状态下实行特事特办，急事先办。

（三）统一领导，分级负责。在项目组的统一领导下，建立健全"分类管理、分级负责、条块结合、属地管理为主"的应急管理体制。实施行政领导干部责任制，项目负责人是文物修复工作第一责任人。

（四）快速反应，协同对应。建立联动协调制度，整合各方面资源，形成统一指挥、反应灵活、功能齐全、协调有序、运转高效的机制，在突发事件发生时，立即进入应急状态，果断采取措施，在最短时间内控制事态，将危害与损失降到最低程度。

三、应急指挥体系及职责

（一）组织机构

"天津图书馆藏珍贵古籍整理、保护与研究"项目成立，由双方主管领导牵头组成项目事故应急救援领导小组，另由项目负责人及两馆项目组成员联合成立工作组。依照职责和本预案的规定，在两馆的协同领导下，集中负责组织、协调项目所涉文物安全突发事件应急处置工作。

（二）主要职责

负责"天津图书馆藏珍贵古籍整理、保护与研究"项目实施过程中突发事件应急救援的日常工作，决定是否存在或可能存在的重大紧急事故，承担文物事件的报告，请示启动应急预案。加强对

文献修复工作日常巡查、监测和监督管理工作。设立与应急中心的通讯联系，为应急服务提供准确的技术信息和建议。负责应急过程的记录与整理。

四、应急响应

（一）文物突发事件的报告

发生文物突发事件后，项目负责人必须立即向上级领导报告，并进行现场调查，采取有效措施，防止事件扩大。涉险生命财产安全的应同时组织有序抢救。

（二）事故报告主要内容

1. 文物突发事件的类型、发生时间、地点、现场情况，报告联系人姓名、单位、联系电话；

2. 事件的主要经过和文物受损情况；

3. 事件原因的初步分析，事件发生后已采取的措施及效果；

4. 事件发生准确位置及名称；

5. 其他需要报告的事项。

（三）报送形式

突发事件信息可用电话口头初报，随后报送书面报告，必要时和有条件的应附音像资料。

（四）指挥和处置

项目应急领导小组接到突发事件报告后，根据事件的性质和严重程度提出启动相应级别的应急预案的建议。部署按照突发事件的性质和分类，项目负责人及成员应根据各自职能分工，投入到应急工作中。在应急处理程序实施完毕、各项应急救援行动结束后，由应急领导小组宣布预案终止。

五、善后处理及应急保障

（一）应组织开展突发事件受损文物的价值评估，提出修复和保护的意见或建议，组织开展对突发事件的事后补救、复原等工作。根据事件暴露出的有关问题，进一步修改和完善有关防范措施和处置预案。

（二）建立健全并落实突发事件信息收集、传递、处理、报送各个环节的工作制度，完善已有的信息传输渠道，保持信息报送设施性能完好，并配备必要的应急备用设施和技术力量，确保信息报送渠道的安全畅通。

（三）项目组应依托国家图书馆古籍馆修复中心现有条件，重视突发事件应急物资储备，并储备足够的突发事件应急物资。保证消防供水、报警设备和灭火器材的配备。项目应建立相关异地交通储运安全的应急机制。

第三节　数据采集规范

　　数据采集，又称数据获取，是利用一种装置从系统外部采集数据并输入到系统内部的过程。数据采集含义很广，包括对面状连续物理量的采集。在计算机辅助制图、测图、设计中，对图形或图像数字化过程也可称为数据采集，此时被采集的是几何量（或包括物理量，如灰度）数据。在互联网行业快速发展的今天，数据采集已经被广泛应用于互联网及分布式领域，数据采集领域已经发生了重要的变化。

　　古籍是一类特殊的信息资源，古籍文献信息数据采集即是利用计算机存储、检索、文字识别等技术将文献的信息转换成计算机可识别的数字信息，通过加工处理提供阅读检索。随着我国古籍数字化理论研究领域的不断拓展，古籍修复技术信息的数字化已不仅仅是一个技术层面的问题，它更是涉及古籍整理出版、中华文化传承、传统技艺研究、数字图书馆资源建设等方面的综合性研究课题。"天津图书馆藏珍贵古籍整理、保护与研究项目"的数字化采集，将力图在中文古籍数字化实践成果的基础上，以规范的数据采集方式，全面系统地记录项目工作全部内容，以期对今后国家珍贵古籍修复研究有所贡献，并对古籍数字化实践工作有所启示和参考。

一、数据采集的类型与方法

　　以天津馆藏敦煌文献保护与长期保存为目的的项目数据采集，包括静态的纸质文献信息数字化和动态的古籍修复技艺信息数字化两种类型。两类数据的采集可分列以下方法：

　　（一）数据制作

　　1. 按照《中文古籍编目规则》对文献进行整理编目。采用键盘输入方式，以著录的书目数据为基础，采集基本信息。

　　2. 按照《中文古籍机读目录格式使用手册》的要求使用 MARC 格式制作文献的机读数据。

　　（二）图像制作

　　1. 对修复前后的敦煌文献图像进行数字化，以数字方式存储，展现敦煌文献原貌，既利于保存，又便于应用。

　　2. 数字化图像参数。为了保证采集后的图像信息数字化后的不同应用，我们按四种技术指标存储数据，即存档数据、高清晰度数据、中分辨率和低分辨率数据。图像具有尺寸、分辨率、颜色模式等属性，像素是构成图像的最小单位。互联网发布图像数据按 150dpi、72dpi 和小图标方式提供使用。

（三）录音、录像制作

对于动态的古籍修复技艺信息的数字化，我们将项目过程中获得的录音或录像资源，通过数字化技术将模拟信号转化为数字信号。通常有两种数模转换的方式，即硬件对硬件的模数转换和硬件对软件结合的转换。

二、数据采集的规范与标准

古籍修复技术信息的数字化不能简单地理解为介质迁移，即将信息从文献载体移至数据载体。为此，"天津图书馆藏珍贵古籍整理、保护与研究项目"的数字化采集必须以现行标准规范为基础。参考标准包括汉文古籍特藏藏品定级第一部分：古籍（GB/T31076.1-2014）、古籍修复技术规范与质量要求（GB/T21712-2008）、索引编制规则（总则）（GB/T22466-2008）等。专门标准则包含大量专门为古籍数字化定制的标准，如国家数字图书馆中文文献全文版式还原与全文输入XML规范、古籍用字规范等。

此外，对于项目档案的数字化部分则基本采取《纸质档案数字化技术规范》（DA/T 31-2005），该标准将纸质文献数字化的基本环节划分为：档案整理、档案扫描、图像处理、图像存储、目录建设、数据挂接、数据验收、数据备份和成果管理九个环节。这种流程管理的方式，强调操作性强的技术规范，有利于获取规范的数据，建立完备的资料库。

第四节　项目推进过程

天津图书馆古籍修复中心在国家图书馆（国家古籍保护中心）、天津图书馆（天津市古籍保护中心）领导的信任和帮助下，积极展开并启动了项目的各项准备工作。在项目的推进过程中，两馆围绕整理保护、修复研究等主题，进行充分的调研、论证，在此基础上展开修复与研究。下面以项目进程为序，以几个比较重要的事件、会议为节点，记述项目推进主要过程，以概见项目研究的历程，提供同类古籍修复项目借鉴参考。

一、项目管理工作流程

文献遗产保护技术管理工作的经验告诉我们，古籍文献保护项目一经确立之后，需要根据实际情况设计项目目标和实施步骤。与其他领域的项目管理相同，古籍文献保护与修复项目的设计步骤，不应简单地看作一个修复技艺的操作过程，相反地，它应是在项目管理思想指导下完成的一套科学的行动方案。项目管理的实施内容大体应包括立项、计划、实施、控制与收尾等步骤。本项目的实施步骤如图 2-9 所示。

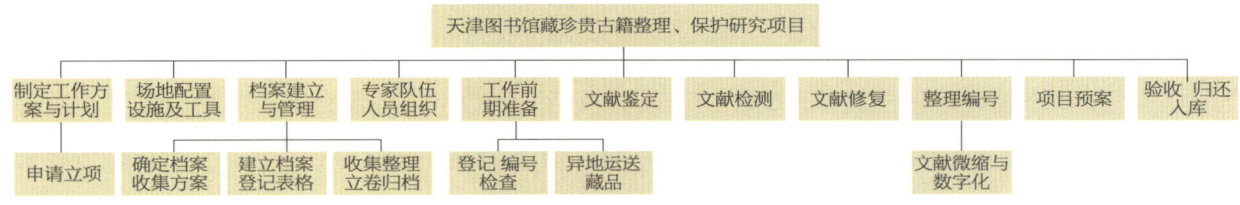

图 2-9 项目管理工作示意图

二、文献安全进京

根据项目安排，大部分修复与研究工作须在国家图书馆进行，因此文献安全转运到北京是项目启动的前提。2010 年 6 月 7 日，天津图书馆和天津市公安局选派工作人员 5 人，用专车护送这批珍贵文献安全运抵北京，转交国家图书馆古籍馆。天津图书馆历史文献部主任李国庆和国家图书馆善本部陈为共同清点所有文献，确认文献种册数及状况，双方共同在"《天津图书馆藏珍贵古籍整理、保护与研究》合作项目送书目录"上签字，认真履行了规范的文献交接手续。此后，"天津图书馆藏珍贵古籍整理、保护与研究"在京工作拉开了帷幕。

图 2-10 藏品安全交接

三、项目启动前的专家研讨

2010 年 7 月 26 日上午，"天津图书馆藏珍贵古籍整理、保护与研究项目"首次专家会议在国家图书馆古籍馆临琼楼地下一层召开。中国人民大学信息资源管理学院张美芳教授，天津图书馆历史文献部李国庆、万群，国家图书馆古籍馆杜伟生、张平、吴澍时，国家古籍保护中心办公室主任陈红彦、实验研究组田周玲、李婧、刘晨书、易晓辉、常法玲等出席了会议。此次会议就项目研究的必要性、可行性进行探讨论证。

在这次会议上，与会专家听取了张美芳教授关于她主持的国家社会科学基金项目《基于可持续发展的档案保护技术学的战略走向》的介绍。张美芳教授联合中国第一历史档案馆、上海档案馆、国家档案局等单位，对不同年代的纸样进行纤维分析，得到纤维长度、纤维宽度、纤维种类、纤维配比、填料种类等数据，初步建立了一个纸张数据库。按由现代到古代的顺序依次对这些纸张进行研究，当时已经完成当前造纸厂胶版纸、铜版纸、中华人民共和国成立后纸样、民国期间档案纸、清代270余种文献用纸、明代130余种文献用纸的研究，得到了许多现有文献都没有记载的、有重要价值的结果。专家们认为，张教授研究对本项目有非常重要的借鉴和互补作用。

陈红彦主任介绍了项目的基本情况和初步设想，希望吸纳社会各界的力量，建立各界共享的古纸库，推动文献保护工作的开展。专家们审读了项目申请书，进一步细化了项目的研究内容与目标，并对研究任务进行了初步分工。当时确定的具体研究工作主要包括以下三部分内容：

1. 版本鉴定：项目涉及的敦煌文献已经进行过基本的鉴定。邀请李致忠、张志清、李际宁、赵前、李国庆、万群等专家，对宋元本残叶进行版本鉴定，此项工作计划在两个月内完成。

2. 制定修复方案并修复、取样：此项工作由万群、吴澍时、杜伟生、张平共同负责。计划在一个月内完成修复方案的制定工作。专家们一致认为，纸张取样是进行科学检测的关键点，此次对敦煌遗书残片进行修复中，可以非主动取样，突破了纸样难寻的困境。

3. 纸张检测：此项工作由国家古籍保护中心实验研究组成员负责，使用科视达三维显微镜观察纸张的表面形态。

会后，田周玲整理了《天津馆藏周叔弢先生捐赠敦煌文献、宋元刻书残叶整理、保护与研究项目会议纪要》，刊于《文津流觞》2010年第2期（总第30期）。

2010年7月底，天津图书馆根据会议精神，修订了修复方案稿，并提交国家古籍保护中心办公室组织审议。其后，天津馆与国家馆的专家们多次就项目推进、修复方案进行协商，逐步推动项目进程。

此后，就项目推进还有过多次会议、会商。2011年2月23日，在国家图书馆善本部召开了本项目的第二次研讨会，国家图书馆古籍馆副馆长陈红彦、天津图书馆历史文献部万群、国家图书馆古籍馆实验研究组田周玲、国家图书馆古籍馆善本修复组胡泊与会。

万群介绍了项目启动以来的工作情况和初步设想，希望能协调并集中专家的力量，尽快有效落实相关工作。田周玲提交了实验研究组撰写的《天津馆项目分析书》，列出实验室当时能够完成的试验项目，并吸取了之前张平、王菊华老师补充检测指标的建议，希望得到更多现有文献没有记载的、更有价值的结果。

陈红彦副馆长就项目下一步工作做出部署：明确修复方案制定、档案建立以及修复和取样等工作由万群、杜伟生、张平、田周玲、胡泊等共同负责；在2010年呈报的《修复方案》基础上，在半个月内完成"宋元本残叶"修复方案的制定；提出工作中可采用录像、照相等多种形式，详细记录每个环节，这项任务需要参考国家古籍保护中心办公室正在编订的"修复档案管理"相关条例进行。

根据两部分文献实际状况评估，及前期试修经验小结，此次会议决定先从"宋元本残叶"整理修复入手，一段时间后再进行敦煌遗书残片的整理修复，力争三个月完成前述任务，并召开第三次讨论会。

会后，项目组形成了《"天津图书馆藏珍贵古籍整理、保护与研究项目"工作管理办法》，并初步制定出《"天津图书馆藏珍贵古籍整理、保护与研究项目"修复方案文本编写规范》总则。

四、项目正式启动

2011年7月21日，国家古籍保护中心组织召开了"天津图书馆藏珍贵古籍整理、保护与研究项目"启动会。参加人员有中国古籍保护专家委员会主任李致忠、国家图书馆副馆长张志清、国家图书馆古籍馆副馆长陈红彦、国家古籍保护中心办公室主任助理王红蕾、国家图书馆古籍馆文献修复组研究馆员杜伟生、国家图书馆古籍馆文献修复组组长胡泊、国家图书馆古籍馆文献保护组易晓辉、天津图书馆历史文献部主任李国庆、天津市古籍保护中心办公室副主任万群等。

会议由王红蕾主持。陈红彦全面介绍了项目的研究计划、工作内容和目标任务。万群汇报了项目启动过程中的各项准备工作的进展情况，同时强调作为国家保护中心与省中心合作保护、修复珍贵古籍文献的首例，希望能协调并集中专家的力量，尽快开展工作。杜伟生、胡泊、易晓辉等代表项目组，结合各自专业分别提出具体建议。

李国庆代表天津图书馆李培馆长发言，感谢国家古籍保护中心对该项目的支持，提出将"天津馆藏周叔弢先生捐赠敦煌文献、宋元刻书残叶整理、保护与研究项目"做成全国古籍保护工作的"亮

图 2-11 项目启动会合影（前排左起：杜伟生、李国庆、李致忠、张志清；后排左起：万群、王红蕾、陈红彦、易晓辉、胡泊）

点"，同时就项目"大事记"撰写提出要求。

李致忠先生充分肯定了本项目在当前珍贵文献修复保护工作中的重要意义，并就之前鉴定这批敦煌文献残片、宋元刻本残叶的所见，对项目提出指导意见。对项目名称"天津馆藏周叔弢先生捐赠敦煌文献、宋元刻书残叶整理、保护与研究项目"，李先生建议将"敦煌文献"修改为"敦煌残片"，将"宋元刻书残叶"修改为"宋元版本留真"。李先生特别回忆了他与周叔弢先生之间曾经的故事，使与会者再次深深地领略到周叔弢先生的伟大人格魅力。李先生指出，本项目研究重点之一是为这批珍贵古纸构建 DNA 库，希望能以此为起点，在大家共同努力下尽早逐步建成全国性跨地域、跨时代"古纸库"；期盼通过科学的纸张分析研究，实现古籍版本鉴定从"经验"到"科学"的过渡。

张志清副馆长指出，国家图书馆在多年修复工作中一直重视修复纸张的分析研究，并积累了许多宝贵经验，如在西夏文献整理修复中就曾据此解决过版本年代问题。他建议补充检测指标，希望就此得到更多有价值的实验数据。他简要地介绍了国外的文献保护经验、设备设施状况、保护技术方法等实例，建议项目组成员扩大视野、开阔眼界，吸取国内外同行的经验。

此次会议后不久，两馆于 2011 年 9 月正式签署项目协议书。

2011 年 10 月 12 日，再次在国家图书馆国家古籍保护中心办公室举行本项目推进会。参会人员有国家保护中心办公室副主任李翠薇、国家古籍保护中心综合组田丰、研究保护组赵文友、天津市古籍保护中心办公室副主任万群。这次会议回顾了此前工作的进度，并就补充协议签订、修复与检测工作进度、经费管理等内容进行了协商，解决了项目推进过程中的一些问题。

五、修复方案专题研讨

2011 年 11 月 8 日至 9 日，"天津图书馆藏珍贵古籍整理、保护与研究项目"修复技术方案专题研究会在国家图书馆古籍馆修复组举行，先后集中进行了两次研讨。参加人员为国家古籍馆修复组工作人员，包括杜伟生、张平、胡玉清、刘建明、朱振彬、边沙、李英等，均是有着 20 年以上纸质文献保护修复经验的专家。专家们认真听取了项目情况介绍，仔细翻检了每件待修文献，审议了《"天津图书馆藏珍贵古籍整理、保护与研究项目"修复方案编制规范（初稿）》，对修复任务落实、修复进程节点、修复技术风险预测以及装具设计等问题，对修复方案提出了许多意见和建议。

修复专家们一致认为，尽快制定科学合理的修复方案是确保修复阶段顺利进行的关键。专家们建议，加紧拍摄出可以充分反映文献病害现况的照片存档；将修复对象以"册"为单位，形成综合性的"修复方案"报告，经专家审核后，再进行每件残片的修复方案的制定；从文献残损和修复技术角度，对宋元本残叶进行分类，展开试修与修复方法评议。

这次专题研讨会，集中讨论了具体的修复方案和修复技术路线，起到了集思广益的作用。同时，还安排落实了修复量和具体分工，对项目的顺利推进起了积极的推动作用。

这次会议之后，项目组完成了《"天津图书馆藏珍贵古籍整理、保护与研究"修复方案文本编写规范》（全文见下章），对全部待修复文献进行了拍照，选购了部分修复材料，并实验性地进行了装具设计；此外还完成了宋元刻本残叶修复工作进程单，并完成了 40 件宋元刻本残叶的修复。

六、展开敦煌文献修复与检测工作

经过较长时间的反复论证、研讨，修复方案日趋成熟完善，项目组在完成充分的准备之后，开始进行修复工作。2012 年 2 月 28 日，敦煌遗书残片的修复工作在国家图书馆古籍馆古籍修复组正式开始。参与修复工作的主要有天津图书馆万群、国家图书馆李英、边沙、张平等。修复工作前后持续了近三年，期间各位修复专家多次就具体的修复方案、修复材料、处理方式等展开探讨，解决

图 2-12 检测工作团队（右起：万群、龙堃、谢谨诚、任珊珊、易晓辉）

工作中遇到的问题。

在修复的同时，我们对修复对象、修复过程进行了详细的拍照、摄像记录，留存了完备的修复档案。拍摄工作主要由国家图书馆郝永利承担，拍摄内容包括修复前后的文献图像以及修复过程视频。修复过程中，我们提取了多批纸张纤维样品，提交国家图书馆古籍保护实验室，进行纸张检测。检测工作主要由国家图书馆古籍保护实验室承担，田周玲负责实验检测整体计划及检测工作部署，易晓辉负责纸张纤维分析与判定，龙堃、任珊珊等负责纸张厚度、白度、酸碱度等测试，我们还多次向纸张研究专家王菊华请教。

修复与检测工作推进过程中，项目组还多次召开会议，研究解决面临的问题。比如 2012 年 6 月 28 日，在国家图书馆召开了本项目推进会。与会人员有国家图书馆古籍馆副馆长陈红彦，国家图书馆古籍馆古籍修复组杜伟生、张平、胡泊，文献保护组田周玲、易晓辉，善本组李际宁、程佳羽，天津图书馆历史文献部万群。这是项目启动以来首次集中修复保护、纸张研究、版本鉴定三方面专家，共同讨论项目研究工作的会议，充分体现了三个方面协作的特色。

2015年初，本项目的文献修复、纸张检测工作基本完成。修复和检测的具体情况，后文各有专章详加记载，在此不再赘述。

七、文献回馆与项目结项

经过四年多的不懈努力，本项目的修复保护与检测、研究工作，在2015年5月顺利结束，随后进入最后的整理装帧阶段。

2016年1月7日，国家图书馆文献修复组与天津市古籍保护中心共同整理本项目修复文献，清点文献种册数，确认修复成果，双方共同在"天津图书馆藏珍贵古籍整理、保护与研究合作项目送书目录"上签字，履行了文献交接手续。随后，项目组成员万群、王超及天津

图2-13 文献回馆验收

图书馆保卫科工作人员5人，用专车护送这批珍贵文献安全抵达天津图书馆古籍保护中心。

文献运回之后，暂存在天津图书馆古籍修复中心库房，修复人员为之加装了每本册页的书签及每件敦煌遗书的名称卷次签条，并以重物压放一段时间，以防楠木夹板出现变形或开裂。天津图书馆为这批珍贵文献定制了专用书柜。经天津图书馆善本书库管理员及部门主任李国庆验收无误，履行了藏品库房交接手续，运至天津图书馆复康路馆舍善本书库上架庋藏。本项目的主体工作至此结束。从此以后，这批文献的自身状况、保存环境都得到了极大的改善，它们将永久妥善地保存在天津图书馆，为学术研究和文化事业服务。

第三章
修复原则与修复方案

第一节　修复理念与原则

作为文物保护技术的一个门类，古籍修复对具体的修复工艺有着严格要求。做好古籍修复，仅凭良好的愿望是远远不够的。如果在条件不适合的情况下贸然对珍贵古籍进行修复，不仅起不到保护古籍的作用，反而会加剧它的损毁。因此，古籍修复工作所遵循的理念与原则，对于古籍修复工作的成败优劣，是至关重要的。

自古以来，历代藏书家们抱着"藏书是万年百世之事，今世赖之以知古，后世赖之以知今"[1]的信念，与国家藏书相辅相成，共同守望着中华文化的传承，为我国的藏书事业做出了杰出贡献。同时，也为我们留下了关乎文献寿命的"不尽良方"，值得尊崇和继承。比如，古人提出，书籍修复须遵从"不遇良工，宁存故物"[2]"不在华美饰观，而要护帙有道"[3]的理念。

古代文献中也记录下了许多古人保护书籍的理念与方法，其中尤以宋代史学家司马光的做法最为科学。宋人费衮的笔记小说《梁溪漫志》中，具体记述了司马光读书护书、防蠹曝书的方法，为后代留下可贵的经验："司马温公独乐园之读书堂，文史万余卷，而公晨夕所常阅者虽累数十年，皆新若手未触者。尝谓其子公休曰：贾竖藏货贝，儒家为此耳，然当知宝惜。吾每岁以上伏及重阳间，视天气晴朗日，即设几案于当日所，侧群书其上，以曝其脑，所以年月虽深，终不损动。"[4]这

---

[1] 范凤书：《中国私家藏书史》，郑州：大象出版社，2001年，第1页。
[2]（明）周嘉胄撰，田君注释：《装潢志图说》，济南：山东画报出版社，2003年，第14页。
[3]（清）孙从添：《藏书纪要·装订》，上海：古典文学出版社，1957年，第42页。
[4]（宋）费衮：《梁溪漫志》，上海：上海古籍出版社，1985年，第29页。

段话的意思是，上伏至重阳间，由于气温高、雨水勤、空气潮湿，正是蠹虫孳生的盛季，在这个季节应曝晒书脑。曝晒可以有效地防止书脑部分返潮，从而达到保护书籍的目的。

司马光也特别注意在阅读时保护书籍："至于启卷，必先视几案洁净，藉以茵褥，然后端坐看之。或欲行看，即承以方版，未尝敢空手捧之，非惟手汗渍及，亦虑触动其脑。每至看竟一版，即侧右手大指面，衬其沿而覆，以次指面捻而挟过，故得不至揉熟其纸。每见汝辈多以指爪撮起，甚非吾意。今浮屠、老氏犹知尊敬其书，岂以吾儒反不如乎？当宜志之。"[1] 他特别强调，走路时看书要用方版托着，防止书籍因受张力过大，而造成开裂损伤。除了避免因书案不干净以及汗渍造成书页污损之外，也要防止翻动书页时"揉熟其纸"。这些都是日常生活中极易被忽视的细节。司马光的做法收到了很好的效果，这些做法在今天看来都是很有科学道理的。

中华人民共和国成立以来，我国文物修复界一直沿袭着"保持原状、整旧如旧"的传统文物修复原则，目的是使破损文物通过修复恢复到较为完整的状态。20世纪80年代后期，随着国内一些文物保护修复项目与外国文物保护领域的交流合作，传统修复技术逐渐与西方先进保护修复技术结合，使得现代西方的修复理念逐步融入传统理念当中。1964年第二届历史古迹建筑师及技师国际会议通过的《国际古迹保护与修复宪章》(即《威尼斯宪章》)，强调了古迹修复的最少干预、可逆性、可兼容性、可辨识性等原则，对于古籍修复同样有很强的指导意义。在长期实践与经验总结的基础上，文物修复专家们还补充性提出了"可再处理性"等修复原则，主张在文物修复中要扩大理论研究范围，要对修复文物进行预处理，对文物材质的分析检测、病变机理、保存环境等因素进行科学的综合研究。

专家们还指出："有效的文物修复不可能仅凭对文物的艺术和历史研究而获得足够的支持，需要一系列的技术分析与现代科技手段，通过多学科的综合研究、交流对话、相互配合、可进一步了解事物的规律、运用各自学科的知识对文物进行研究、有助于达到对古代文物的补充和认识。"[2]

古籍修复是文物修复的一个专门领域，其工作对象、基本原则工作方法与文物修复是有很强的共性。文物修复的理念对古籍修复同样具有指导意义，也是我们从事珍贵古籍修复必须严格遵守的准则。古籍修复界的前辈专家，遵循"修旧如旧"等基本原则开展修复事业，在长期的工作实践中，也提出了"抢救为主、治病为辅"等工作方针，同样是我们古籍保护修复领域需要遵循的基本原则。

---

1 (宋) 费衮：《梁溪漫志》，上海：上海古籍出版社，1985年，第29—30页。
2 首都博物馆编：《文物养护工作手册》，北京：文物出版社，2008年，第2页。

一、基本原则与质量标准

国家图书馆在进行敦煌遗书修复时，总结出了四条修复原则[1]。后来，杜伟生先生更详细地阐明了古籍修复应遵循的原则[2]。这些从长期实践中提取出来的修复原则，是本项目开展修复工作的重要参考。我们在具体工作中，始终坚持以下列四条原则为指导。

第一，"整旧如旧"原则，或称"不改变原状"原则。在进行修复时，尽可能保持古籍原有的特点，在外观上保持原貌，从而保证文献的资料价值、文物价值、艺术价值不因修复而受损。2002年颁布的《中华人民共和国文物保护法》中明确规定："修复馆藏文物，不得改变馆藏文物的原状。"[3] 结合本项目面临的实际情况，我们认为"原状"宜理解为四个方面，即文献原有的形状、文献原有的结构、文献原有的制作材料、文献原有的制作工艺技术。也就是说，修复过程中要将文献原有全部信息尽量保存下来。事实上，如何做到"整旧如旧，保持原貌"，一直是文献保护工作中的难点。

第二，"最小干预"原则。对古籍的修复始终要控制在最小范围，目的是为了最大限度地保持文献的原貌。因此，无论是抢救性修复、保护性修复，还是预防性修复，都应该根据实际需要，把修复的面积控制在尽可能小的范围，能不动的尽量不动，能少动的尽量少动；添加的修复材料要尽可能地少，尽量少用新材料。所有添加的材料不仅本身要高效耐久，还应选用对文献本身影响最小的产品。要避免过度修复，不要试图恢复文献上已经缺失的文字和图像。进行修复时，尽量少添加材料。消毒、清洗、平整、加固、修复等所有环节，都应遵照这一基本原则。

第三，"可识别性"原则。指保护材料与文献本身之间应有一定的显著差异，较容易识别，同时还应与文献现状相协调，并与文献的物理、化学特性相近。修复的目的不是追求修复后古籍风貌的绝对统一，而强调修复材料必须和古籍原件有所区别。在修复之前应对古籍原貌进行拍照留档。对前代修复人员为古籍修复工作所做的贡献应该给予尊重，当不同时期的修复材料重叠在一起时，要注意保存各个时代修复的历史信息。

第四，"可逆性"原则，或称"可再处理性"原则。我们所采用的修复处理，如遇特殊情况，可随时采取措施将修复材料从原件上取下，且不致造成文献本身的损害。这就要求修复中采取的技术措施是可逆的，修复材料的使用也是可逆。文献修复之所以要求具有可逆性，是因为修复的目的

---

[1] 方广锠：《〈中国国家图书馆藏敦煌遗书〉前言》，载《中国国家图书馆藏敦煌遗书》第1册，南京：江苏古籍出版社，1999年，第5—6页；方广锠：《国家图书馆敦煌遗书的修复方案》，《文津流觞》2002年第6期。
[2] 杜伟生：《古籍修复原则》，《国家图书馆学刊》2007年第4期，第79—83页。
[3] 国家文物局博物馆与社会文物司：《博物馆纺织品文物保护技术手册》，北京：文物出版社，2009年，第3页。

是文献的长期保存。实践中，这一原则很难完全做到。因此，任何的修复处理都必须慎之又慎。

以上四个方面，可以称为古籍修复的"四项基本原则"。多年来，古籍修复工作者在"四项基本原则"的指导下，深入展开实践，并将其做出进一步研究、整合及细化。根据修复对象不同、工作重点不同，陆续补充提炼出多项亦关乎延长古籍寿命的原则。杜伟生先生做了最权威也最实用的概括，他将古籍修复分为抢救性修复、保护性修复与预防性修复，并细化了修复原则，强调修复的安全性、真实性、适宜性、相似性、规范性等[1]。这些原则，在本项目中得到充分的贯彻与体现。

2006年，《古籍修复技术规范与质量标准》作为行业标准颁布实施，2008年升级为国家标准（标准号 GB/T 21712—2008），在统一修复技术规范的基础上统一了修复质量标准，为我国古籍保护事业进入到快速发展时期提供了重要理论依据。标准重点规定了书叶修复质量要求、书芯修复质量要求、书籍外观修复质量要求以及常见各种装帧书籍修复质量要求，以优秀、良好、合格、不合格四个等级对修复质量加以衡量。该标准规范全面，且适用范围广。

古籍修复是一项以手工操作为主要形式的传统技术，操作者的工作经验和技术水平往往会直接影响到修复质量。加之古籍破损情况复杂，需随机处理的问题很多。一部古籍修复水平的高低，在《古籍修复技术规范与质量标准》规定的专业标准之外，从古籍文献自身的文物价值属性方面加以考虑，还可以再归纳出以下三个方面实用标准：

其一，历史标准。古籍文献的历史文物性决定了修复的第一标准是看它的原状是否被改变，它承载的历史信息是否被破坏。保护和修复必须保存文献上所有的重要痕迹，不要轻易放弃任何历史信息。为了检验这一内容，要求修复工作者首先要对修复对象进行检测和鉴定，要做好修复前的完整记录。整个修复过程的每一步也都应该有详细的记录，修复工作完成之后，必须按张或册做好完整的档案，给后人留下真实的历史。

其二，美学标准。修复工作者必须要对古籍文献的"艺术代表性"有充分的认识，要有正确的审美观。古籍文献的审美价值主要体现在它的历史真实性，不应该在修复过程中将它抹去，或者是为了某一方面的目的而失去总体的美感。修补上去的材料应提倡总体协调，但也应该可以辨识。传统的古籍装帧艺术有着独特的审美价值标准，需要我们在前人过往经验中得到更多的启示。

其三，科学标准。完成修复的古籍，关键要看能否延长其使用和保存时间。当修复材料、工序和方法难以达到文献永久保存要求时，就应以科学的态度，避免在修复过程中采用，以免不当的修复对文献造成无法挽回的损失。科学标准是个功能性指标，要求修复工作者审慎选择对文献本身内

---

1 杜伟生：《古籍修复原则》，《国家图书馆学刊》2007年第4期，第79—83页。

部的物理结构和组织成分改变最小、存放和操作中最为方便的技术和方法。

二、文献分类与修复等级划分

"天津图书馆藏珍贵古籍整理、保护与研究项目"需要整理、修复的文献包括敦煌遗书残片及宋元刻本散叶两部分。这些珍贵藏品的内容、载体都存在着或多或少地差异。在修复对象比较复杂的情况下，要出色地完成修复阶段的目标任务，就必须认清工作的严肃性和复杂性，必须在认真把握古籍修复原则及其各项具体要求的同时，注意洞察修复对象的细微之处。比如即使是同一时期、同一类型的纸张，由于保存状况的不同，也会导致修复技术与方法的差异。这就需要先将全部文献进行分类，并划定破损等级，以方便制定具体的修复方案并展开修复操作。

从材质角度看，本项目的修复对象有：纸质文献原件、纸质装帧附件、照片资料、木质夹板。

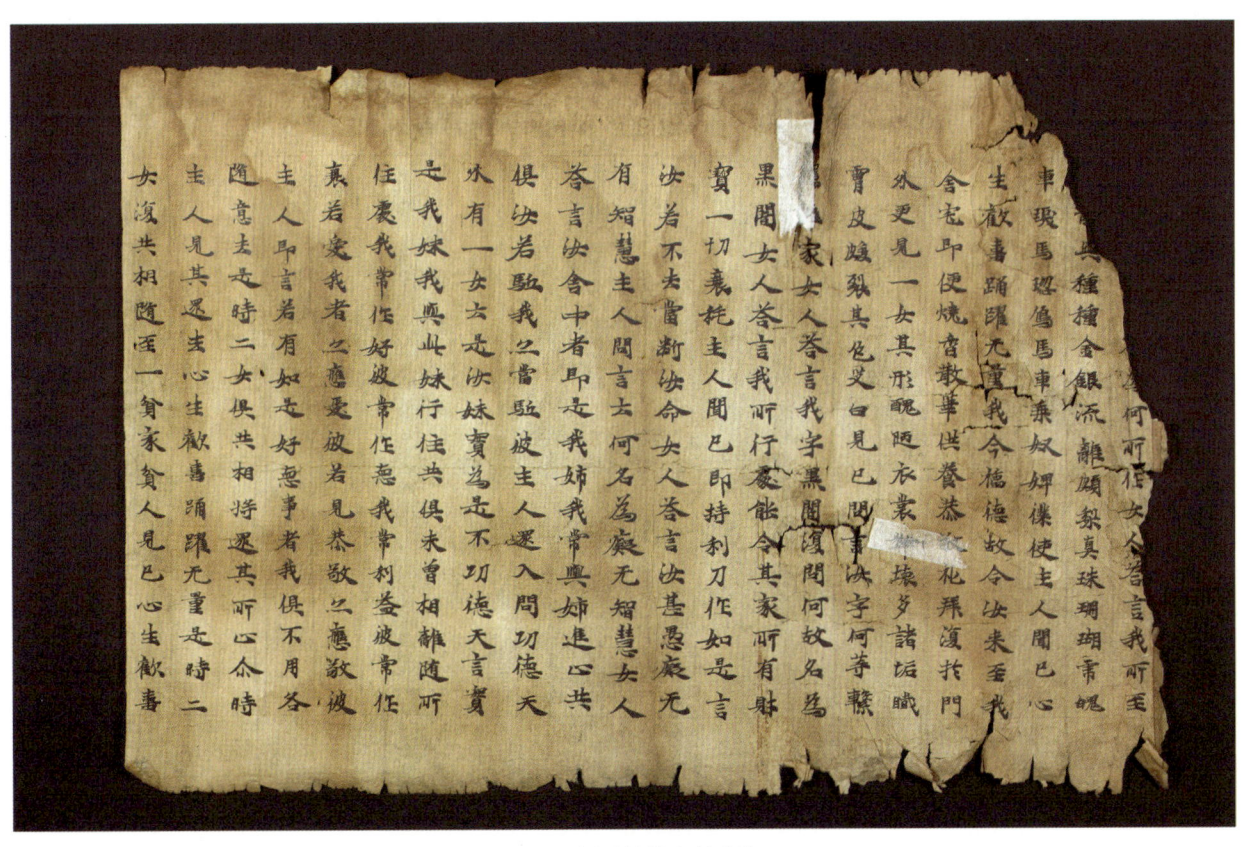

图 3-1 纸质敦煌文献残片

从载体看，有木板经折装册页、推蓬装册页敦煌遗书残片、单张宋元刻本散叶、单张册页装宋元刻本散叶。

图 3-2 大开本推蓬装封面

图 3-3 大开本推蓬装内页

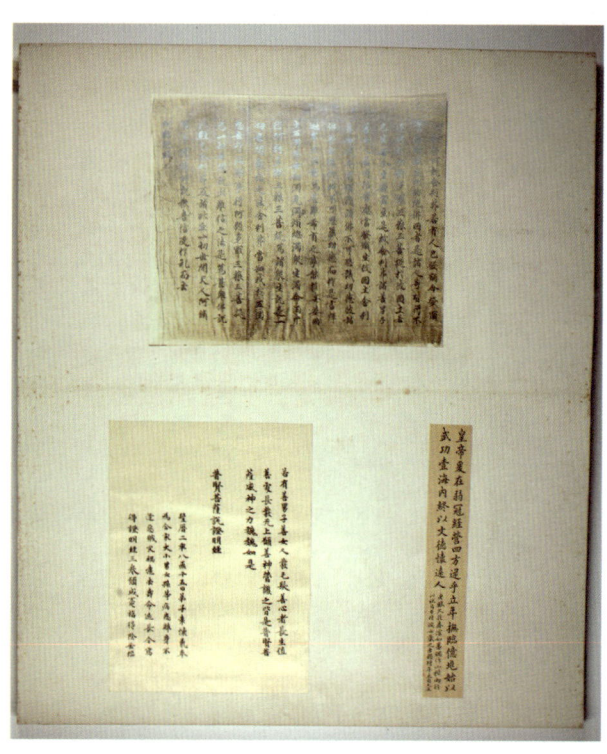

图 3-4 照片与纸质附件

图 3-5 木板经折册页

图 3-6 纸质单张附件

甚急公移書曰是爲螢報仇也制司就以議公乃拍要
害劄寨柵三所以護江南耕者蜑不復爲患雅州不以
時支軍士糧錢爲嘆公攝漕事發本司錢撥郡郡倅支
散且戮爲首人然後勸其守臣因考見郡計匱之之因
爲請爲朝焉召對言國家中興僅有天下之半而養兵
數十萬民力弊矣山東西將相所出之地皆非我有人
才不如昔矣謂官勤而撫之養而用之以備緩急而牧
養之吏聚斂于進貪黷營私者有以傷陛下之民力議
論之臣好惡不公是非不明者有以壞陛下之人才臣
願選擇良吏以培固根本擢用端人以保全士類又言
文 四九
蜀自行錢引貫收頭錢三十紹興初增至三十八今增
至六十四矣莫若減損其數或謂所虧二百萬贍軍之
費出焉非可遽減臣嘗會一界兊引二千三百餘萬貫
收頭錢一百五十三萬銷折不至者又六七萬今若減
半再歲一兊總所歲折纔三十四萬若總計之臣能節
浮費歲認若干朝廷給度牒以補若干則當兊之年引
價不至甚低矣上嘉納除工部郎時擢臣將開邊惢尚
秘密公輪對首言天下之勢譬如乗舟中興凡八十年
外而望之舟若堅好歲月既久罅漏寖多苟安朝夕猶
懼覆敗乃欲徼倖圖古人之所難臣則未之知也行都

图 3-7 单张册页装宋元刻书散叶

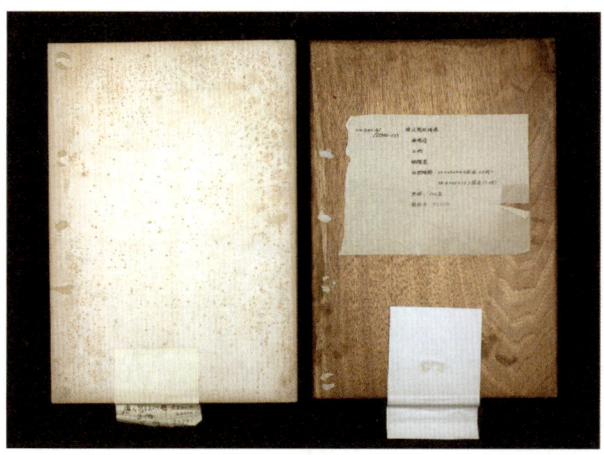

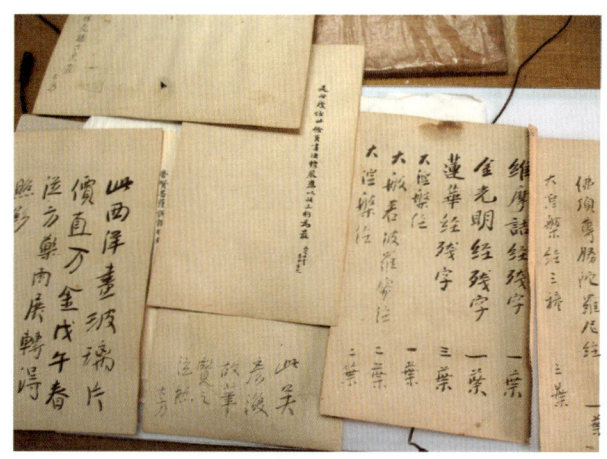

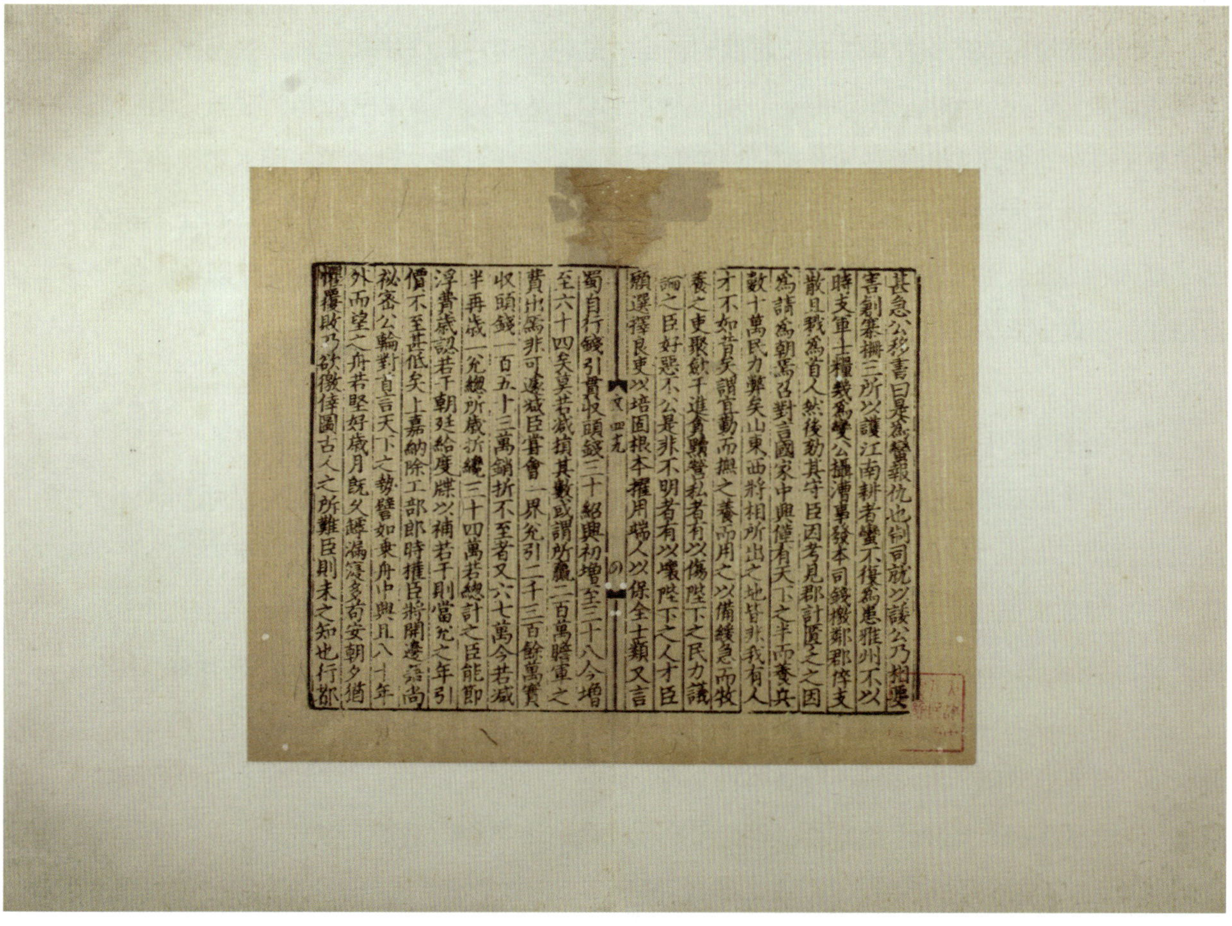

根据残损状况，我们可以对修复对象进行修复等级划分，即抢救性修复、保护性修复和预防性修复。

抢救性修复是在非常紧急状态下的修复行为，其目的是紧急阻止文献破损部位的蔓延或发展。一般情况下，主要针对的是严重破损的古籍。这部分古籍如果不能马上进行抢救性修复，破损情况很可能会继续发展，造成古籍受到伤害部分局部或全部脱落或灭失。其次，突发事件对古籍造成的损害，也是抢救性修复的主要内容。[1] 抢救性修复在此次项目中所占比例极少，仅限于修复或检测试验过程中突发状况的应急处理，如跑墨、掉色、烘染等。

保护性修复是针对严重破损程度以下的古籍，在"整旧如旧，保持原貌"的原则指导下实施的修复。这是古籍修复过程中使用最多的一种措施，也是本次项目实施修复任务的主要内容，两册《唐人写经残卷》和一册《唐人石室写经残字》，均需进行保护性修复。通过有效的保护性修复，使得馆藏敦煌文献残片彻底摆脱现有的危害纸张寿命的病害，从而体现出古籍修复工作的意义。

预防性修复采取的保护措施是预防性的，目的是避免对古籍实施较大规模的操作，体现"最小干预原则"。本项目中对敦煌遗书残片的预防性修复，是对其中尚未出现明显破损，但已经存在残损迹象的部位进行小范围的技术处理，并采取措施消除那些危害文献的不利因素和现象。具体措施包括：对《唐人写经真本》《莲华经提婆达多品》两个册页的表面清洁去污、加装上下楠木夹板；对《唐人写经册（残页）》一册木版开裂处进行粘合、书叶进行去污等；对没有损坏迹象的基本保留原样，不做更多的处理。

三、处理好几组关系

在古籍修复基本原则与标准的指导下，根据实际情况对修复对象进行分类，对不同材质、不同残损的敦煌遗书残片采取不同的工艺开展修复。但是，在具体的保护和修复过程中，经常会遇到一些问题，需要根据原则进行准确地把握，换言之，工作过程中要把握好修复的"度"。古人云"过犹不及"，说的就是这个意思。我们在进行古籍修复的过程中，需要仔细权衡，把握好几组关系。

其一，抢救与保护。在古籍修复过程中，抢救则意味着在短时间内的强有力的干预，而保护则是长效的防护工作，干预活动须在最小限度内。我国文物法明确提出了"保护为主、抢救第一、合理利用、加强管理"的十六字方针。保护和抢救都是古籍修复的重要工作方式，它们在不同的条件下选择运用：日常的保护是根本的、长效的；而抢救则是迫在眉睫、无可奈何的情况下所采取的措施。

---

1 杜伟生：《古籍修复原则》，《国家图书馆学刊》2007年第4期，第79—83页。

其二，保留与清除。古籍修复的首要原则是"整旧如旧"，不改变"原状"，但对于"原状"的理解却可以因人而异、因时间而异、因研究的进程而异。"原状"可以是古籍最初完成制作时的状态、可以是历代流传过程中某一时段的状态、也可以是进入馆藏时的状态，这些状态之间或许会存在着较大差异。那么，哪一个状态才是修复应该还原的"原状"？前些年，国家图书馆完成了对《永乐大典》的修复，其中对"现状"的保留与清除的处理，是一个很好的案例。国家图书馆收藏的《永乐大典》有的在入馆前经过了前人的修复，其中存在改变装帧形式的问题。《永乐大典》原书为皇家内府写本、绢面、包背装，流传过程中有更换书衣全册托裱者，也有改装蓝色绢面六眼线装者，形式可谓多样。经过论证，最终决定将那些前人修复改装的样式清除，全面恢复到未经前人修复时的面貌。当然，在这个过程中，应该注意保留那些古籍上留存的各种历史信息，千万不能因为修复处理而被清除。

其三，目标与方案。保护工作实施之前制定的方案，不可能是唯一的，因此需要在方案之间进行取舍。取舍的重要依据是目标，目标不同方案也会随之发生不同。目标的不同不仅在于长效或短效、抢救或保护，也在于修复对象最终的保管和研究的效果。例如，本项目对宋元刻本散叶的装帧形式的考虑，希望改变当前零散存放的状况，计划将它们合装成册。由于这个目标明确，在修复方案制定时思路便清晰而精准，考虑了装帧设计的需要。

其四，传统与创新。长期的应用实践证明，我国传统的古籍保护技术是科学的，可以与现代科技融合对接，当前古籍修复业界也非常注重本领域的技术创新。需要特别注意的是：所有新材料和新工艺都必须经过前期试验和论证，证明是最有效的、对文献是无害的，方才可以使用。千万不可为了提高工作的科技含量，而进行不必要的创新。对于新材料、新工艺，必须要掌握适度原则。传统是事业发展的根基，创新需要在传统基础上加以实现。

第二节　编制修复方案

文献修复方案是针对古籍文献破损情况制订的具体修复计划和措施。其目标是对古籍文献修复任务进行总体设计和规划，以修复文献的真实性和完整性为原则进行的科学的整体策划。同时，应制定出系统详尽的保护措施，并核定实施相关技术规范和标准。制定完善的修复方案，有利于明确文献修复目的，选择最佳处理方法，从而达到保证修复质量的最终目标。

修复方案内容应包括：分析文献载体材料的性质、老化损坏状况及原因，拟定修复方法与步骤，选择修复材料，明确文献交接、档案整理等修复过程中的要求。修复方案一般由修复人员集体制订，形成书面文件，对有争议的问题要听取相关专家的建议。修复方案的制定可根据不同情况酌情进行：一般古籍文献的修复方案力求简明，批量处理的文献和珍贵文献则必须制订详细的修复方案，珍贵文献的修复方案还应经专家论证和上级领导审批，并进行相关的先行实验以取得科学的根据[1]。修复方案一经确定，整个修复过程中应严格遵守；如发现方案的不妥之处，应及时加以研讨并修正。

文物保护领域经过多年实践，已经形成了一些文物保护与修复技术规范，先后颁布了系列文物保护行业标准和纲领性指导文件，如WW/T 0025-2010《馆藏纸质文物保护修复方案编写规范》、WH/T 22-2006《古籍特藏破损定级标准》、WW/T 0026-2010《馆藏纸质文物病害分类与图示》等。这些标准为我们编制出规范的修复方案提供了重要依据和样本。结合文献散叶与书籍修复的特点，我们对照性地编制出《"天津图书馆藏珍贵古籍整理、保护与研究"修复方案文本编写规范》，由此统一了文本格式，为项目的规范化奠定了基础。

在上述《修复方案文本编写规范》的指导下，我们为拟修复文献逐一编制了修复方案，并展开论证，获得通过之后用于指导修复实践。有的册页上裱褙的残片存在明显的残损，需要加以处理。针对这类残片，我们也逐一为之量身定做了修复方案，记录了残片的基本信息以及计划采用的修复技术路线。以下是《文本编写规范》（含总体方案附录）及修复方案的样例。

一、修复方案文本编写规范

"天津图书馆藏珍贵古籍整理、保护与研究"修复方案文本编写规范

一、总则

本规范按照中华人民共和国文物保护行业标准WW/T 0025-2010《馆藏纸质文物保护修复方案编写规范》的规则起草。

本规范部分内容参照了WH/T 22-2006《古籍特藏破损定级标准》、WW/T 0026-2010《馆藏纸质文物病害分类与图示》，并与之相协调。本规范主要起草人：杜伟生、张平、万群。

1. 概述

"天津图书馆藏珍贵古籍整理、保护与研究项目"修复方案文本内容包括：封面，各方签章，馆藏纸质文物保护方案编制信息表，前言，基本信息与文物价值，保存状况的调查与评估，保护修

---

[1] 张美芳、张松道：《文献遗产保护技术管理理论与实践》，长春：吉林文史出版社，2009年，第92—95页。

复工作目标，保护修复的技术路线及操作步骤，风险评估，保护修复后的保存与使用条件建议，安全措施，经费预算与管理等。

2. 封面

"天津图书馆藏珍贵古籍整理、保护与研究项目"修复方案封面一是方案文本首封面，封面二是方案文本的扉页。

3. 各方签章

"天津图书馆藏珍贵古籍整理、保护与研究项目"保护修复方案应有委托单位、方案编制单位和方案单位法人代表的签字并加盖公章；应有方案编制负责人和审核人的签章。各方签章应按照附表填写。

4. 保护修复方案编制信息表

5. 前言

"天津图书馆藏珍贵古籍整理、保护与研究项目"修复方案应编写任务来源、目的、意义等内容。

6. 基本信息与文物价值

6.1 基本信息

"天津图书馆藏珍贵古籍整理、保护与研究项目"保护修复的基本信息包括：登录号、名称、年代、类别、等级、质地、尺寸、质量、收藏单位、入藏时间等。

6.2 文物价值

"天津图书馆藏珍贵古籍整理、保护与研究项目"的价值主要包括下列几方面：

6.2.1 从历史、艺术、科学等角度说明该文物的文物价值。

6.2.2 说明该文物在天津图书馆所收藏文献的地位及在本地区文物研究中的作用。"天津图书馆藏珍贵古籍整理、保护与研究项目"的基本信息与文物价值应按照一件一表，附在方案正文之后。

7. 保存现况的调查与评估

7.1 保护与修复资料的历史调查

"天津图书馆藏珍贵古籍整理、保护与研究项目"所用纸质文献曾经做过保护与修复，应尽可能提供原保护修复的有关资料，且馆藏纸质文物的保护修复历史资料调查情况应按照一件一表附后。

7.2 病害调查

7.2.1 应对"项目"文献现状进行描述，提供可反映病害状况的保存现况照片。照片拍摄角度和取景部位应侧重文物病害状况。拍摄时，应在文献旁边放置标尺和色卡。

7.2.2 应对"项目"文献病害进行描述，绘制病害图，在图中标出病害种类和分布。病害图的绘制应根据 WW/T 0026-2010《馆藏纸质文物病害分类与图示》。

7.2.3 应对"项目"纸质文献的病害现状做出整体评估，依据 WH/T 22-2006《古籍特藏破损定级标准》划定级别。一物一表，现状照片与病害图相互参照附后。

7.3 分析检测

"天津图书馆藏珍贵古籍整理、保护与研究项目"保护修复方案编制时，应做一些必要的分析检测，主要包括：保存环境的温湿度和照度、pH 值、材质纤维、组织结构、书写绘画颜料、有害气体及微生物、写印色料的溶解性、色度等。以上项目未作检测的，需说明原因。需要取样的，应按照相关程序申报。

8. 保护修复工作目标

8.1 保护修复的数量指标

应明确保护修复天津馆藏珍贵文献项目的数量。

8.2 保护修复的技术指标

应从天津馆藏珍贵文献保护修复前后 pH 值、色差、柔软度、强度、平整度等方面做出技术指标衡量。

9. 保护修复的技术路线及操作步骤

9.1 保护修复技术路线应在对天津馆藏珍贵文献保存现状、保护修复工作目标、保护修复原因、国内外纸质文物保护修复方法进行充分研究分析基础上提出。

9.2 应根据实际情况并依据保护修复技术路线制定操作步骤。

9.3 应分别列出各操作步骤中拟采用的材料、工艺，并简述实施过程中的要求。

9.4 需异地保护修复时，应说明运输过程中的安全措施、运期等要求。

10. 风险评估与技术变更

10.1 应说明在"天津图书馆藏珍贵古籍整理、保护与研究项目"保护修复过程中可能出现的技术难题及应对措施。应先做局部试验，待请专家论证后方可进行技术实施。如方案实施过程中出现问题，应做出调整并在专家论证后进行技术变更。

10.2 应说明在"天津图书馆藏珍贵古籍整理、保护与研究项目"保护修复工作完成后珍贵文献短期和长期保存期间，文献可能出现的问题，并制定应对问题的具体措施。

11. 保护修复的工作量与进度安排

11.1 保护修复的工作量

明确"天津图书馆藏珍贵古籍整理、保护与研究项目"中每个步骤的工作量，根据拟保护修复文献的类别、数量及难度，在具备一定场地、设备的情况下，确定所需技术人员数量、工作时间等。

11.2 工作进度安排

应说明按月、周的工作进度时间安排每时间段的工作指标。工作进度安排应根据下列各项确定：

11.2.1 保护修复的工作量；

11.2.2 项目实施技术人员的人数及投入时间；

11.2.3 若工作进度可能存在不可能预测的情况，应作相应说明。

12. 保护修复后的保存和使用条件建议

对天津馆藏珍贵文献修复后的装具、保存和使用条件提出建议，包括存放方式和环境温湿度、照度等。

13. 安全措施

13.1 应制定包括"天津图书馆藏珍贵古籍整理、保护与研究项目"在保护修复过程中一切运输、移交、实验、出入库等相关规章制度，确保文物的绝对安全。

13.2 应尽量避免在"天津图书馆藏珍贵古籍整理、保护与研究项目"保护修复、方案设计过程中因生化材料使用而产生的有害物质，在产生有害物质的情况下，应提出控制方法等。

14. 经费预算与管理

"天津图书馆藏珍贵古籍整理、保护与研究项目"修复应按照国家有关文物保护修复专项经费管理办法编制预算，并根据国家古籍保护中心"关于项目经费管理若干规定"实施。

二、格式

1. 幅面尺寸

"天津图书馆藏珍贵古籍整理、保护与研究项目"保护修复方案文本幅面尺寸为 A4 规格。

2. 文本格式：方案名称一律为宋体 3 号字，正文字体一律为宋体小 4 号字。

附录 A 封面一 包括：方案名称、方案编制单位、联系人及电话（略）

附录 B 封面二 包括：方案编制单位、单位法人、方案审核人、方案编制负责人（略）

附录 C 各方签章（略）

附录 D 保护修复方案编制信息表

方案名称	"天津图书馆藏珍贵古籍整理、保护与研究项目"保护修复方案				
方案委托单位	天津图书馆				
方案编制单位	名称	国家图书馆			
	单位所在地	北京市			
	通讯地址	北京市文津街 7 号	邮编	100034	
	资质证书	文化部颁发国家级古籍修复中心	代码		
	主管部门	文化部	代码		
方案编制参与单位	序号	单位名称			
	1	天津图书馆			
	2				
方案编制负责人	姓名		性别	□男□女	出生年月	
	学历	□研究生□大学□大专□中专□其他			
	职称	□高级□中级			
	联系电话		E-mail		
方案主要编制人员	姓名		职称		□高级□中级□初级
	所在单位				
	编制范围				
方案主要编制人员	姓名		职称		□高级□中级□初级
	所在单位				
	编制范围				

（续表）

方案审核人	姓名		性别	□男□女	出生年月	
	职称	□高级□中级				
	所在单位					

主要目标 （200字以内）	1. 对每件文献残片、残叶进行修复，为今后珍贵文献保护提供理论和实践参考。 2. 对每件文献残片、残叶进行纤维拍照、纤维分析，建立完整的纤维资料库。 3. 分析敦煌文献破损原因，形成影响因素调查报告，特别是酸化、氧化斑的成因。 4. 由专家对文献年代、内容进行鉴定，并将鉴定结论与实验结果相参照，促进鉴定结果的科学化和鉴定过程的规范化，着力强化古籍鉴定与保护研究之间的紧密配合。 5. 为敦煌遗书残片、宋元刻本残叶制定符合要求的装具，为文献保存建立合适的微环境，总结经验，为同类文献的装帧和装具提供参考。 6. 相关信息进入国家古籍保护古纸库，建立完备的保护档案，为今后保护珍贵古籍积累经验。
技术路线概述 （300字以内）	1. 检测敦煌文献纸张的酸碱度。研究敦煌文献的酸化情况，为敦煌文献的保护提供依据。 2. 检测纸张的纤维种类，以及填料的种类和形态，以便有针对性地采取保护措施，同时为建立古纸库提供信息，为其他同时代、同区域的文献提供有用的资料。 3. 检测氧化斑的种类，研究其形成机理以及对文献的破坏作用，并研究去斑抢救方法。 4. 对酸化程度较高的文献进行手工脱酸，以延长其保存寿命和机械强度。 5. 对破损部位进行修复，修改装帧形式，达到美观实用的目的。 6. 制作优质的文献装具，建立良好的微观环境。
方案计划进度	
方案经费预算及来源	

（续表）

风险评估	1. 项目在异地进行，为此项目组参考国图文件要求编制出运输、移交、实验、出入库等规章制度，确保文物的绝对安全。 2. 保护修复过程中可能发生的技术难题及应对措施，应先做局部实验，待专家论证后方可实施。对方案实施过程中出现的问题，应做出调整并在专家论证后进行技术变更。 3. 应尽量避免因使用生化材料产生的有害物质，应提出控制有害物质的具体方法，以防万一。
备注	

附录 E　文献情况调查表

表 E.1　馆藏纸质文物基本信息与文物价值表

登录号	Z145、S8429、S8440	名称	周叔弢捐敦煌遗书残片及宋元刻本残叶
年代	唐、宋、元	类别	古籍
等级	一级甲等	质地	纸质
尺寸（cm）	不一	质量（g）	不等
收藏单位	天津图书馆	入藏时间	1958、1982 年
来源	周叔弢先生捐赠		
文物价值描述	天津图书馆是我国建馆时间较早的省级公共图书馆。1958年，著名民族实业家、民主爱国人士和古籍文物收藏家周叔弢先生（1891—1984）将旧藏的敦煌遗书残片及宋元刻本残叶无偿捐献天津图书馆。馆藏敦煌文献均为残片，贴为七册页：《唐人写经残卷》三册；《唐人写经册（残页）》一册；《唐人写经真本》一册；《敦煌石室写经残字》一册；《莲华经提婆达多品》一册。据佛教文献研究专家方广锠、李际宁等先生鉴定，这批残经是早年方尔谦、李盛铎等人偷窃之物，价值极高。1982年，当时的天津人民图书馆从天津艺术博物馆接收"周叔弢先生捐献木版书本残页样"共计64幅，此后这批珍贵"样张"被放在馆藏珍本库中，2007年对其进行初步整理，目的是想对馆藏的各种宋元板书残页做尝试性保护及装帧设计的探索，以取得有价值的经验。			

表 E.2 馆藏纸质文物保护修复历史资料调查情况表

登录号	Z145、S8429、S8440	名称	周叔弢捐敦煌遗书残片及宋元刻本残叶
原保护修复起止时间	暂未知		
保护修复情况概述	技术方法	手工修复、托裱册页等	
	主要材料	补纸、绫绢、樟木板、糨糊等	
	设计人员	无考	
	操作人员	前人	
保护修复效果	前人的保护修复效果总体上对文献起到了应有的保护作用。由于藏品呈现多种形式，之前保护修复方法各异，因此需要在项目开展过程中逐件逐叶地分析总结。		

表 E.3 馆藏纸质文物病害状况调查总表

登录号	Z145、S8429、S8440	名称	周叔弢捐敦煌遗书残片及宋元刻本残叶
现状描述	1.敦煌遗书残片希望整理和修复的重点是《唐人写经残卷》三册，其中两册大开本推蓬装帧册页因2008年馆舍大规模装修期间书库保存环境出现问题，温湿度骤变，致使书叶大部分起皱变形，个别书叶甚至出现开裂破损。 2.《唐人写经册（残页）》一册《唐人写经真本》一册《敦煌石室写经残字》一册（附图）等，已经前人托裱经折装，此次希望根据相关科学数据，评估判定其保存状况，如存在严重问题，建议考虑重新整理、修复。 3.宋元刻本残叶共计64种65叶，每叶相临叠放，最外以硬纸板夹护，其中部分"样张"已经前人修复，却存在纸面不平、补纸选用不当等问题，亟待解决。		
病害描述（附病害图）	此略		

(续表)

病害类型	纸张病害	水渍	□无 ■少量 □大量
		污渍	□无 □少量 ■大量
		皱褶	□无 ■少量 □大量
		折痕	□无 ■少量 □大量
		变形	□无 □少量 ■大量
		断裂撕裂	□无 ■少量 □大量
		残缺	□无 □少量 ■大量
		烟熏	■无 □少量 □大量
		炭化	□无 ■少量 □大量
		变色	□无 ■少量 □大量
		粘连	□无 □少量 ■大量
		微生物损害	□无 □少量 ■大量
		动物损害	□无 ■少量 □大量
		老化	□无 ■少量 □大量
		絮化	□无 ■少量 □大量
		锈蚀	□无 ■少量 □大量
		断线	■无 □少量 □大量
		书脊开裂	■无 □少量 □大量
	写印色料病害	脱落	■无 □少量 □大量
		晕色	□无 ■少量 □大量
		褪色	□无 ■少量 □大量
		字迹扩散	□无 ■少量 □大量
		字迹残缺	□无 ■少量 □大量
病害的综合评估			□基本完好 □微损 ■中度 ■重度 □濒危

表 E.4 馆藏纸质文物分析检测情况表

登录号	Z145、S8429、S8440	名称	周叔弢捐敦煌遗书残片及宋元刻本残叶
分析检测一	纸样部位		每件残片相关部位（2样）
	检测目的		检测纸张酸碱度，研究文献酸化情况
	检测单位		国家图书馆古籍保护实验室
	检测仪器		纸张表面酸碱度测试仪
	检测结果		（见第六章纸张检测）
分析检测二	纸样部位		每件残片相关部位（同上）
	检测目的		检测纸张纤维种类以及填料的种类和形态，以便有针对性地采取保护措施
	检测单位		国家图书馆古籍保护实验室
	检测仪器		纸张纤维观察设备包括：尼康显微镜、三维视频显微镜、纤维质量分析仪和台式扫描电子显微镜等
	检测结果		（见第六章纸张检测）
分析检测三	纸样部位		每件残片合适部位
	检测目的		检测氧化斑的种类，研究其形成机理以及对文献的破坏作用和抢救方法
	检测单位		国家图书馆古籍保护实验室
	检测仪器		扫描电子显微镜
	检测结果		暂未得出明确结论
分析检测四	取样部位		无损
	检测目的		针对残片纸张进行物理检测，了解纸张基本信息
	检测单位		国家图书馆古籍保护实验室
	检测仪器		用于纸张物理性能检测的设备包括：抗张强度仪、耐折度仪、耐破度仪、撕裂度仪、厚度仪、透气度仪、白度仪等
	检测结果		（见第六章纸张检测）

（续表）

分析检测五	取样部位	无损
	检测目的	对比修复前后、脱酸前后纸张酸碱度变化情况
	检测单位	国家图书馆古籍保护实验室
	检测仪器	纸张表面酸碱度测试仪
	检测结果	（见第六章纸张检测）
分析检测六	取样部位	无损
	检测目的	保存环境情况的检测判定，目的是提供文献未来良好保存环境
	检测单位	天津图书馆古籍保护中心实验室
	检测仪器	库房温湿度测量仪等
	检测结果	温度：14～24℃ ±2℃ 相对湿度：45%～60% ±5%

二、册页修复方案样例

（一）《唐人写经残卷》第一册保护修复方案

"天津图书馆藏珍贵古籍整理、保护与研究项目"

《唐人写经残卷》第一册保护修复方案

前言

天津图书馆馆藏《唐人写经残卷》第一册为国家一级珍贵文物，由于历史原因，目前存在氧化、书板开裂、变色、夹带签条、无囊匣装具等问题，亟须采取保护性修复措施。为使该件藏品在"天津图书馆藏珍贵古籍整理、保护与研究项目"实施过程中尽快得到科学妥当的保护处理，我们根据文物基本信息的调查和相关检测分析情况，依照《"天津图书馆藏珍贵古籍整理、保护与研究项目"修复方案文本规范》的要求，编制修复保护方案。

一、基本信息与文物价值

（一）基本信息

本方案拟保护修复的《唐人写经残卷》第一册是周叔弢先生捐赠天津图书馆珍贵敦煌文献之一。基本信息见附件1。

（二）文物价值

《唐人写经残卷》第一册是周叔弢先生旧藏，此册粘贴敦煌遗书34件，多为6—7世纪隋唐写本，亦有5—6世纪南北朝写本，该册虽多为仅存一两行字的短小残片，然经专家鉴定为一级文物，极具版本研究及文物价值。

二、保存现状的调查与评估

（一）保存状况与修复历史调查

本案拟保护修复的《唐人写经残卷》第一册一直存放在天津图书馆古籍珍本书库内，保存状况良好。入藏天津图书馆之前已经装裱成册，34件敦煌遗书均由前人托裱装池。据分析判定，前人在此敦煌文献原件修复中采用了补纸加工、染色处理，选用宣纸托墩，选用罗纹纸为册页面纸，上下两面樟木板夹护，工料堪属上乘。目前需要解决的问题是：书册局部出现轻微老化、有明显黄褐色斑点、由于糨糊失效导致书册与书板开裂、夹带签条影响书册平整、册页整体无囊匣装具。以上状况亟待得到科学规范的解决。

（二）病害调查及评估

该册经多年使用，又因自身载体纸张条件限制，出现文物载体纸张氧化速度加剧、樟木护板脱离等状况，又因客观环境因素的影响，未能及时进行科学的保护修复。

按照WW/T0026-2010《馆藏纸质文物病害分类与图示》的要求，我们进行了该册的病害调查及整体评估。文物现状照片和病害图见表2。参照中华人民共和国文化行业标准WH/T22—2006《古籍特藏破损定级标准》中的相关内容，经整体评估，该件文物处于四级破损状态。根据该件文物的病害特点，在具体实施保护修复的过程中存在一定的难度，技术指标要求相对较高。

（三）分析检测

根据WW/T0025-2010《馆藏纸质文物保护修复方案编写规范》的要求，对文物保存环境的温度、湿度、照度、紫外线指数和文物本体pH值进行检测，为保护修复方案制定技术措施提供参考。检测数据见表3。

三、保护修复工作目标

（一）拟保护修复文物的数量

纸质文物1件。

（二）保护修复的原则与指标

要求该件一级文物保护修复的材料及方法具有可逆性，对文物进行最小干预，最大限度保存历史信息；满足未来长期保存、陈列展示、相关研究的需要。保护修复档案按照《"天津图书馆藏珍贵古籍整理、保护与研究项目"修复方案文本规范》的要求编写，资料记录工作应真实、详细、完整。

四、保护修复的技术路线及操作步骤

（一）技术路线

首先对该件文物进行拍照，留存原始信息；对文物进行病害综合分析，利用现代科学仪器对文物进行无损分析检测。该件文物的修复，拟采取原件基本不动的方案，只进行局部技术性清污，以及护板加固归位处理。针对保护修复后的文物保管方式提出科学、规范的方法及措施。

保护修复步骤如下：

图 3-8 《唐人写经残卷》第一册修复步骤

（二）操作步骤

1. 除尘

用物理方法对文物进行表面除尘，主要采用橡皮擦清除法。

2. 分析测试

主要进行文物 pH 值、修复材料测试等相关测试。

3. 加固

由于糨糊失效导致书册与原樟木夹板脱离，拟采取传统加固方法，即用小麦淀粉调制浓稠糨糊，适量涂抹在原浆点处，涂抹均匀后迅速贴归原位，取重物（大理石）压实，阴干。

4. 制作文物保护装具

根据该件文物的原始形态，并统筹考虑"天津图书馆藏珍贵古籍整理、保护与研究项目"装帧整体要求，制作适合的保护装具。

5. 聘请专家对所保护修复的文物进行综合评估。

6. 按照相关标准编写保护修复档案，记录保护修复过程。

7. 其他事项

该件文物在保护修复过程中，工作场所应保持适宜的温湿度和照度，保持空气流通，达到防火、防盗、防房顶空调管道漏水等要求，如需到外单位进行检测工作，需有安全人员护送，确保文物万无一失。

五、风险评估

（一）实施风险

通过前期调查发现，该件文物污渍及微生物损害已深入纸张纤维内部，可能无法彻底清除；该件文物在实施具体保护修复技术时，可能存在不确定的风险因素；在保护修复过程中，文物的安全存放、运送等环节可能存在不安全因素。

（二）防范措施：

1. 聘请纸质文物保护领域的相关专家对本项目的保护修复工作人员进行前期相关业务的专项培训，提高保护人员的业务水平和风险防范意识。

2. 对该件文物进行前期调研，修复技术路线经专家论证通过，同时在近似替代品上进行实验，再慎重进行去除污渍；对文物进行pH值检测，在确保安全性的前提下，谨慎对文物本体实施检测。

3. 制定项目负责人负责的风险防范预案，确保及时、准确处理突发风险。

4. 建立实验室现场管理制度，确定保护修复工作合理有序进行。

5. 始终将文物的安全放在第一位，在保护修复的实施过程中随时监测，发现问题及时纠正，确保文物在保护修复的过程中不发生意外。

六、保护修复的工作量与进度安排

根据该件文物病害严重程度等实际情况，计划由1名技术人员用10天时间完成全部保护修复研究工作，具体安排见下表：

进度 时间 任务	2天	1天	2天	5天
分析试验	90%			
除尘		90%		
修复			90%	
制作装具				90%
制档	10%	10%	10%	10%

七、保护修复后的保存和使用条件建议

（一）环境控制

保存环境温度控制在20℃左右，相对湿度RH控制在55%RH左右，照度控制在50勒克斯LUX左右。库房和展柜应使用空气过滤装置，减少空气中的粉尘和有害气体对文物的损害。展柜应使用环保材料，防止有害气体对文物的危害。

（二）保存方式

采取平整展放的保存方式；增加防虫、防霉措施。

加强保管人员的业务培训，提高专业保管素质；定期作好检测、保养工作。

八、安全措施

（一）环境安全

1. 本方案中设计使用的清污方法不会污染文物和操作环境。

2. 方案实施过程中不产生污染气体，操作间空气可通过排气系统调换。

（二）文物安全

1. 严格挑选参与保护修复工作的实施人员。

2. 加强安全保卫工作，工作场所安装有监控设备、灭火设备，并配备保险柜，确保文物安全。

3. 确保文物运送过程的安全和交接手续的完备。

（三）人员安全

针对文物携带的有害病菌提供专业防范用品进行防范。

九、经费预算与管理

本案是"天津图书馆藏珍贵古籍整理、保护与研究项目"之一部分内容，经费预算与管理由项目整体规划实施。

附件1

《唐人写经残卷》第一册基本信息与文物价值表

登录号	Z145-1	名称	《唐人写经残卷》第一册
年代	5—8世纪	类别	蝴蝶装册页
等级	一级	质地	纸质
尺寸(cm)	33.4×22.5×2.7	质量（g）	不等
收藏单位	天津图书馆	入藏时间	1982年
来源	周叔弢先生捐赠		
文物价值描述	《唐人写经残卷》第一册粘裱敦煌遗书34件，多为6—7世纪隋唐写本，亦有5—6世纪南北朝写本，虽多为仅存一两行的残片，但经专家鉴定为一级文物，极具版本研究及文物价值。		

附件 2

《唐人写经残卷》第一册保护修复历史资料调查情况表

登录号	Z145-1	名称	《唐人写经残卷》第一册
保护修复情况概述	技术方法	装裱蝴蝶装册页，无文字记载	
	主要材料	各种手工纸、罗纹纸、樟木板	
	设计人员	无考	
	操作人员	无考	
保护修复效果	1. 原为两面樟木板蝴蝶装册页，装潢历史信息丢失。 2. 页面有黄褐色氧化斑痕迹。 3. 上下夹板与册芯开胶脱离。 4. 无囊匣等外装具。 5. 册内散夹签条。		

附件 3

《唐人写经残卷》第一册病害状况调查表

登录号	Z145-1	名称	《唐人写经残卷》第一册	
现状描述（附现状照片）	册页出现氧化黄褐色斑点、木夹板开胶脱离、变色、夹带签条、无囊匣装具。见附图。			
病害描述（附病害图）	见附图。			
病害类型	纸张病害	水渍	■无 □少量 □大量	
		污渍	□无 ■少量 □大量	
		折痕	■无 □少量 □大量	
		变形	□无 ■少量 □大量	
		开裂	□无 ■少量 □大量	
		微生物损害	□无 ■少量 □大量	
		糟朽	■无 □少量 □大量	
		氧化	□无 ■少量 □大量	
病害的综合评估			□基本完好 ■微损 □中度 □重度 □濒危	

附图：

护板与册芯分离

黄褐色斑痕

签条

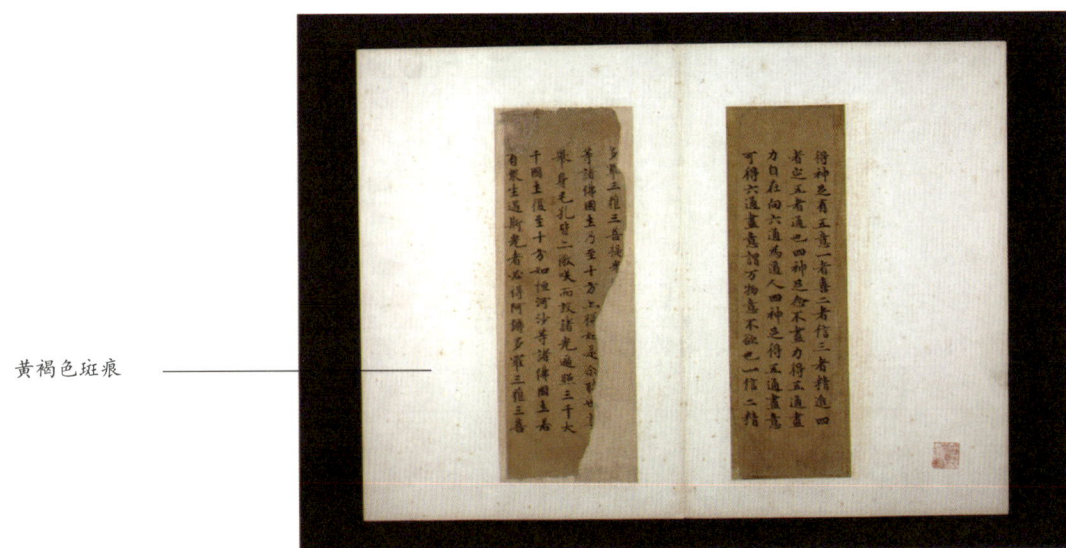

黄褐色斑痕

图 3-9 《唐人写经残卷》第一册修复前状况及病害

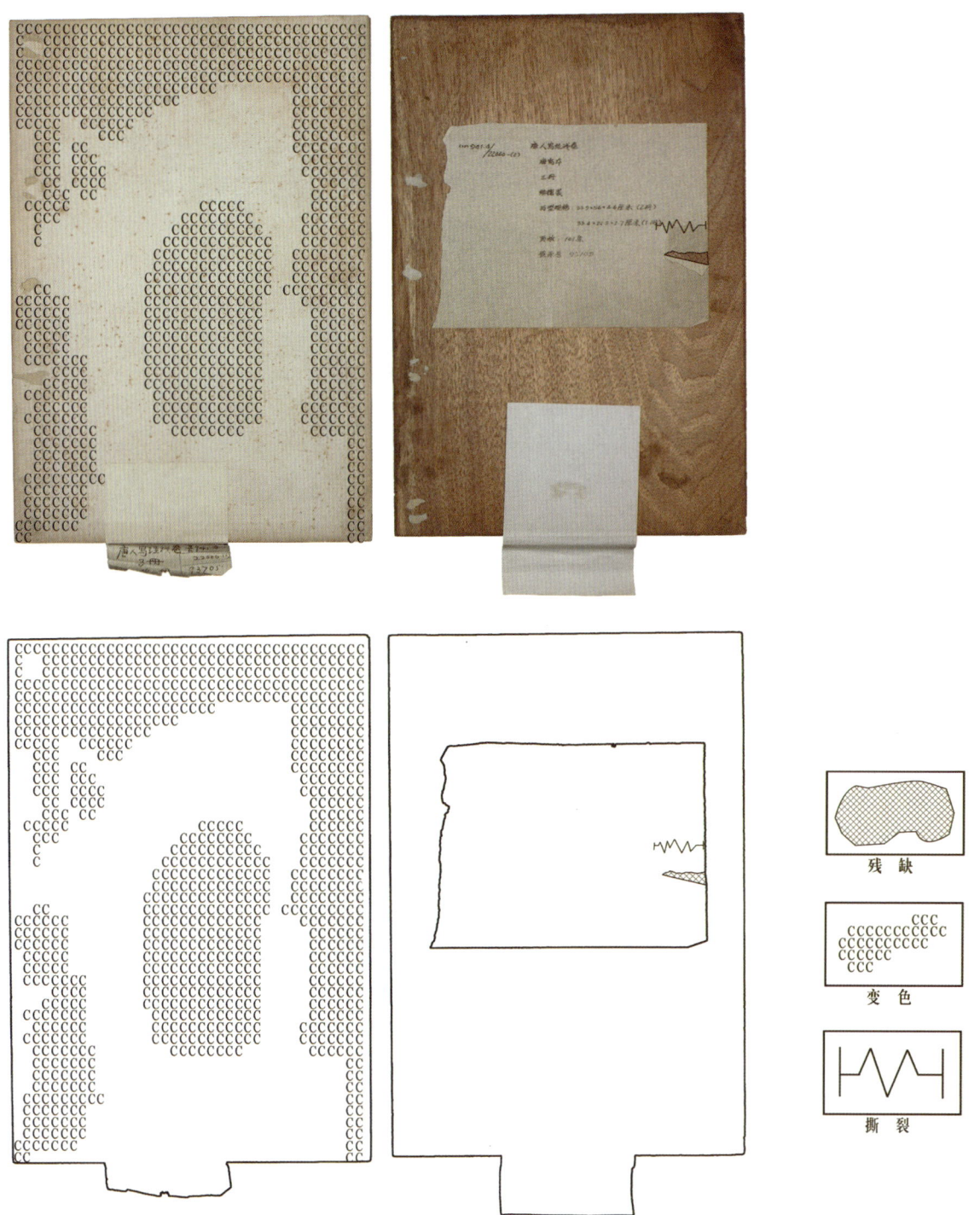

图 3-10 《唐人写经残卷》第一册病害图示

附件 4

《唐人写经残卷》第一册保护修复过程记录表[1]

综述（材料、工艺步骤及操作条件、附影像资料）			
修复程序包括：点浆回位，即在此册夹板脱离处用稠糊原位粘回，解决此册上下夹板与册芯脱离的问题；用重石压平，阴干；册中原有多条"签纸"，统一撤离以保持整洁；用橡皮擦轻轻擦拭纸页表面，清除表面部分污迹；外加丝质囊帙及楠木外匣。根据存藏状况综合分析，该册确不具备进行敦煌遗书残片用纸纤维取样条件，倘若强行操作，势必会造成文献的损坏，因此只做整册pH值检测。测得pH值为5.79。			
技术变更	基本按照原定修复方案操作，无技术变更。		
项目负责人	万群	保护修复人	万群
完成日期	2013 年 11 月 4 日	审核	
保护修复日志			
日期	文物保护修复主要过程		
2012.10.23	拍照记录、编制修复方案、专家审核方案		
2012.10.26	实验室检测分析记录		
2012.12.12	清洁册页纸面、撤出签条		
2012.12.13	原上下樟木护板粘贴回原位		
2013.3.13–18	装帧装具设计、制作		
2013.3.20	制作档案、验收评估		

附件 5

《唐人写经残卷》第一册保护修复验收表[2]

自评估意见：
《唐人写经残卷》第一册的修复工作，基本遵照项目所拟"修复方案"计划实施，顺利达到了预定效果。   签章：万群 日期：2013 年 11 月 4 日

---

[1] 此表为修复档案内容。

[2] 此表为修复档案内容。

验收意见：

签章：

日期：

（二）《唐人写经真本》保护修复方案

"天津图书馆藏珍贵古籍整理、保护与研究项目"

《唐人写经真本》保护修复方案

前言

天津图书馆馆藏《唐人写经真本》一册为国家一级珍贵文物，目前保持状况基本完好，但无囊匣装具，应采取必要的保护性措施。为使该件藏品在"天津图书馆藏珍贵古籍整理、保护与研究项目"实施过程中尽快得到科学妥善的保护，我们根据文物基本信息的调查和相关检测分析，依照《"天津图书馆藏珍贵古籍整理、保护与研究项目"修复方案文本规范》的整体要求，编制修复保护方案。

一、基本信息与文物价值

（一）基本信息

本方案拟保护修复的《唐人写经真本》一册，是天津图书馆珍贵敦煌文献之一。基本信息见附件1。

（二）文物价值

《唐人写经真本》一册。馆藏编号S8429，项目编号（目录简称）213（津图146）。册内粘有敦煌遗书共39件，经鉴定为8至9世纪吐蕃统治时期写本《大般若波罗密多经》卷三五五，系同一写卷剪为断片；卷前有题签，卷中钤印多枚，末有购书印记。

二、保存现状的调查与评估

（一）保存状况与修复历史调查

本案拟保护的《唐人写经真本》一册自入藏以来一直存放在天津图书馆古籍珍本书库内，保存环境良好。此册采用五镶式册页装[1]，前后以硬纸板夹持。经专家鉴定册内39件敦煌残片应是同一写卷割裂而成，但遗憾的是装裱册页过程中出现了错简现象，造成次序颠倒。《唐人写经真本》一册需要解决的问题是：册页须加装护板、整体无囊匣装具、书册局部水渍、页面内有明显黄褐色斑点、书前数页有虫蛀现象。以上状况亟待处理。

（二）病害调查及评估

此册经多年使用，出现文物载体纸张开裂、水渍、虫蛀等病害问题。按照WW/T0026-2010《馆藏纸质文物病害分类与图示》的要求，我们对其进行了病害调查及整体评估。文物的现状照片和病害图见附表2。参照中华人民共和国文化行业标准WH/T22—2006《古籍特藏破损定级标准》，经整体评估，该件文物处于四级破损状态。

（三）分析检测

根据WW/T0025-2010《馆藏纸质文物保护修复方案编写规范》的要求，我们对文物保存环境的温度、湿度、照度、紫外线指数和文物本体pH值进行了检测，为保护修复方案制定技术措施提供参考。检测的数据见表3。

三、保护修复工作目标

（一）拟保护修复文物的数量

纸质文物1件。

（二）保护修复的原则与指标

宜遵循对文物最小干预性原则，最大限度保存历史信息。保护修复档案按照《"天津图书馆藏珍贵古籍整理、保护与研究项目"修复方案文本规范》的要求编写，资料记录工作应真实、详细、完整。

该册目前保存尚属完好，故只做局部整修处理，重点加配上下夹板及装具。

四、保护修复的技术路线及操作步骤

（一）技术路线

首先对该文物进行拍照，留存原始信息；对文物进行病害综合分析，利用现代科学仪器对文物进行无损分析检测。对该文物拟采取原件基本不动的修复方案，只进行局部清污与虫蛀破损的修复。其保护修复步骤为：

---

[1] 五镶式册页装为蝴蝶式册页装的一种，适用于竖式书画作品。画芯与对题由五条一色镶料装饰，所镶部位除左右两条边和上下天头地脚外，还有中间"分心"，故称"五镶"。

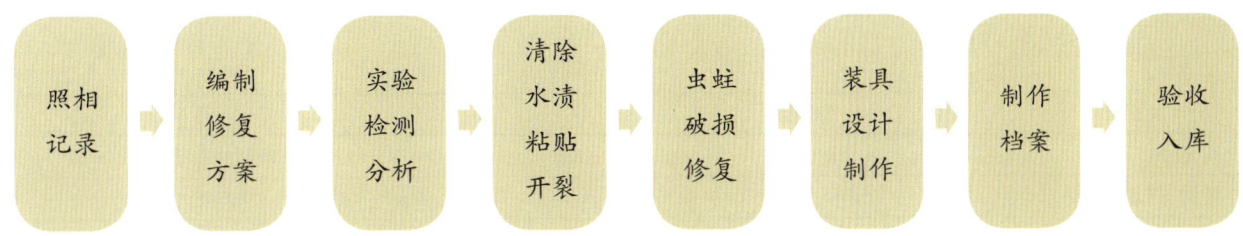

图 3-11《唐人写经真本》修复步骤

（二）操作步骤

1. 除尘及清除水渍

用物理方法对文物进行表面除尘。主要采用橡皮擦清除法。

用温水轻轻划拭水渍纸面，由内向外逐次清洗，直至水渍清除，使其不致产生新的印记。

2. 分析测试

主要进行 pH 值、载体纸张氧化痕迹测试等相关测试。

3. 虫蛀修补

卷首三页下端书边及书口处有虫蛀损坏，每处面积大约为 1—2 平方毫米。须选配合适的纸边进行修补，应注意纸纹与书页纹理一致，以确保修补后的书页保持平整。操作时先展开单叶，破损处背面向上放在搁板上，用针锥挑起册页开身与背纸，用小刀轻轻刮去纸边，使破孔周围露出纸纤维来，随后持笔均匀涂上稀糨糊，粘贴补纸，补纸的接缝应在 1 毫米左右。破损部位纸面较厚，故需贴合补纸多层。全部破损部位修补完成后，再进行阴干、压平、粘合、剪齐等步骤。

4. 制作保护装具

根据该件文物的原始形式，并统筹考虑"天津图书馆藏珍贵古籍整理、保护与研究项目"装帧整体性要求，制作出适宜《唐人写经真本》保护的装具。

5 至 7 其他事项内容同《唐人写经残卷》第一册，此略。

五、风险评估

内容同《唐人写经残卷》第一册，此略。

六、保护修复的工作量与进度安排

根据该件文物病害程度等实际情况，计划由 1 名技术人员用 21 天的时间完成全部保护修复研究工作，具体安排如下表：

进度　　　时间　　任务	2天	7天	7天	5天
分析试验	90%			
清除污渍		90%		
修复割损			90%	
制作装具				90%
制作档案	10%	10%	10%	10%

七、保护修复后的保存和使用条件建议

八、安全措施

九、经费预算与管理

本案七至八项内容同《唐人写经残卷》第一册，此略。

附件1

《唐人写经真本》基本信息与文物价值表

登录号	S8429	名称	《唐人写经真本》
年代	8-9世纪	类别	五镶册页装
等级	一级	质地	纸质
尺寸（cm）	30.9×16.4×1.5	质量（g）	不等
收藏单位	天津图书馆	入藏时间	1982年
来源	周叔弢先生捐赠		
文物价值描述	《唐人写经真本》一册是天津馆藏珍贵文献，版本及文物价值极高。馆藏编号S8429，项目编号（目录简称）213（津图146）。册内粘有敦煌遗书39件，经鉴定为公元8至9世纪吐蕃统治时期《大般若波罗密多经》卷三五五写本，系同一写经卷剪为断片；前有题签，卷中钤印数枚，末有购书印记。原件为五镶册页装式，上下两面无木板夹持。因原装帧目前保存尚好，故此次修复只做局部"整修"处理，加配上下夹板及装具。		

附件 2

《唐人写经真本》保护修复历史资料调查情况表

登录号	S8429	名称	《唐人写经真本》
原始保护修复起止时间	1982 年之前		
保护修复情况概述	技术方法	五镶册页装，无文字记载	
	主要材料	各种手工纸、宣纸、硬纸板	
	情况概述	无考	
	操作人员	无考	
保护修复效果	1. 两面硬纸夹板五镶册页装，装潢历史信息丢失。 2. 页内有黄褐色痕迹。 3. 前后护页及卷首有水渍及虫蛀。 4. 未加装囊匣等外装具。 5. 前有书签，中有钤章，未有购书印记。 6. 装裱册页过程中出现了错简，造成次序颠倒。		

附件 3

《唐人写经真本》病害状况调查表

登录号	S8429	名称		《唐人写经真本》
现状描述（附现状照片）	册页出现水渍、黄褐色斑点，前后护页及卷首有水渍、虫蛀，残片存在错简，无囊匣装具。见附图。			
病害描述（附病害图）	见附图。			
病害类型	纸张病害	水渍	□无 ■少量 □大量	
		污渍	□无 ■少量 □大量	
		折痕	■无 □少量 □大量	
		变形	■无 □少量 □大量	
		开裂	■无 □少量 □大量	
		微生物损害	□无 ■少量 □大量	
		糟朽	■无 □少量 □大量	
		氧化	□无 ■少量 □大量	
		动物损害	□无 ■少量 □大量	
病害的综合评估			□基本完好 ■微损 □中度 □重度 □濒危	

附图：

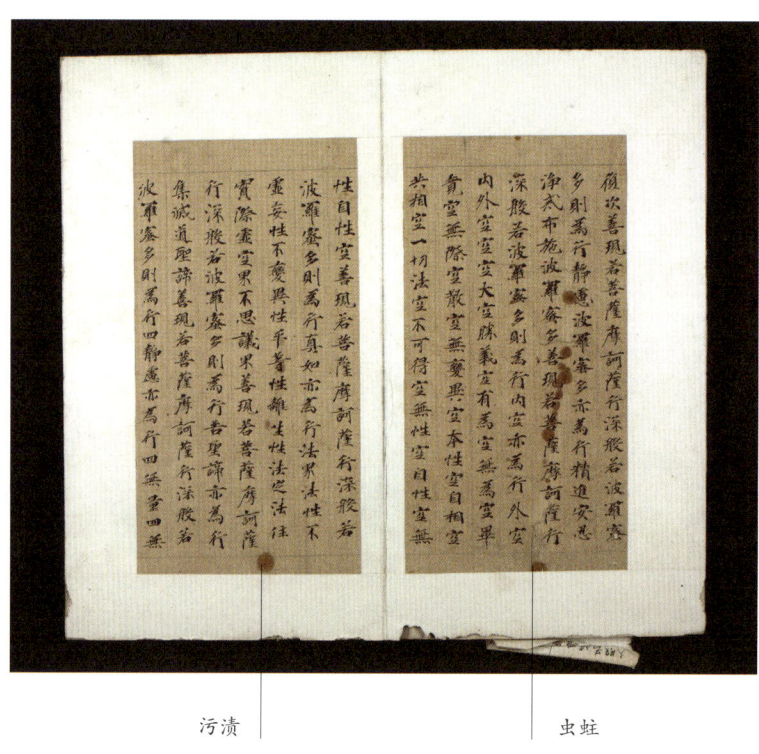

污渍　　　　　　　　　　　　虫蛀

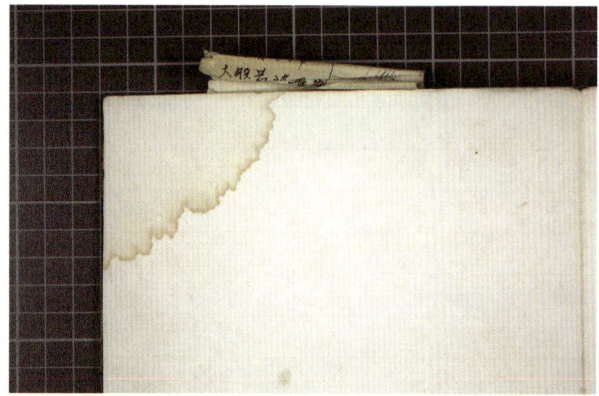
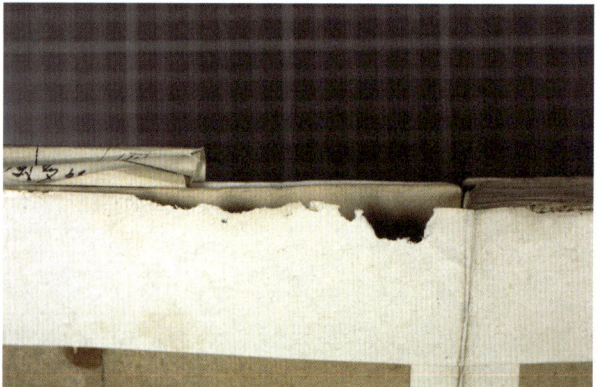

图 3-12 《唐人写经真本》修复前状况及病害

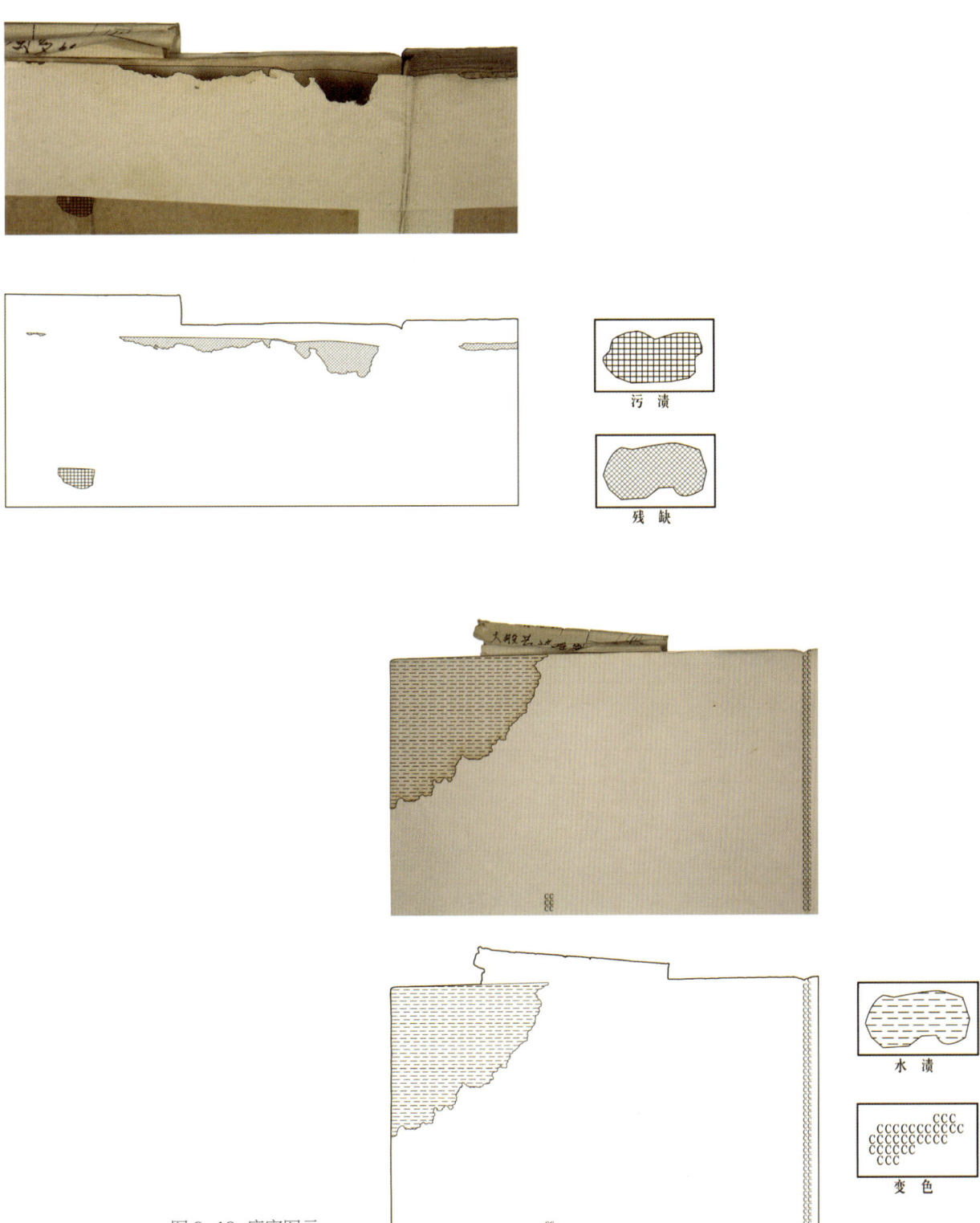

图 3-13 病害图示

附件4

《唐人写经真本》保护修复过程记录表[1]

综述（材料、工艺步骤及操作条件附影像资料）：			
修复前，后护页及第一页存在水渍。用温水轻轻划拭水渍纸面，由内向外逐次清洗，直至水渍清除，使其不致产生新的印记。 册页中间部分地脚有开裂情况，重新用糨糊进行粘连。前五页下角及前四页书口有虫蛀破损，每处面积大约为1—2平方毫米。经过严格选配相近的旧纸进行修补，注意纸纹与书页纹理一致，以保证修补后的书页保持平整。操作时，先展开单叶，破损处背面朝上铺放在补书板上，用针锥挑起册页开身与背纸，用小刀轻轻刮去纸边，使破孔周围露出纸表纤维来，随后持笔均匀涂上稀糨糊，粘贴补纸，补纸接缝应在1毫米左右。破损部位纸面较厚，故需贴合补纸多层，操作时揭开裱纸边缘加补6层补纸。最终全部破损部位修补完成，进行阴干、压平、粘合、剪齐等步骤。			
技术变更	基本按照原定修复方案操作，但因前人装裱册页过程中出现了错简，造成文献内容次序颠倒。经评估，我们在实际工作中未对错简问题予以纠正，这样做的好处是最大限度地保留了前次修复的样貌；我们在随后编制修复档案中，将错简问题记录下来，以备今后查阅。另外，由于原册无夹板护持，且已有书签题记，不宜进行改变，因此采取变通的保护措施，即外加两块不与书册粘连的楠木夹板，夹板采用米色丝带捆绑固定。		
项目负责人	万群	保护修复人	李英
完成日期	2013.1.8	审核	2013.3.6
保护修复日志			
日期	文物保护修复主要过程		
2012.10.23	拍照记录、编制修复方案、专家审核方案		
2012.10.26	实验室检测分析记录		
2012.12.20	清洁册页纸面及水渍		
2012.12.24	修补册页缺损及虫蛀部分		
2013.3.13—18	装帧装具设计、制作		
2013.3.20	制作档案、验收评估		

（三）《敦煌石室经卷残字》保护修复方案

"天津图书馆藏珍贵古籍整理、保护与研究项目"

《敦煌石室经卷残字》保护修复方案

前言

---

[1] 此表为修复档案内容。

天津图书馆藏《敦煌石室经卷残字》为国家珍贵文物。为使该件藏品在"天津图书馆藏珍贵古籍整理、保护与研究项目"实施过程中得到科学保护，项目组针对文物基本信息的调查和相关检测分析，依照《"天津图书馆藏珍贵古籍整理、保护与研究项目"修复方案文本规范》的整体要求，编制修复保护方案。

一、基本信息与文物价值

（一）基本信息

本方案拟保护修复的《敦煌石室经卷残字》一册，是天津图书馆藏珍贵敦煌文献之一。基本信息见附件1。

（二）文物价值

《敦煌石室经卷残字》一册，馆藏编号S8440，项目编号214-244。经折装，上下有木板夹持，有方尔谦墨笔题签。全书尺寸为32.3×19.8×2.7厘米。粘裱敦煌遗书残片31件，包括多种残经。所粘每件遗书均骑缝钤"叔弢"朱文方印。前附目录二纸，内容著录明晰。背纸有方尔谦墨笔题诗数则，以及敦煌遗书照片、钱币拓片若干件。该文物保存状况存在的问题较多，需在对其客观评估及纸张分析的基础上，采取合理的技术进行修补与装帧。

二、保存现状的调查与评估

（一）保存状况与修复历史调查

本案拟保护的《敦煌石室经卷残字》一册自入藏以来一直存放在天津图书馆古籍珍本书库内，保存环境良好。原册装帧方式简单：在已有空白经折装册页上，正反两面粘贴小幅敦煌残片及相关照片、附件等；将每件残片或照片、附件的周边涂刷糨糊后，直接贴于经折装册页纸两面，致使书册严重不平，中间凸厚，边缘凹薄。久而久之，自然容易发生书页皱曲、书板开裂等病害。建议遴选优质材料，精修重装，使其得到良好改善与保护。

（二）病害调查及评估

本册经多年存放，文物载体纸张本身已出现多重明显病害，加之敦煌残片自身残损成因复杂，参照中华人民共和国文化行业标准WH/T22—2006《古籍特藏破损定级标准》中的相关内容，经整体评估，认定该件文物处于二级破损状态。

需要解决的问题：通过对破损文献不同部位的采样与检测分析，获得册中各品类文献纸张信息；重点解决敦煌遗书破损残片的修复；保留原件每开的"骑缝章"；留存原经折册页题跋墨迹；解决纸张焦脆、开裂、老化、酸化等主要问题。上述情况均需得到规范的整理与修复。

三、保护修复工作目标

（一）拟保护修复文物的数量

此次计划保护修复的纸质敦煌残片31件，以及敦煌遗书照片、钱币拓片若干件。

（二）保护修复的原则与指标

要求遵循"抢救为主、治病为辅"、修复"过程可逆""整旧如旧"等原则，最大限度保存历史信息。保护修复档案将按照《"天津图书馆藏珍贵古籍整理、保护与研究项目"修复方案文本规范》的要求编写，资料记录工作应真实、详细、完整。

四、保护修复的技术路线及操作步骤

（一）技术路线

首先对该件文物进行拍照记录，留取原始信息；利用现代科学仪器对每张残片进行无损分析检测；根据检测数据及病害评估结果制定具体修复方案。该件文物拟采取书册整体新装但基本形制保持不变的设计，其修复技术路线为：全部残片及附件揭取后精修精补；分册重装，加装保护性夹板；并与项目其他文献放入定制专藏书柜。保护修复步骤如下：

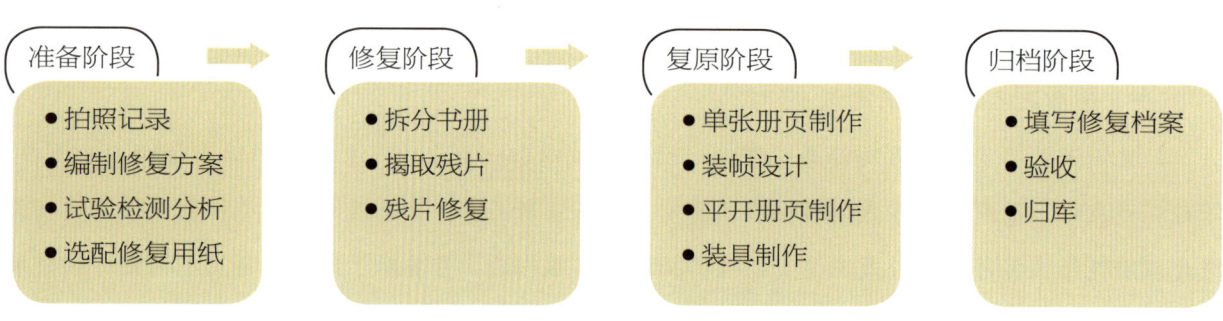

图3-14《敦煌石室经卷残字》修复步骤

（二）操作步骤

1. 分析测试

主要先进行整册pH值、文物载体纸张氧化痕迹等相关测试。在将残片揭离原装册页之后，再进行残片纸张各项理化数值的检测，获取真实数据。

2. 残片揭取及修复

残片的揭取采用干揭和湿揭两种方法。揭下的残片按序标注号码并逐一实施拍照、检测、修复

等工序。此外，操作中还需根据具体的特殊情况，将照片、附件、题记、骑缝章等重要文献信息分别进行揭取、拍照以及修复。

3. 册页制作及残片入装

册页制作方法是：把修补完毕的残片按原来的式样重新装帧成册，这是本册修复任务中工作量最大的一道工序。因每件残片尺寸、厚薄均有所不同，在托裱制作每张单开册纸之前，首先需要依照敦煌残片形状规格制作完全相同的"影纸"纸样，以提高完成册页的装帧质量。

具体做法是：首先根据测量所得残片厚度，选择二或三层汪六吉净皮单宣纸裱托在一起制作开身；比量残片尺寸挖裁开身纸，依形状裁切下的开身面纸即为"影纸"纸样；裁制完成的开身面纸与已托裱好的墩子纸两厢裱托一起，随后在开身面纸上再裱贴一层上好红星棉料单宣；托裱过程中用鬃刷排刷出开身纸上已经挖好的残片形状，将"影纸"用清水潮润后嵌入红星纸面上已经成型的凹槽中，用力排实，上墙绷干，使之合为一体。注意"影纸"的位置要预先留好天头、地脚的尺寸和中缝留白的尺寸。

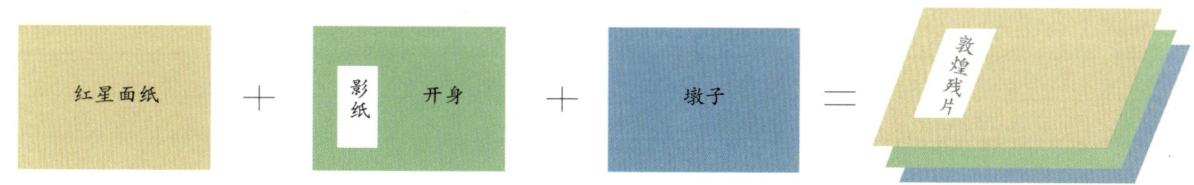

图 3-15 单开册页制作示意图

单开空白册页经过一段时间晾干后下墙，经仔细检查无误再进行下一步：以敦煌残片取代"影纸"位置，将残片左右刷浆嵌入凹槽；用骨刀压实边缘，使残片与册页纸面完全接合；将整纸对开折齐中缝，以折口面为准依次叠放，墩齐整册。最终经过合册、裁切、粘贴，完成册页的制作。

4. 制作文物保护装具

根据该件文物的原始形态，结合"天津图书馆藏珍贵古籍整理、保护与研究项目"装帧整体要求，制作出适宜的装具。

五、风险评估

内容同《唐人写经残卷》第一册，此处从略。

六、保护修复的工作量与进度安排

根据该件文物病害程度等实际情况，计划由 3 名技术人员用 60 天的时间完成全部保护修复研究工作，具体安排见下表：

时间 进度 任务	10 天	6 天	20 天	14 天	10 天
分析试验	90%				
揭取残片		90%			
残片修复			90%		
册页制作				90%	
制作装具					90%
制作档案	10%	10%	10%	10%	10%

七、保护修复后的保存和使用条件建议

八、安全措施

九、经费预算与管理

本案七至八项内容同《唐人写经残卷》第一册，此处从略。

附件1

《敦煌石室经卷残字》基本信息与文物价值表

登录号	S8440	名称	《敦煌石室经卷残字》
年代	唐代	类别	经折装
等级	二级	质地	纸质
尺寸 (cm)	32.3×19.8×2.7	质量（g）	不等
收藏单位	天津图书馆	入藏时间	1978 年
来源	周叔弢先生捐赠。著录于天津图书馆编订的《周叔弢先生捐赠藏书目录》。		
文物价值描述	上下有木板夹持，有方尔谦墨笔题签。粘贴有敦煌遗书残片31件，包括多种残经，所粘每件遗书均有骑缝章"叔弢"朱文方印。该册前附目录二纸，内容著录明晰，当为熟悉佛教文献与敦煌文献的方尔谦所撰，为了解残片内容提供了必要的帮助。此册背面有方尔谦墨笔题诗，及敦煌遗书照片、钱币拓片若干件。此件文献又经名家周叔弢先生收藏，价值极高，是国家二级文物。		

附件2

《敦煌石室经卷残字》保护修复历史资料调查情况表

登录号	S8440	名称	《敦煌石室经卷残字》
原始保护修复起止时间	1918年前。依据为册内方尔谦墨笔题记："此西洋画玻璃片，价值万金，戊午春从方药雨辗转得照影。"		

（续表）

保护修复情况概述	技术方法	经折装空白册页粘贴敦煌残片，无文字记载
	主要材料	各种手工纸、宣纸、木夹板
	设计人员	方尔谦（依据本册题记推断）
	操作人员	无考
保护修复效果		1. 装潢历史信息丢失。 2. 册页有黄褐色痕迹及少量水渍。 3. 残片均以原始状态粘贴入册，粘贴无序，且未经修复处理。 3. 前后未加装护页，仅以上下木板夹护。

附件3

《敦煌石室经卷残字》病害状况调查表

登录号	S8440	名称		《敦煌石室经卷残字》
现状描述（附现状照片）	残片纸张残损严重，原册页纸张褶皱、氧化、磨损、开裂。见附图。			
病害描述（附病害图）	残片纸张残损严重，纸张残缺、变色、粘连、絮化、酸化。见附图。			
病害类型	纸张病害	水渍		□无■少量□大量
		污渍		□无■少量□大量
		皱褶		□无□少量■大量
		变形		□无■少量□大量
		断裂撕裂		□无■少量□大量
		残缺		□无□少量■大量
		烟熏		■无□少量□大量
		变色		□无■少量□大量
		粘连		□无□少量■大量
		微生物损害		□无□少量■大量
		老化		□无■少量□大量
		絮化		□无■少量□大量
		开裂		□无■少量□大量
	写印色料病害	脱落		□无■少量□大量
		晕色		□无■少量□大量
		褪色		□无■少量□大量
		字迹扩散		□无■少量□大量
		字迹残缺		□无■少量□大量
病害的综合评估				□基本完好□微损□中度■重度□濒危

附图：

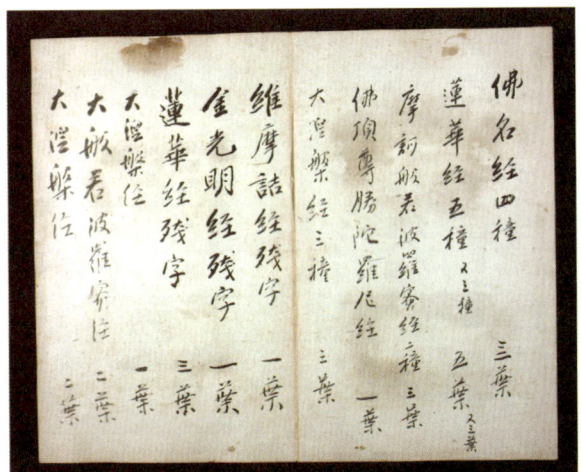

图 3-16 修复前册页原状

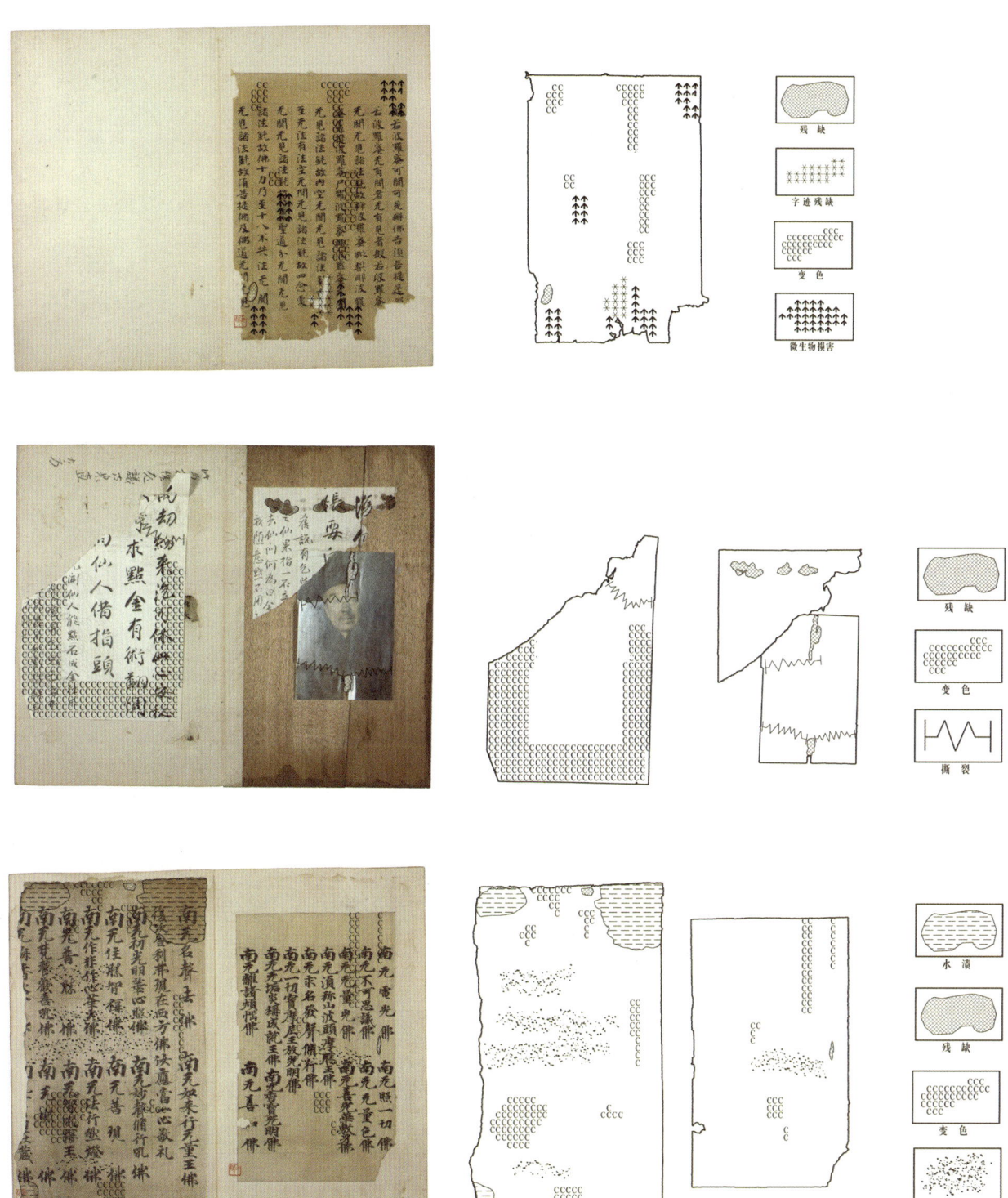

图 3-17 册页局部病害示意图（1）

73

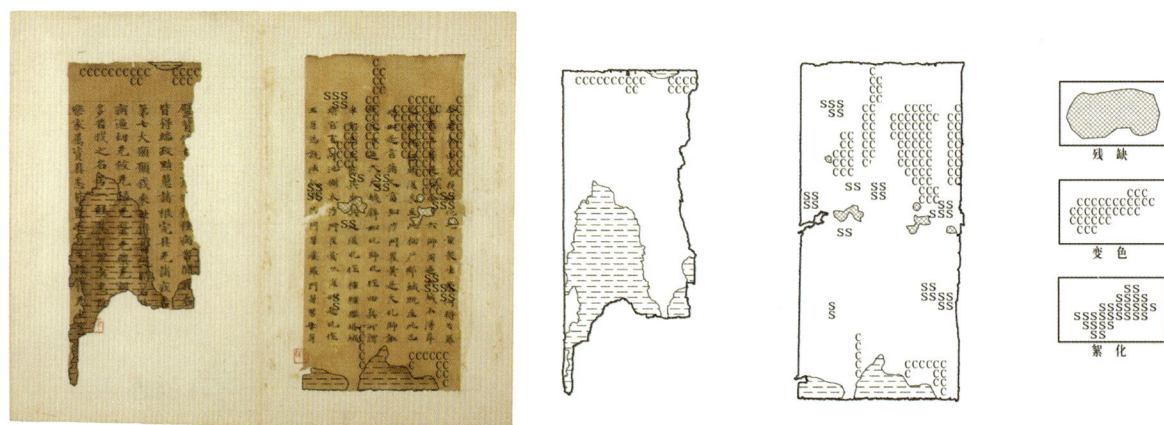

图 3-17 册页局部病害示意图（2）

附件 4

《敦煌石室经卷残字》保护修复过程记录表

综述（材料、工艺步骤及操作条件，附影像资料）：

《敦煌石室经卷残字》的修复过程主要为三部分：

一、拆揭残片、照片及附件

《敦煌石室经卷残字》所贴敦煌残片及照片、附件的揭取，基本采用干揭和湿揭两种方法。干揭针对粘结并不牢固、残片与册页之间已经出现分离的情况，使用竹启、挑针等工具便可直接取下（如下左图）。

干揭

湿揭

（续表）

湿揭法操作时，要把整页用水润透的册纸平摊在工作台上，用镊子分离出面纸及背纸层，拿住粘结的背纸轻轻地沿一边提起，直至揭离（如上右图）。如果遇到板结、发硬的部分，需要轻轻揉搓，到纸张松散、软活时，再用竹启或镊子逐层揭开。揭页时如发现残片有损伤或脱落，可用补破办法随时进行修补。整册残片全都拆揭后，把残片放置晾干，以备进一步修复。

二、敦煌残片与附件的修复

修补残片是此册修复过程中的关键程序，包括清除书叶上的各种污渍、连接开裂的破口，以及运用接补、裱补、镶补等技法修补残破纸张。补破时应注意配补纸张的质地、色泽、光度、纹路，要求补纸与所补残片纸张粗细厚薄大致相同。

三、平开册页的制作。

详见上文 4.2.3 册页制作及残片入装。此处从略。

技术变更	《敦煌石室经卷残字》书册最终未还原成经折装册页样式。根据文献及附件的实际情况，最终采用平开册页的装帧方式。此装法不仅克服了原册页正反双面粘贴、书页厚重的缺点，避免了因此造成的每开纸面厚度不均、珍贵文献长久保存不善等难点问题，同时也在保证册页整体平整的前提下保留了经折装全册双面同时展开的最佳观赏效果。		
项目负责人	万群	保护修复人	万群
完成日期	2016.1.7	审核	2016.7.16
保护修复日志			
日期（起始）	文物保护修复主要过程		
2013.1.10	拍照记录、编制修复方案、专家审核方案		
2013.2.11	实验室检测分析记录		
2013.3.4	残片拆揭、修复		
2013.10.9	平开册页托裱及加装		
2015.12.15	木质装具设计、制作		
2015.12.20	档案整理		
2016.7.16	验收入库		

三、残片修复方案样例

（一）残片118（津图054）修复方案

登录号	DHCJ2—20	遗书名称卷次	维摩诘所说经卷下
册题名	唐人写经残卷二	残片首/尾	食之使不消也/是两舌报是
遗书字体	楷书。	长、高	37.8×25.2厘米
外观	卷轴装。首尾均断。有乌丝栏。	总纸数/总行数/每行字数	1纸/22行/行17字。
原卷时代	7—8世纪。唐写本。	遗书附加信息	旁有铅笔注"甲廿二"
修复历史情况概述	技术方法	推蓬装册页	
	主要材料	——	
取样说明	背面揭糨糊处提取纸张纤维样品。		
修复方案	1. 揭离册页 2. 纸张取样 3. 精修压平		
修复责任者	万群	时间	3月8日

（二）残片119（津图055）修复方案

登录号	DHCJ2—21	遗书名称卷次	金刚般若波罗蜜经
册题名	唐人写经残卷二	残片首/尾	尔时须菩提/诸相则名诸佛
遗书字体	楷书。	长、高	19.1×24.8厘米
外观	卷轴装。首尾均断。有乌丝栏。	总纸数/总行数/每行字数	1纸/12行/行17字。
原卷时代	7—8世纪。唐写本。	遗书附加信息	旁有铅笔注"乙十二"
修复历史情况概述	技术方法	推蓬装册页	
	主要材料	——	
取样说明	从背面挑出揭取过程中少量纸纤维，即可。		
修复方案	1. 揭离册页 2. 纸张取样 3. 精修压平		
修复责任者	万群	时间	3月8日

(三)残片243(津图176)修复方案

登录号	DHCZ1—30	遗书名称卷次	大般涅槃经(北本)卷三五
册题名	敦煌石室写经残字	残片首/尾	提是以…何以故徒
遗书字体	隶书。	长、高	18.3×26厘米
外观	卷轴装。首脱尾断。未入潢。	总纸数/总行数/每行字数	1纸/12行/行17字。
原卷时代	5—6世纪。南北朝写本。	遗书附加信息	右下有骑缝章"叔弢"朱文方印
修复历史	技术方法	两面夹板册页	
情况概述	主要材料	——	
取样说明	从背面取下少量纸张纤维。		
修复方案	1.揭离册页。 2.保留印章部分。用刻刀宽出钤章3毫米取边,四边分别依次挑开取下。 3.精修残片。 4.加宽左右边1厘米。 5.考虑是否与同件缀合。		
修复责任者	万群	时间	11月7日

(四)残片244(津图177)修复方案

登录号	DHCZ1—31	遗书名称卷次	大般涅槃经(北本)卷三五
册题名	敦煌石室写经残字	残片首/尾	
遗书字体	隶书。	长、高	29×26厘米
外观	卷轴装。首尾均断。卷面有残洞。未入潢。	总纸数/总行数/每行字数	1纸/13行/行17字。
原卷时代	5—6世纪。南北朝写本。	遗书附加信息	右下有骑缝章"叔弢"朱文方印
修复历史	技术方法	两面夹板册页	
情况概述	主要材料	——	
取样说明	背面提取少量纸张纤维。		
修复方案建议	1.揭离册页。喷水,反复闷润,直至粘合剂失效,揭取分离。 2.保留印章部分。 3.精修残片。 4.加宽左右边1厘米。		
修复责任者	万群	时间	11月7日

第三节 残片修复技术路线

残片的修复，一般需要进行五个步骤：残片揭分、清洗、配纸染色、修补、整装。下面具体介绍各步骤的操作要领。

一、残片揭分

分析原册页的装帧结构，可知其系将敦煌文献残片粘贴在已托裱的空白册页上，粘贴方式为以糨糊沿残片四周涂满并平贴纸面。因此，我们主要采取干揭和湿揭两种方法来揭取残片。

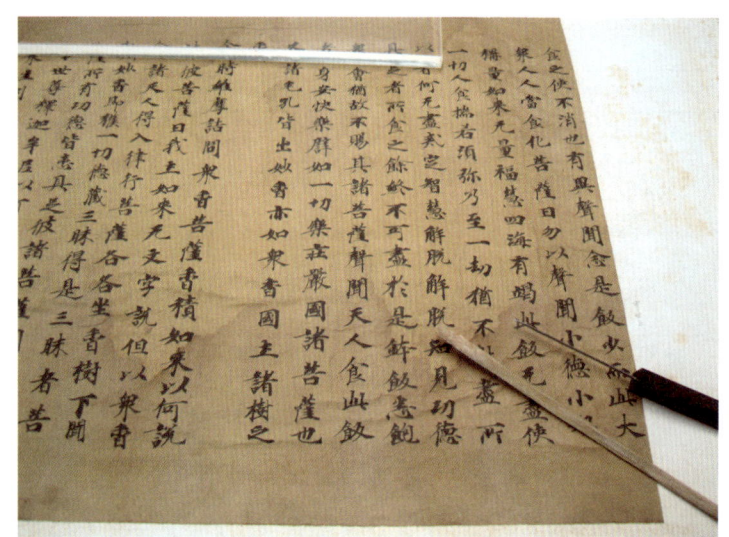

图 3-18 干揭常用工具竹启、针锥

用湿揭法揭分残片，一般可这样进行：首先观察整册外观→展开（推开）册页→用喷壶施少量的水喷润整叶→用毛笔刷湿残片四面边缘，闷润一小段时间→用竹启、挑针或金属小启子将残片揭起→将背面清理干净→核对并录入档案，贴标签、标号。

干揭法的操作，较湿揭法简单，大体相当于湿揭法的后三步，即直接用工具将残片小心揭起，清理背面，贴标并入档。揭离时，需注意宁可揭下裱补纸，事后再行清理，也不能损伤文献原件。

图 3-19 用口腔器干揭照片

干揭法与湿揭法的选择，主要根据残片的状态来决定。对于粘接不甚牢固、比较容易分离的，采用干揭的

图 3-20 湿揭附件

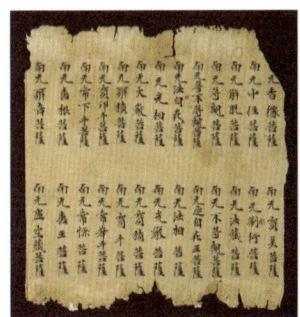 

图 3-21 揭离册页的残片 148

办法；对于干揭比较困难且容易造成文献损伤的，则采用湿揭的方法，湿揭时应控制用水，注意防止形成新的水渍。

比如残片 148，边缘粘贴紧密，干揭实在困难，故采用温热水闷透，再用镊子轻轻揭起。又如残片 121 下边粘贴紧实，干揭困难且出现纸面离层现象，于是先行揭下，随后再将揭薄处取下，贴回原位。再如残片 176，全部用稠糊粘贴，无法干揭，于是，只能采取温热水闷透湿揭的方法。

图 3-22 揭开残片 121 纸面分层，待取下回粘

图 3-23 残片 176 的湿揭过程
①用毛笔浸润边缘 ②喷温水闷湿残片 ③待揭残片 ④揭后背面完整残片

二、清洗

敦煌文献残片多为硬黄纸,有的纸面存在一些污渍或水渍,造成纸色不均。此外,有的纸面存在污迹,需要局部加工清洗。一般使用喷壶喷洒热水进行清洗。并不是每件残片都需要清洗,只有污渍过重且影响纸面整体效果的,或者经过染黄处理但有明显斑痕水迹的,可以用适度净水加以清洗。

例如,残片 120 上下色差较大,背面采用颜色接近的皮纸修补,在喷水压平阶段整体喷洒少量温热水,达到既可适当清洁又可均匀纸色的目的(图版见第四章第二节图 4-18、19)。又如,残片 142,经清洗后去除污渍效果明显。

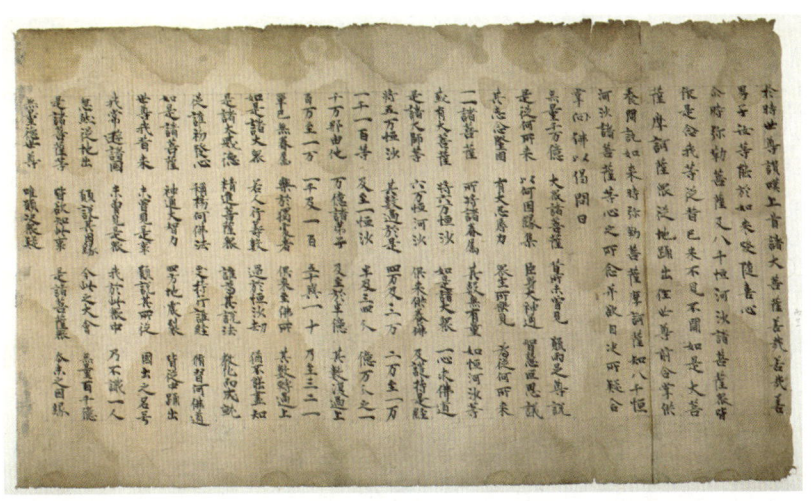

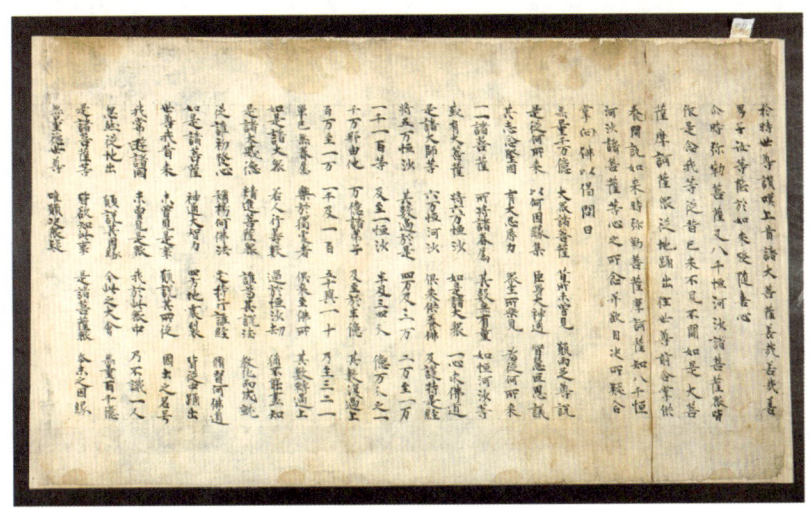

图 3-24 残片 142 修复前后对比

再如残片 150，水渍严重，因此用热水清洗数遍。清洗书叶均采用纯净水，一般水温在 20—30℃之间，如用热水则将水温控制在 70℃左右。

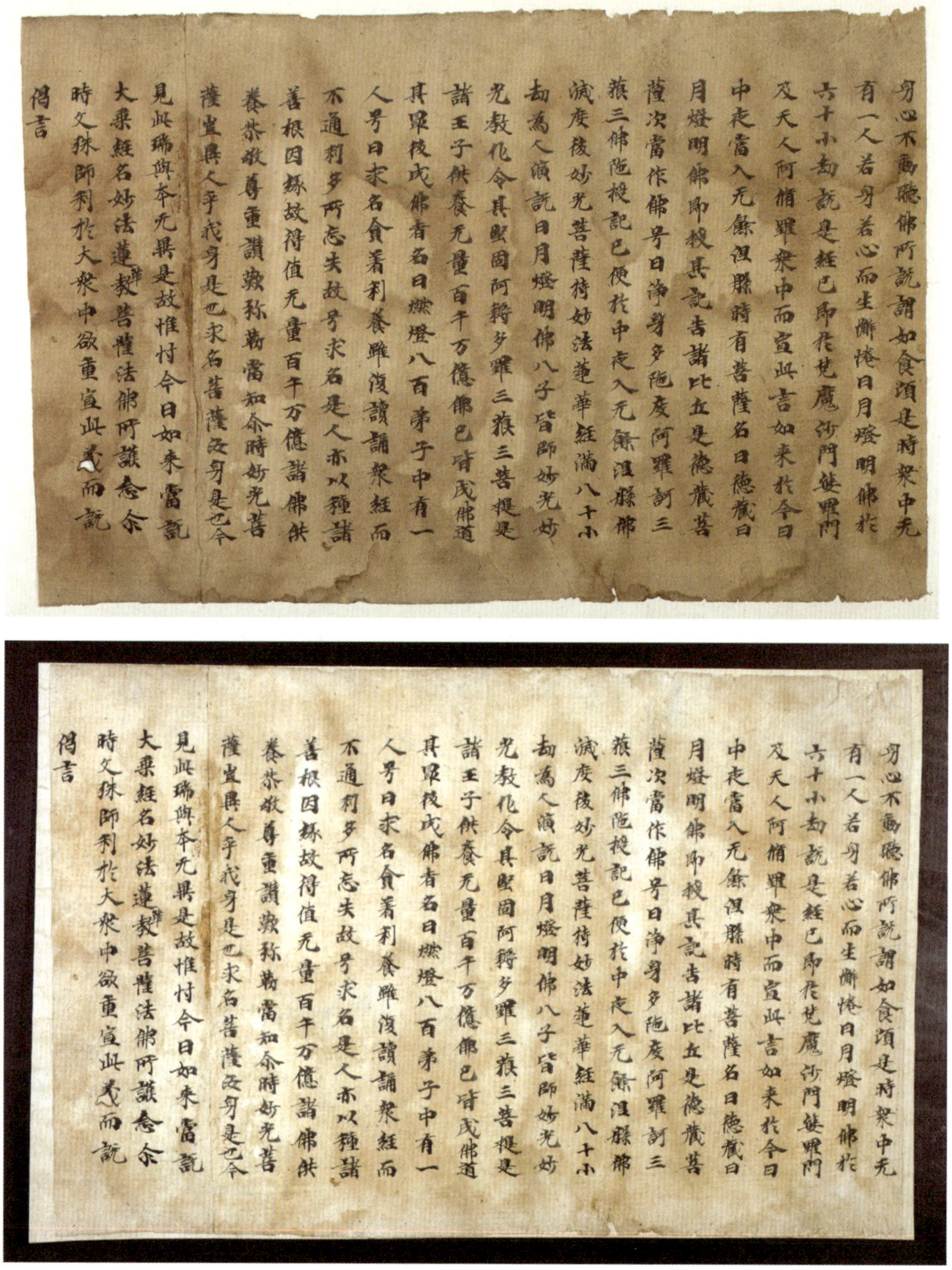

图 3-25 残片 150 修复前后对比

又如残片 160 破损及污渍、水渍都较严重。在进行修补前，首先对残片进行清洗去污。先用纯净水对残片进行清洗，但效果不佳，后又用热的纯净水再一次进行清洗，效果稍好一些。残片背面四周因之前使用老虎糨糊进行粘贴，因此揭后四边呈卷曲状。为了解决这个问题，用毛笔沾热纯净水闷湿纸边，用平头镊子轻轻把糨糊一点点刮掉，反复进行多次，效果方好。

三、配纸染色

补纸的选择是修复工作的重要内容，也是修复成功与否的关键之一。选择补纸的原则，是纸质与待修残片相近，且帘纹基本一致。比如残片 160，原件破损严重，选择补纸。此页对补纸的选择颇有心得。

残片 160 为《维摩诘所说经》卷下，修复前长 34.4 厘米，宽 26 厘米。清洗之后进行精修、压平。在选配补纸时，根据实验组提供的纸张检测结论，依照残片 3D 表面图像，选择相近纸性的补纸，然后进行残破补缀，并在残片左右各镶接出 10 毫米宽边条。修复后，再次进行了 pH 值检测。检测后又出现了三处新的水渍，我们用温水对水渍部位进行重新清除，再喷水压平。修复后的残片长 35.5 厘米，宽 26.1 厘米。

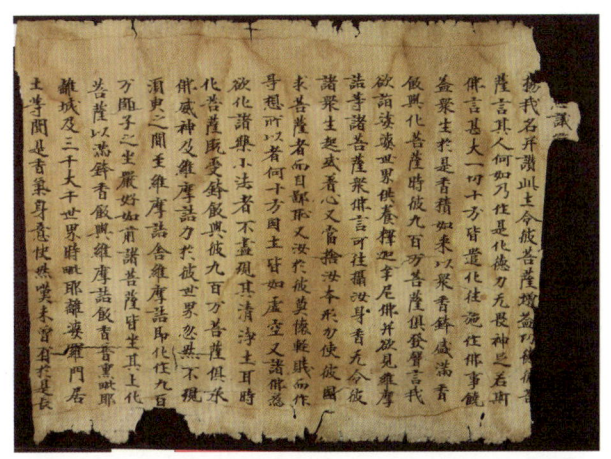

图 3-27 残片 160 纸张表面 3D 图

图 3-26 残片 160 揭离后正背面

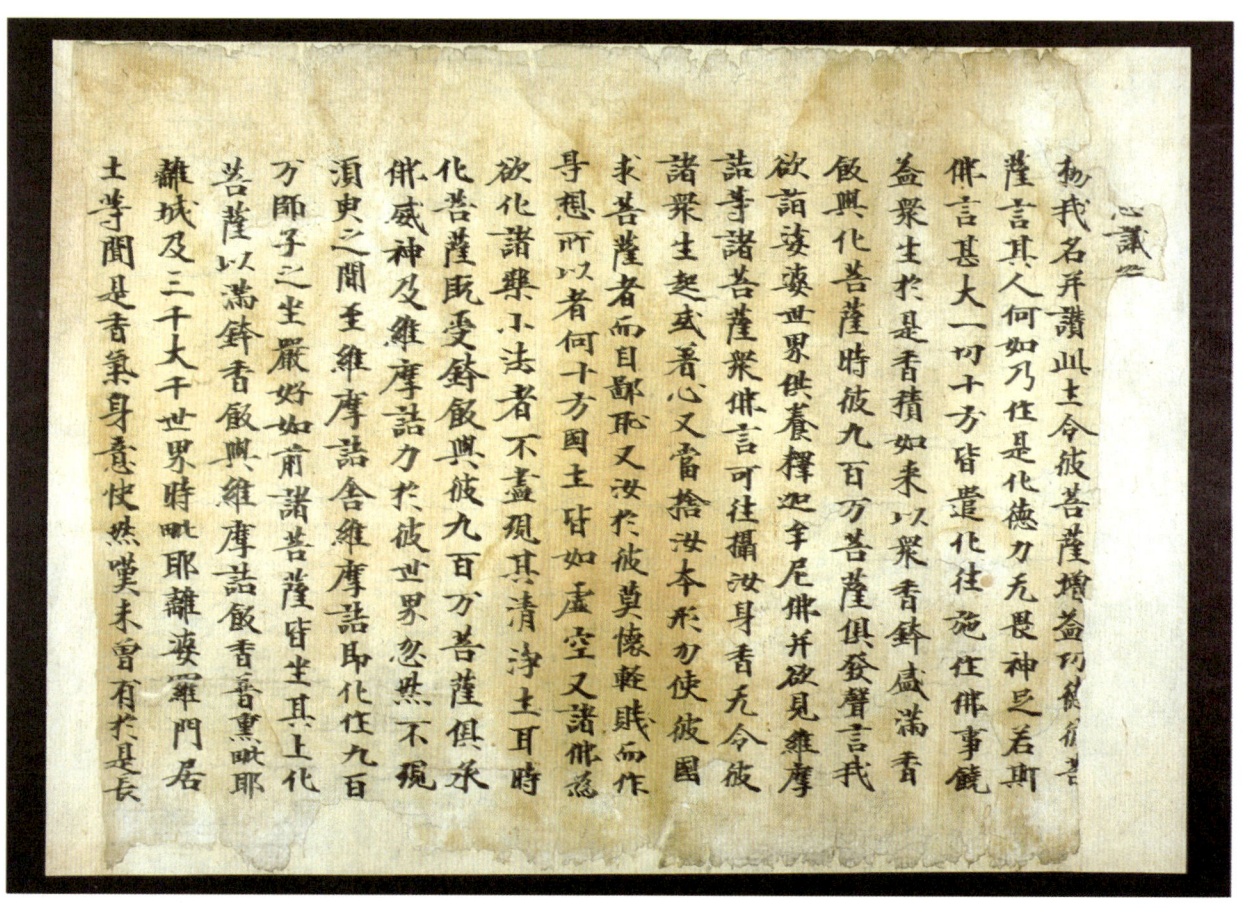

图 3-28 残片 160 修复后

补纸需要进行染色，以便其颜色与残片本补纸需要进行染色，以便其颜色与残片本身的颜色相近并有所区别。由于敦煌文献残片多为偏黄或偏灰的颜色，我们采用植物染料橡碗子进行染色。橡碗子经过浸泡、加热，即可熬煮出色，最后采取浸染的方式，完成纸张染色。

图 3-29 染纸

图 3-30 染色的多种补纸

图 3-31 比对选择补纸

四、修补

修补指的是用补纸将裂口、残洞、破损处粘牢、补全，以恢复残片较完整外观，便于保存使用。修补是修复工作的核心环节。敦煌残片破损情况不同，相应地应选择不同的修补方法。

例如，残片 190 的修补，为求完美，先后进行了两次修复。残片 190 存在以下四方面的问题：①残缺；②折痕、裂纹，多处字型"走样"，需重加校正；③揭取背面补纸时需特别注意，要将有字补丁揭离，无字补丁原位保留；此外，在揭动中间部位长条型素纸时，上下都容易出现"揭离层"或"揭薄"的状况，操作要特别小心；④残片卷装时出现严重色差。

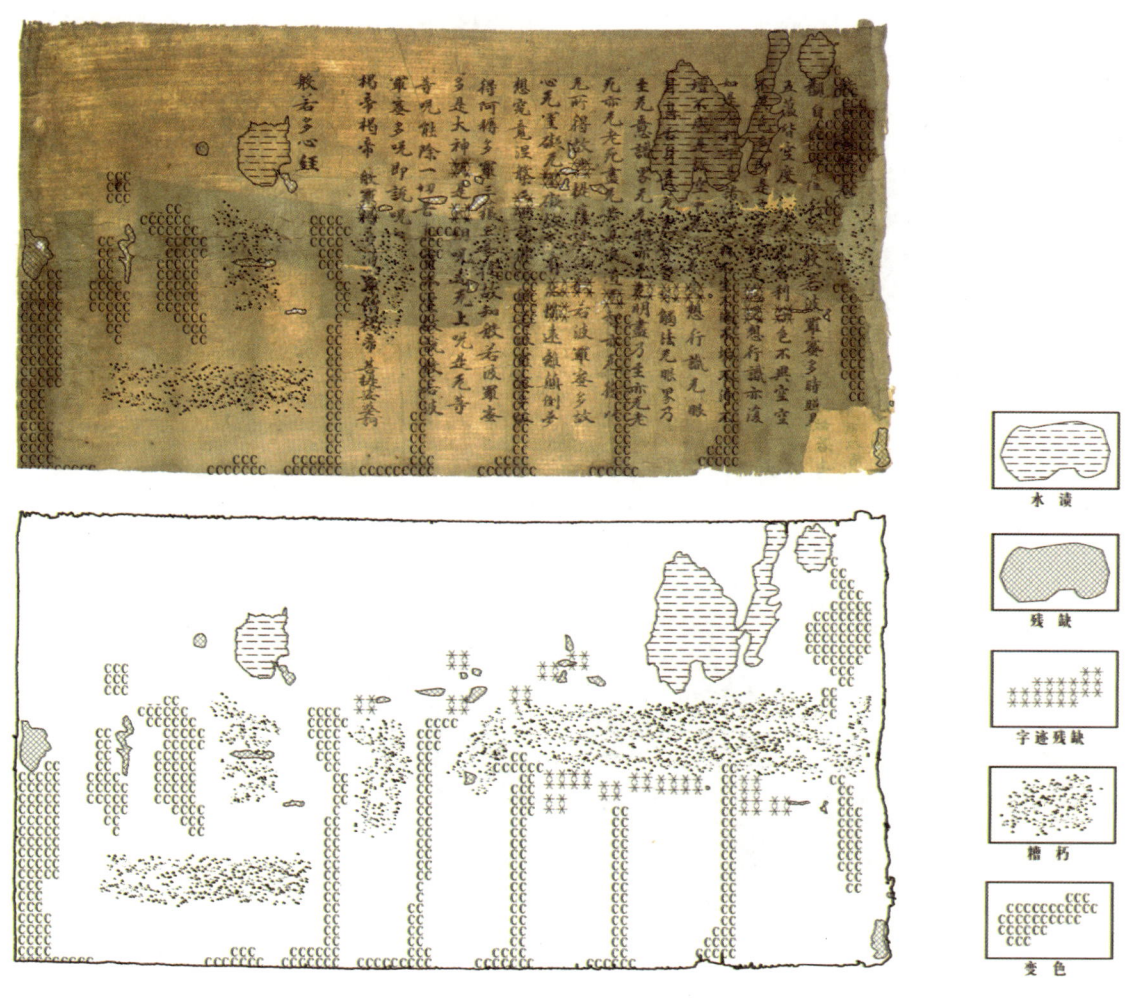

图 3-32 透光板下观察残片 190 的状况

分析揭离册页后的残片 190 存在的主要问题后，首先用温水从背面喷湿，将残片背面多层补丁逐一取下，分离背面补纸，记录叠放顺序。揭纸的过程中发现，原补纸所用糨糊非常硬稠，这也是造成残片纸面褶皱的主要原因。为此，我们一边用清水软化纸面，一边使用小刀刮除残留的糨糊，使残片得到了较好的清洁。

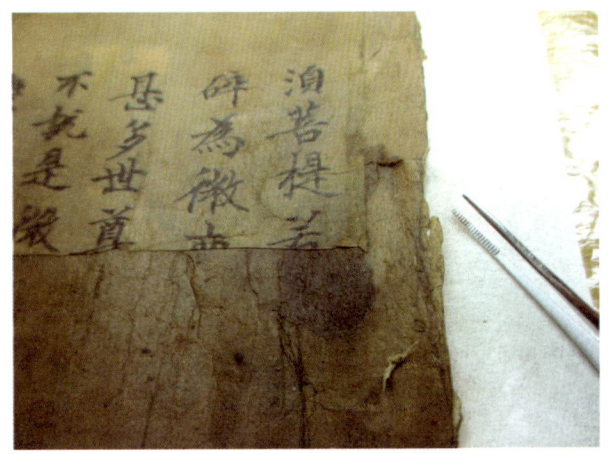

图 3-33 带字古代补纸

图 3-34 重叠的多层古代补纸

图 3-35 清除古代补纸上的粘合剂

图 3-36 配补溜缝皮纸

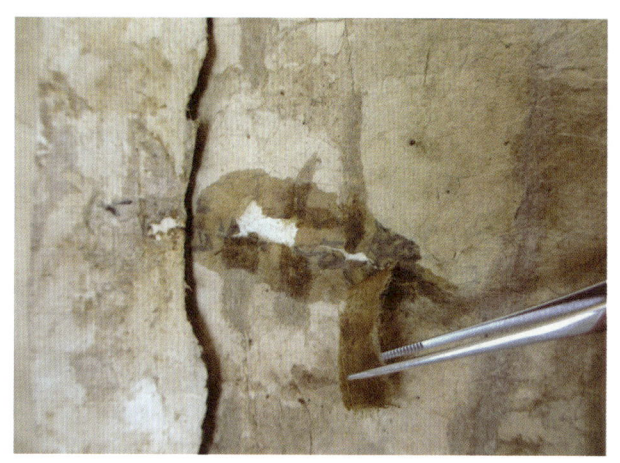
图 3-37 修补

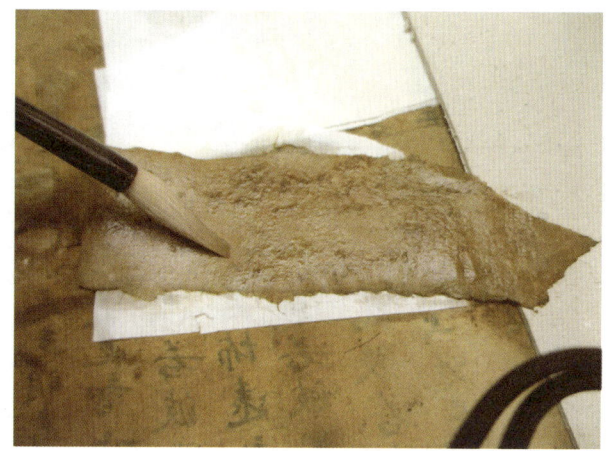
图 3-38 原位贴回古代素面补纸

开始修复时,先喷少量清水展开纸面局部,从正面对齐字型、字口,用带色补纸条涂稀糊连接固定,再从背面粘贴加固补纸。然后依此逐步展开直至整页。经过认真的修补、压平,这件残片的修复工作初步完成。

后期进行修复情况检查的时候发现,这件残片的页面平整状况尚好,但仍旧存在一些问题:①原件中间缺损严重,有些字的位置出现微小的"错位";②补纸在双层或多层一起使用时,颜色重叠偏重,需要重新撤换颜色较浅的补纸;③原件贴补大片无字补丁处,仍有未除净的残余糨糊,渗入纸张纤维形成"硬梗",造成残片局部仍然不平整。为了解决这些问题,进行了第二轮修复。完成之后,残片达到理想的状态。

图 3-39 检查

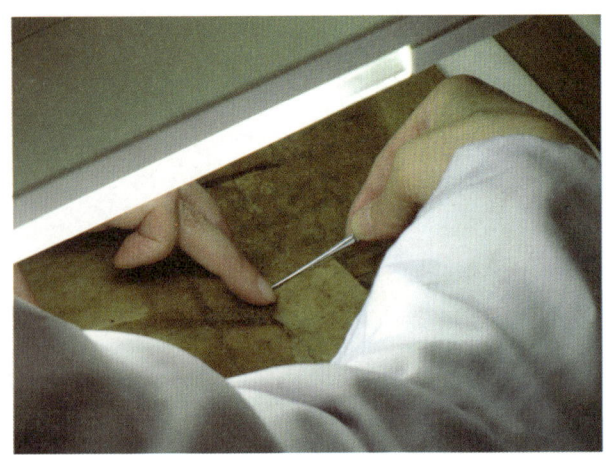

图 3-40 揭

图 3-41 古代补丁纸回位

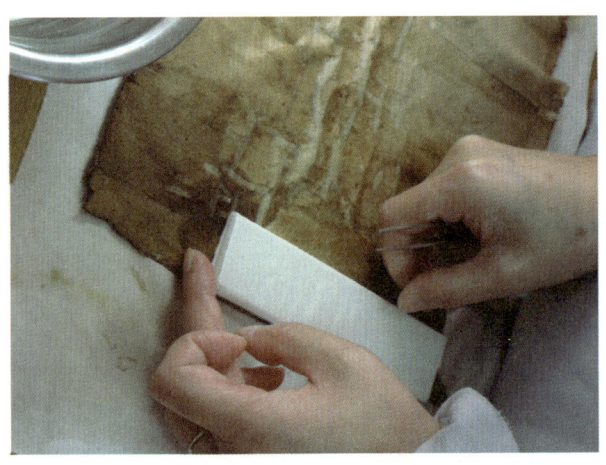

图 3-42 局部压平

这件残片的修复过程，带给我们很多启发和思考。其一，在揭取古代补丁纸时应注意，揭取动作到哪里就把水喷到哪里，要避免多次用水，以免造成纸面褪色现象。其二，古代补纸中的素纸应在清除残留糨糊后回归原位，以保持其旧补痕迹。其三，修复破损较重部位时，需要先用薄皮纸补缀一遍，然后将旧补素纸归回原位，以解决原件纸厚、新补纸略薄的问题。其四，应随时检查揭取的古代补纸上是否带有"命纸"原件，以免丢失任何"珍贵点画"。其五，考虑到背面补缀痕迹的最终整体效果，对背面深色油渍痕迹部分也采用浅色号补纸，而不能选择颜色过于近似的补纸，因为修复的重点在于"保护"而不是"美观"。

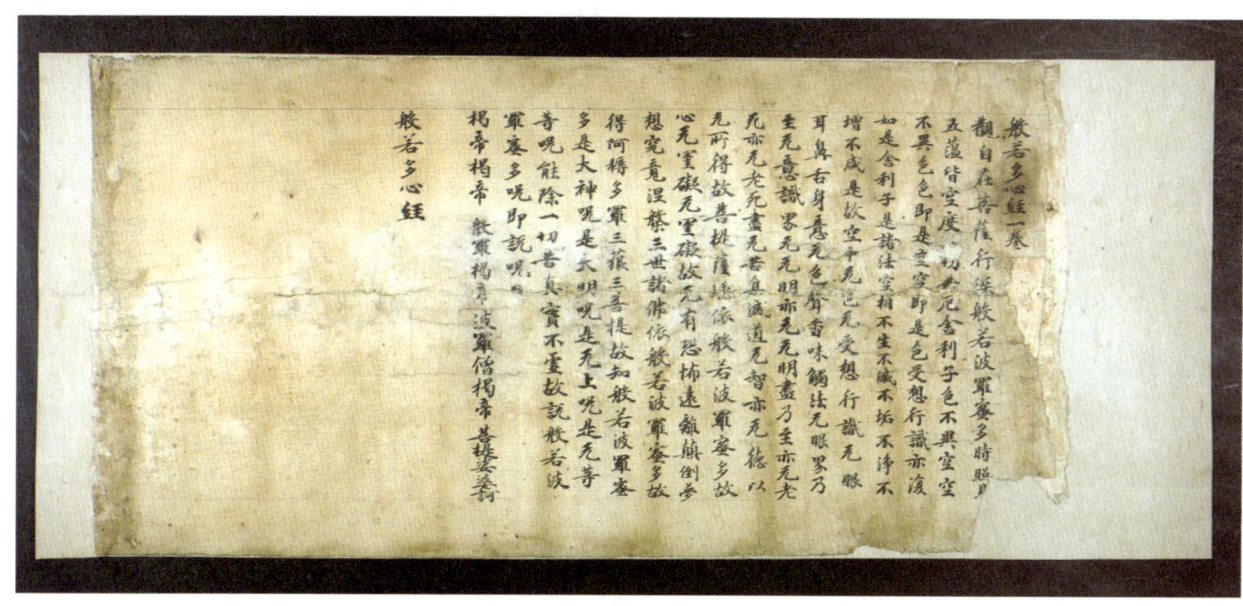

图 3-43 修复后正面

图 3-44 修复后背面

又如，残片238（《大般涅槃经》卷三十，长12.4厘米，宽26.3厘米）破损严重，且中间部位絮化严重，修复难度较大。简单讲是配好补纸后喷水展平，进行精修。但絮化书叶的修复重点在于补纸的选择，该残片首选软薄皮纸。先用大片补纸覆于破损处，以毛笔蘸稀浆水轻点，操作过程中注意呼吸均匀，避免因呼吸吹动纸片。补完一层再加一层，直至呈现完好效果。

图 3-45 残片 238 絮化严重

又如，残片170（《观弥勒菩萨上生兜率天经》，长55.3厘米，宽26.4厘米）破损严重，污渍、水渍都较重，左起第21行第8字已经磨损不清，残片背面粘有许多大块补纸，包括皮纸和高丽纸。修复中先清洗，去除污渍水渍，然后揭掉补纸，进行精修。修复后，残片长57.5厘米，宽26.5厘米，因特殊情况，此残片左右两边各多接出1厘米。

进行比较复杂的残片修复，可以使用透光补书板辅助操作。透光补书板是近年开发的古籍修复实用型辅助工具，它的光源为高亮度镜片LED组件，面板选用亚克力透明材料，光线充足均匀，它还采用了专用无极调光等技术。透光补书板能让修复师更清晰地看到待修补文献的残损状况，更清晰地看到修复操作过程，有利于提高古籍修复质量。透光补书板现在已成为必备的古籍修复设备。

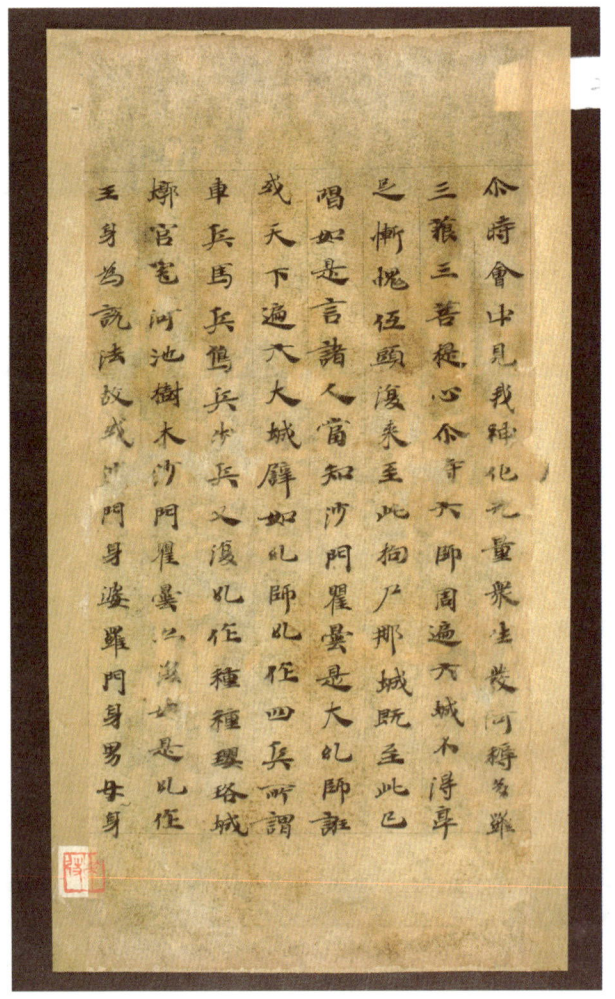

图 3-46 残片 238 修复后

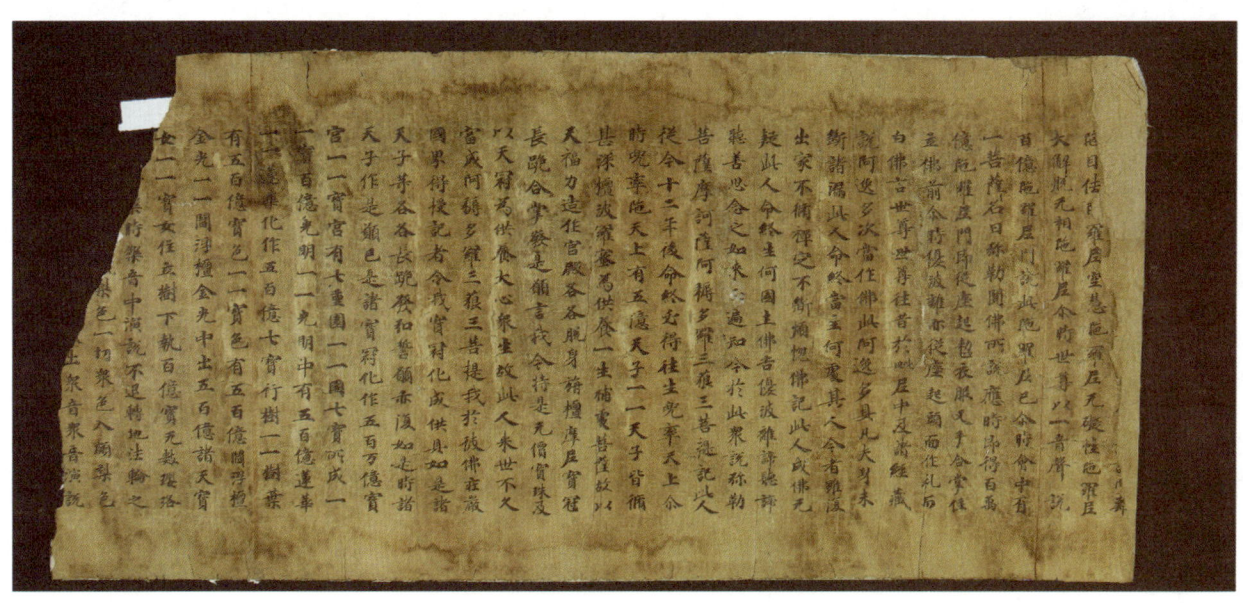

图 3-47 残片 170 修复前

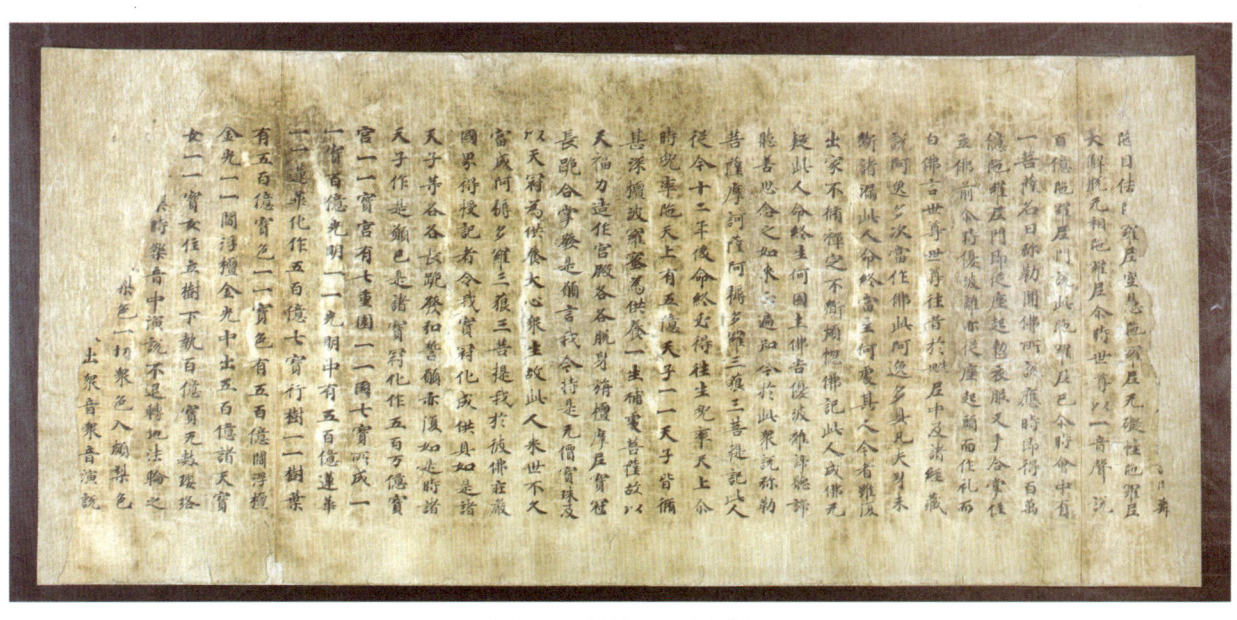

图 3-48 残片 170 修复后

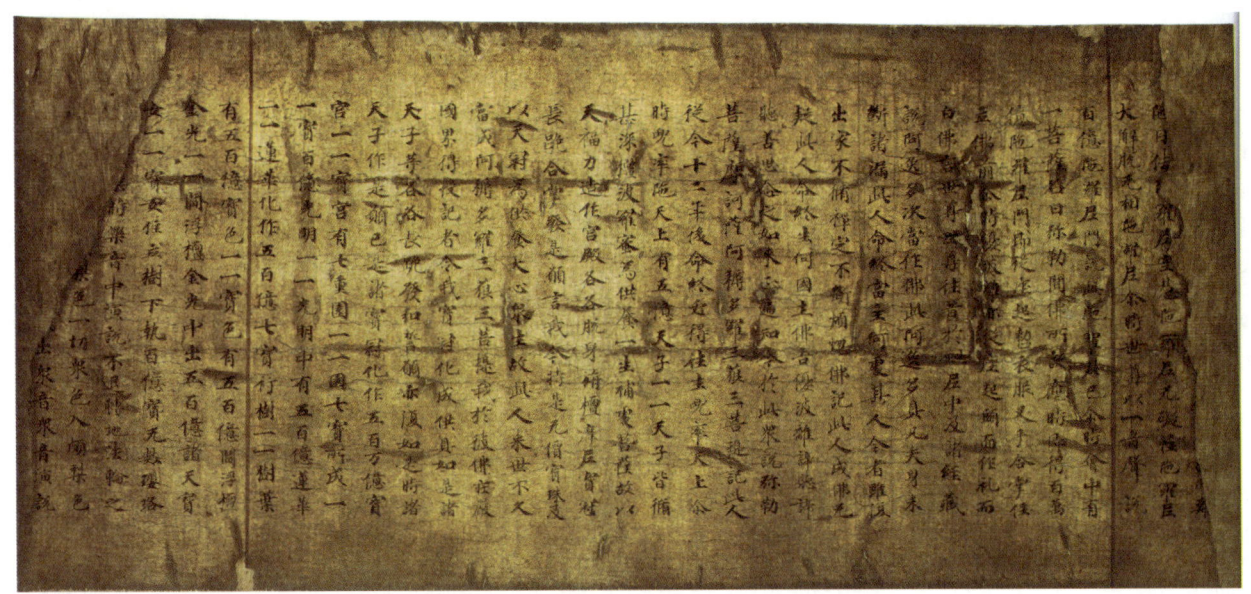

图 3-49 使用透光板观察残片 170

五、压平

残片修复完成后一般都需经过压平处理。方法是将残片正面朝下，平放于一叠撤潮纸中，少量均匀喷水，展平后覆上撤潮纸，放上压书板，上压大理石或铅砣等重物。压平可单叶进行，也可以多叶叠放进行。有的残片因情况复杂，压平操作须进行特殊处理。例如残片 147，原纸张厚、硬且脆，缺损过多，因此用皮纸修补了三层，仍稍显微薄。反复压平数次，效果并不理想。最后将补纸揭下，重新修补，只润湿补纸，并不润湿残片，再经过反复多次压平，终于达到了上佳的效果。

装订好的册页一般应使用传统压书机进行压平工序。压书之前一定要先检查书册内有无异常情况，比如不平或错位残片等，检查无误后将书册平正放入压书机内，均匀转动把手，使上板逐渐下压，注意须压紧压实，等待一天之后取出检查即可。

第四节　整装平开册页

修补完成的单张残页，须重新合装为整本册页。册页装原为汇集书画小品常用的装帧形式，除了相同作者相同规格的书画之外，也可将不同作者不同规格的书画集为一册，书体不同、规格不同是"册页与生俱来的天性"。册页有多种装帧方式，如蝴蝶装册页、推蓬装册页和经折装册页。经过反复试验，最终在杜伟生老师启发下，决定采用平开册页的装帧方法。这种装帧，既解决了目前单开册页纸挺硬度不足的缺陷，同时又可将原册珍贵照片、题记、签条等附件同样加工成单开册页，对应贴回原位，并可保证原件位置基本不变。

在决定选用此方法之前，我们还进行了装帧样本制作试验，制作了两本"影册"。其中一个影册基本采用传统册页装形式，共九开，每开制作方式方法有别。每开张制作方法分别为：①"心经"叶，采用传统挖镶册页，九层夹宣墩子，面纸为两层罗纹宣纸。②"众时师尊"叶，大小两张对开装，接近原册页装帧样式，共计十一层，"残片"四周边打浆口、粘实。这种方法会产生册页不平整的状况，这也是此次装帧必须解决的关键问题。③"曰佛言善哉"叶一，采用传统册页装帧方法，十一层，挖投撞边，整页裱糊贴实。这种方法对残片保护不利。④"曰佛言善哉"叶二，因敦煌残片珍贵，不宜采用整页贴实的做法，宜沿用原册残片左右以两毫米窄浆口刷实的方法。此页用两半分别装池，但挖芯后如不贴实又会出现面纸与墩子纸之间的"硬隙"，不甚美观。⑤"曰佛言善

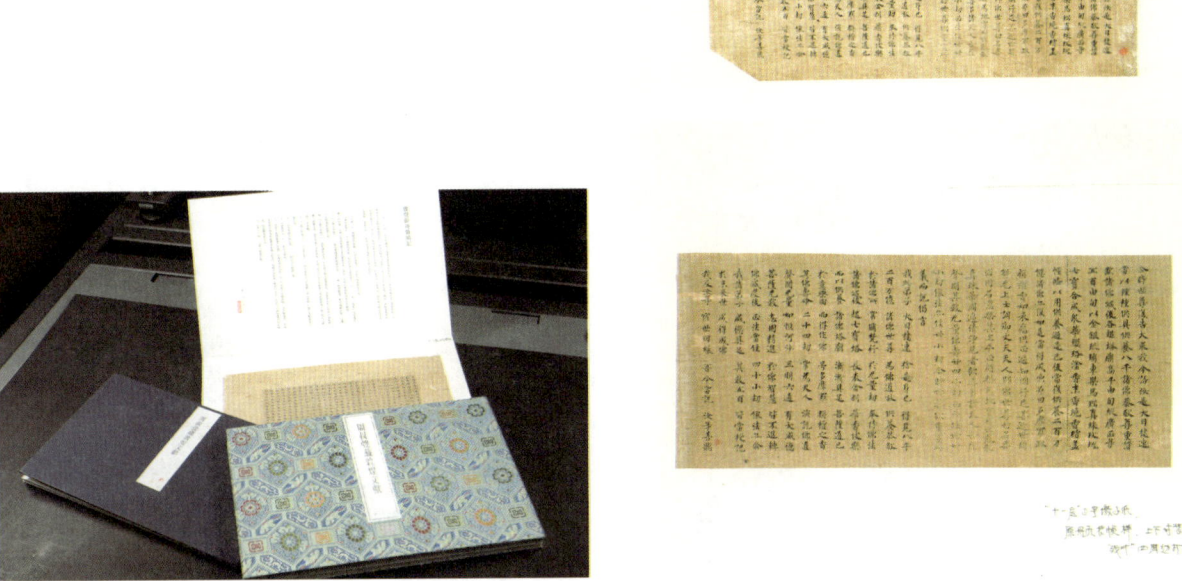

图 3-50 试装的"影册"

哉"叶三，对上一种方法进行改良，即在面纸之上再拖覆一层"蒙面纸"，使之外观效果更臻完美。⑥"正法华经光瑞品第一"叶，新法左右粘边的样例。⑦"南无东方"叶，新法九层样。⑧采用杜伟生老师建议的方法装样，即残片连同面纸一起，不与墩子合体，而单独成页，并以其厚度为面纸薄厚的依据进行"挖型"。这样可以清晰地看到"残片"文字，也适用于双面有字的残片，但连体效果不佳。⑨"照片"样，九层2号墩子纸。这个"影册"的护板采用4毫米厚荷兰板为材，外裱传统龙纹仿宋锦，外观古朴。制作两本"影册"，为正式装帧积累了经验。

本项目所挖镶装贴残片，基本采取只粘贴左右加宽两边的固定方式，使得珍贵残片本身不接触粘合剂；有些残片背面存有文字，需要满足同时显示背面文字的特殊要求。经前期样册制作经验分析，以及多方仔细考量，最终选择采用平开册页装的形式。

平开册页整装包括三个主要步骤：

一、镶装单件残片

镶装残片之前，需提前准备好三种用纸：罩面纸、开身纸及托墩纸。罩面纸是在单开册页纸对折中心加装的半张纤薄净皮罗纹纸，它不仅能保护原件，更可加贴残片名称卷次签条，增强视觉效果。开身面纸的制作，分为两种，即：单面加厚开身面纸、双面开身面纸，其厚度分别与残片厚度保持一致。墩子纸一般选用三层星光单宣托裱而成，分芯4尺+6尺+4尺，后手上前加一层4尺红星面纸，背面墩子纸合计托裱四层，分芯+6尺+4尺两层。

①

②

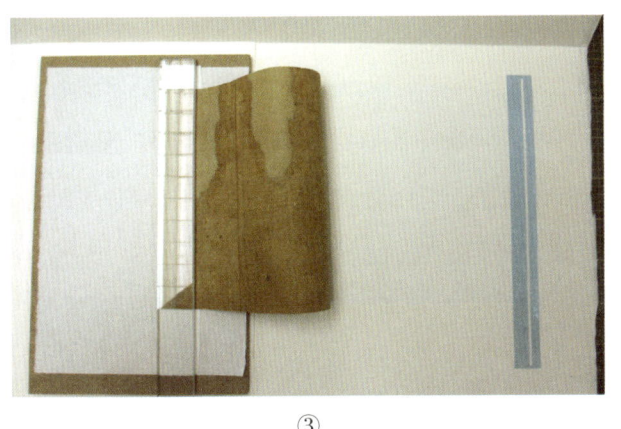 

③　　　　　　　　　　　　　　　　　　④

图 3-51　单面书写残片镶装方法
①铺装准备　②细部接合处　③打浆口粘实左右两边　④压实修复后内页两边

单面书写的残片与双面书写的残片，因背面是否需要翻看的需求不同，须采取不同的镶装方式。单面书写的残片，镶装时去掉单张册页备纸上的影纸，将残片嵌入预留凹槽，仔细查看挖槽与残片边缘，使其精准接合方可。双面书写的残片，其开身制作为与残片厚度相同的单张纸框，边框周四边预留 2 毫米搭口，仔细查看挖槽与残片边缘，使其双面精准接合即可。

①

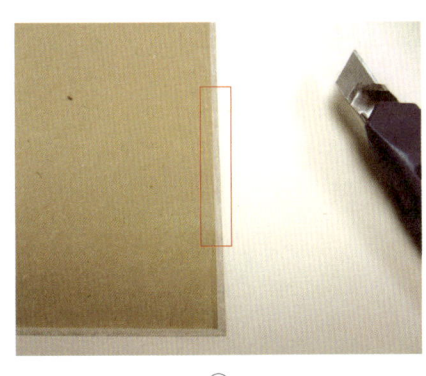  

②　　　　　　　　　　③　　　　　　　　　　④

图 3-52　双面书写残片镶装方法
①镶装准备　②细部接合处　③四周打浆口粘实　④双面翻看效果

二、制作单开册页

单开册页的正面为整张红星覆面纸。开身用两层纸张，一为红星单宣，一为汪六吉特净皮纸。三层纸墩子，两层四尺净皮纸，一层汪六吉特净皮纸分开两半，参见图 3-15 单开册页制作示意图。

背面主要粘贴照片及附件，开身用纸与正面相同。四层墩子，选用含有龙须草的星光牌净皮纸，中间有一张应分开两个半张。龙须草纸较轻，可以减轻整册重量，在托裱前应先注意扫纸，即清除纸面杂质。正背两面覆纸层数厚度应保持一致，以防止平开形式册页两面力度不均衡，造成册页卷曲不平整。

图 3-53 《敦煌石室写经残字》示意图

图 3-54 《唐人写经残卷》二、三册推蓬示意图

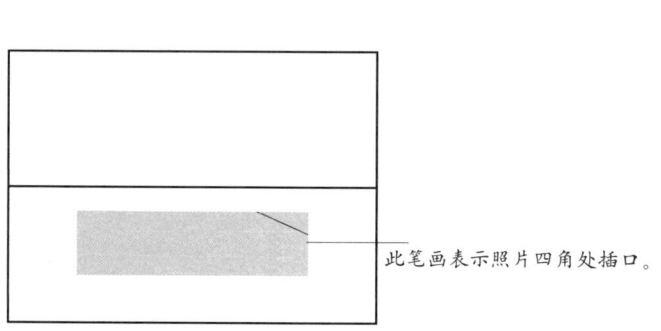

图 3-55 背面单开照片制作示意图

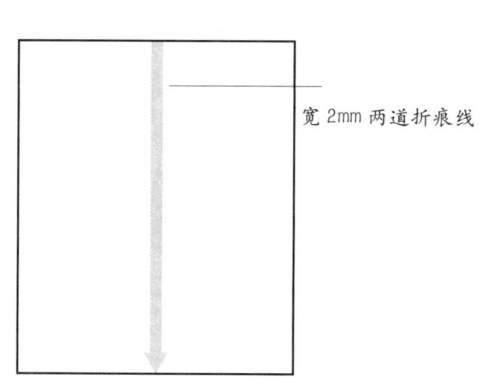

图 3-56 折缝示意图

三、整装册页

在完成全部单开张册页之后，需依照残片原顺序合装成册。首先将正面单张册页与相对应的背面单张册页分别排序，分组码放（正面一组，背面一组），以中间折口为准墩齐、压平；以册为单位，上压书机压平数日；压好的册页，分别按照每种书的设计规格尺寸，统一标出裁切标记，用电刀裁切三面；将裁切好的单张册页，正反两面分别组配，以稠糊点若干点，背与背两两相贴，直至一册完成。

图 3-57 单张册页正反面贴合示意图

图 3-58 平开册页制作示意图

图 3-59 展开的平开册页样册

图 3-60 裁切

制作平开册页，须注意以下要点：①正反面合装时，要使用较稠糨糊粘贴各层纸面。②托好的墩子层间，必须有一个半开，且半开间对缝保持在2—3毫米之间。③托裱完成的单张册页，折叠时用两厘米宽的湿润纸条将中缝潮润，一边用尺压实，一手以竹启反复轻划，以不深陷为宜，轻划后只有折痕线有部分潮湿。这样可以避免背面破裂或内层鼓起的状况发生。④裁切平开册页，要注意折齐，尽量压实，要使每开册页完全服帖。注意减轻裁刀的力，刀口后需拉线校正，三刀成活。

将残片镶入册页时，要注意根据残片的形状进行挖镶、粘贴等操作。比如，残片147修后边沿不齐，有一定弧度，在镶入册页时，挖镶部位需要依型而制。

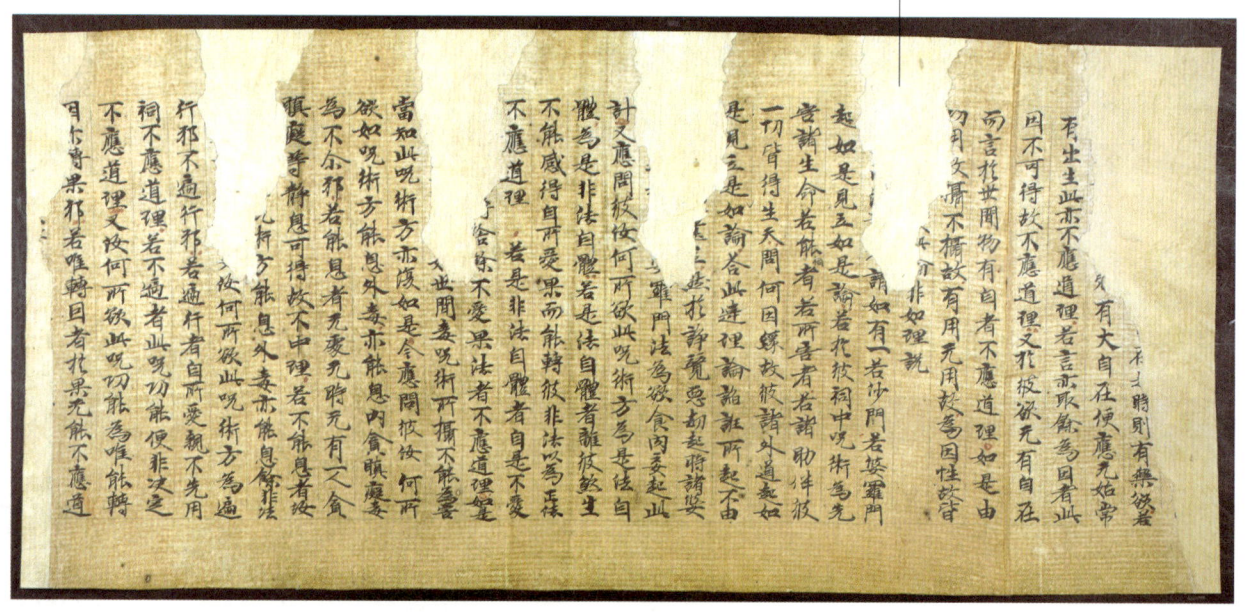

图 3-61 根据残片的形状进行挖镶

整装完毕的残片，保存状态达到理想的效果，修复工作圆满完成。

本项目有两种原装书册中的敦煌残片是被整体揭取、修复后，重新依照原顺序装成平开册页装形式，即：① Z145-2、Z145-3《唐人写经残卷》第二、三册，书型规格：宽 × 高 × 厚为 64.5×40.5×8~10 厘米；② S8440《敦煌石室经卷残字》，书型规格：26.4×40.7×8~10 厘米。共计重装新册 14 本。

图 3-62 修复完成的《唐人写经残卷》

第四章
修复案例解析

第一节　册页修复案例：《莲华经提婆达多品》

此册馆藏编号 S3755，书型规格长 × 宽 × 高为 30.4×13.8×0.7 厘米。粘裱敦煌遗书 12 件，共 107 行，剪切自同一写卷。首页钤"小松曾观"白文方印、"澂斋收藏书画"朱文长方印，尾有"大兴恽宝惠藏金石书画记"方印；末有恽毓鼎题跋，钤"薇孙"朱文长方印。

此册页经多年使用，页面有少量水渍、黄斑，但文物载体纸张本身并未出现明显病害问题；虽经装裱，但前后没有加装护页，开卷即见正文，对书册保护不利；上下两面无夹板挟持，保护措施不周全，但原装用料优选做工精良，目前保存完好。参照中华人民共和国文化行业标准 WH/T22-2006《古籍特藏破损定级标准》中的相关内容，经整体评估，认为该件文物处于五级（缺失书衣）破损状态。

根据《莲华经提婆达多品》册页的情况，此次修复遵从"最小干预"的原则，仍保存册页的原状，只做部分整修处理，并配齐装具。修复工作的主要内容：局部技术性清污（即纸面清洁），前后加装护叶各两开，上下加装护板。其中以加配上下护板及装具为修复重点。计划由 1 名技术人员用 10 天的时间完成全部保护修复研究工作，其中分析试验 1 天、清除污渍 1 天、加装护叶 1 天、制作装具 6 天。

保护修复步骤如下：

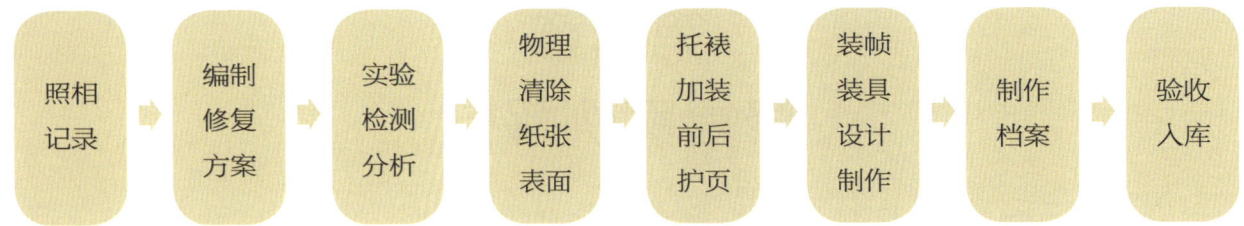

图 4-1 修复工序步骤

操作步骤的要点：

1. 除尘。用物理方法对文物进行表面除尘，主要采用橡皮擦清除法。

2. 分析测试。主要进行文物 pH 值、文物载体纸张氧化痕迹等相关测试。

3. 加装护页。选取上好红星棉料单宣，用稠糨糊将四层纸裱糊在一起，排实上墙绷干，然后比量书册尺寸粘贴裁切。裁切必须进行精确定位，裁齐方法：一叠对齐折口边，从相反方向裁切一刀；展开书芯，将书页校对正中部位；从中心豁口位置往外放；打开整页，依前锥眼位两点一线裁切，后折回，完成一开。加装护页时应注意，书口边要涂满糨糊，可喷少量水，压上。

4. 制作保护装具。护板等装具的制作，按本项目的整体要求进行。详见下文。

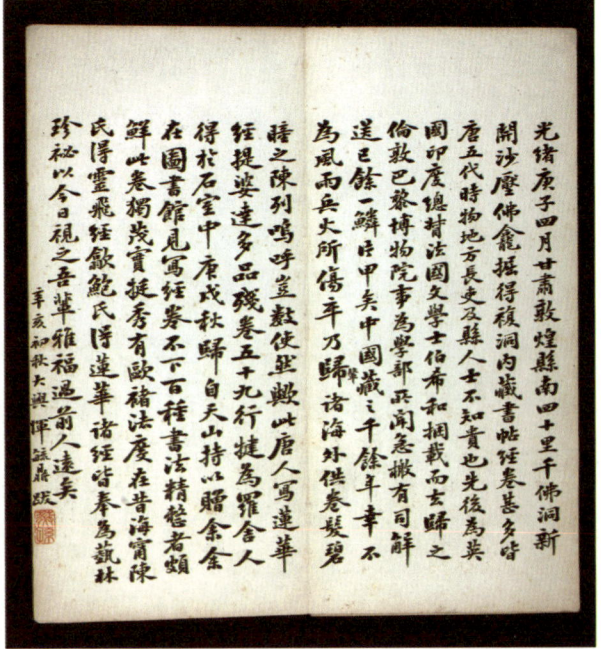

图 4-2 封面与题跋

图 4-3 纸面清洁

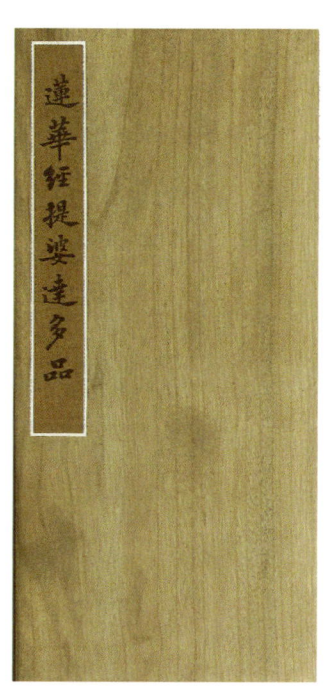
图 4-4 修复后册页外观

图 4-5 修复后册页内页

第二节　残片修复案例

一、残片117（津图053）

这件残片揭自《唐人写经残卷》二，内容为《维摩诘所说经》卷下，系唐写本。存2纸，28行，尺寸为49.2×24.2厘米。原贴裱于推蓬册页。残片多处发生严重破损、缺损现象，且卷面不够平整。

按照修复方案，此残片须进行三个修复步骤：揭离册页、纸张纤维取样检测、精修压平。实际操作中发现，上半部分揭取比较困难，经反复努力方能完整揭离。

揭取残片后的背面发现古代补纸3张，补纸闷潮后——揭下。揭下的无字补纸，在处理了原件表面破损处之后，再用它进行修复，粘回原位。背面原有结晶状残渣，比较硬，用硬刀或小刀小心剔除。以皮纸为衬纸，放置在补书板上，喷湿。将残页背面向下置于衬纸上，喷水，控制水量，使

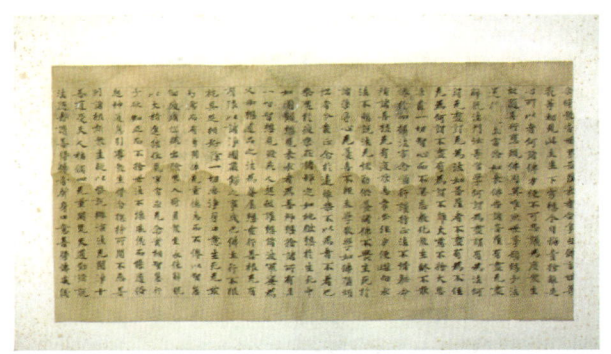

图4-6　残片117修复前

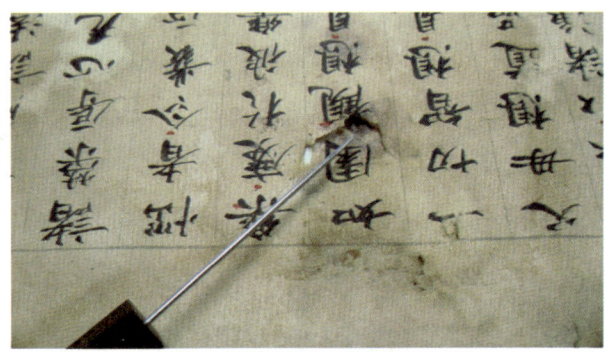

图4-7　残片117页面残损

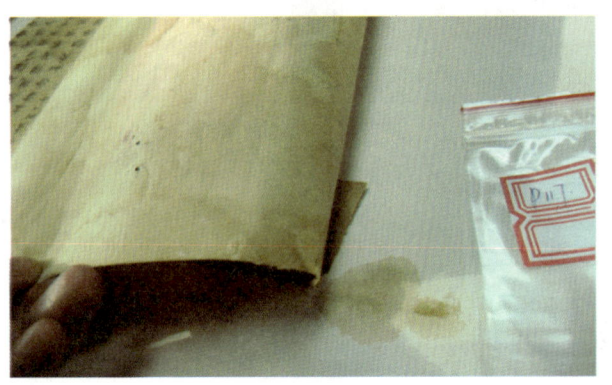

图4-8　揭取及采样

图4-9　素补纸

破损与补纸相互贴合展平即可。这件残片破损比较严重，局部纸张纤维松散，有褶皱出现，须注意展平。针对纸面色差问题，宜采用温热水划除污迹颜色较深处的方法加以处理。修补完毕后喷水压平。

此残片2012年3月8日揭取，5月19日开始修复，5月31日修复完成。

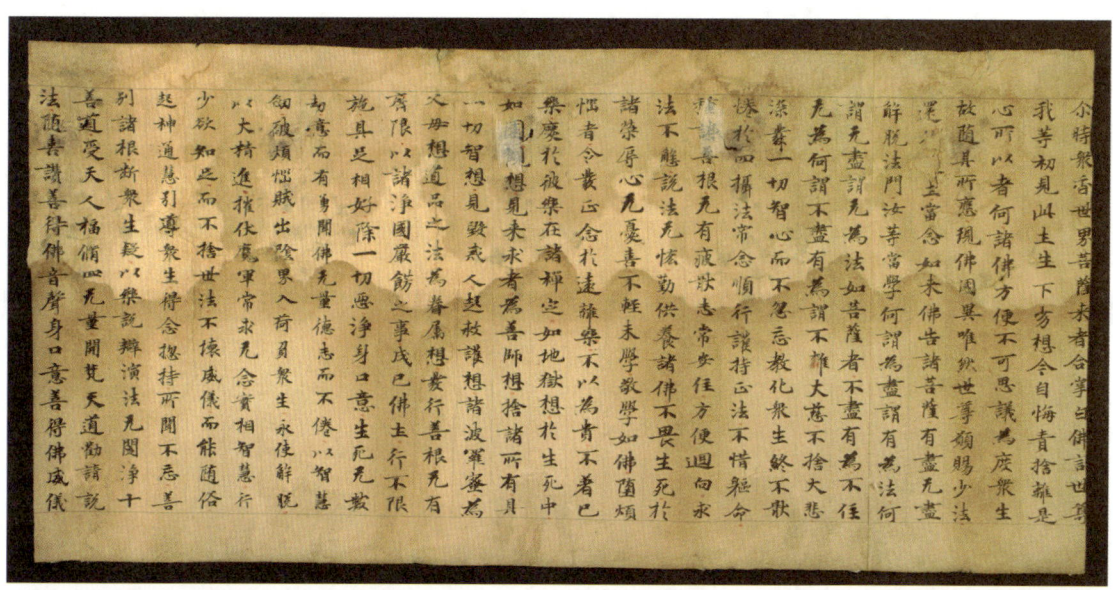

图4-10 残片117揭取后正、反面

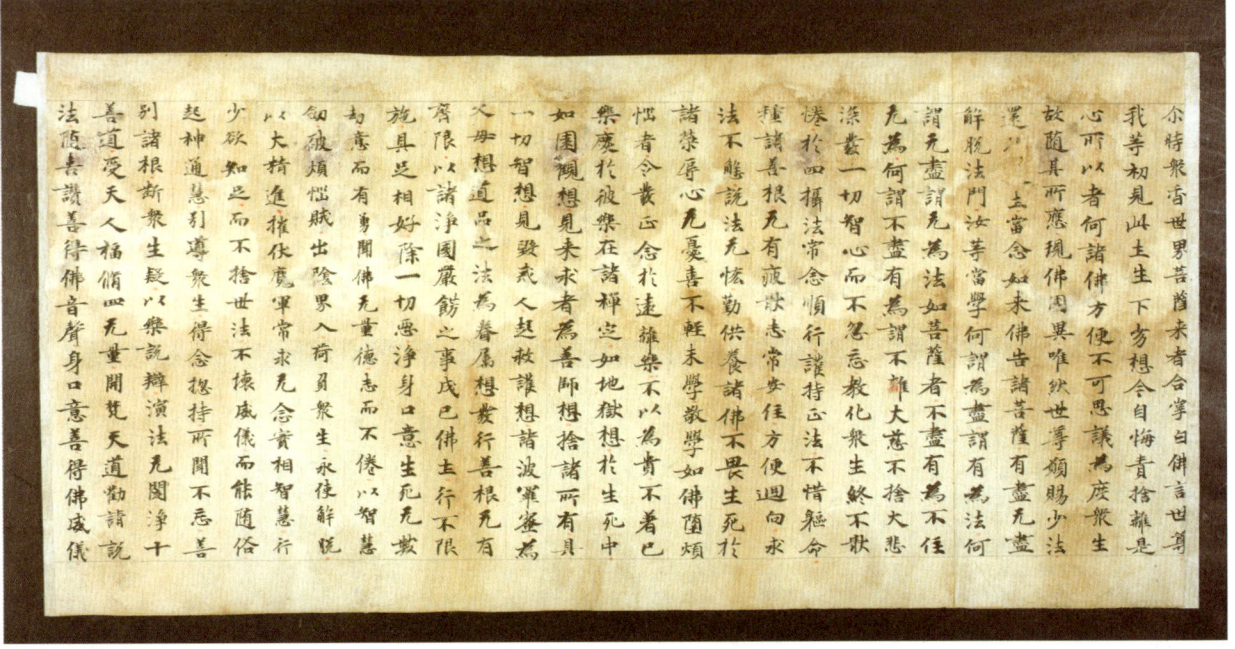

图 4-11 修复后的残片 117

二、残片 118（津图 054）

这件残片揭自《唐人写经残卷》二，内容为《维摩诘所说经》卷下，系唐写本。存 1 纸，22 行，尺寸为 37.8×25.2 厘米。原贴裱于推蓬册。残片下部有水渍；上部粘贴紧密，卷面不平整，有明显褶皱。

按照修复方案，此残片须进行三个修复步骤：揭离册页、纸张取样、精修压平。揭离环节，因边缘粘接紧密，干揭困难，采用湿揭法，即用温热水整页喷湿闷透，然后轻轻揭起，达到良好的效果。背面原用浆糊比较黏稠，不易清理净尽。清理的同时，在背面糨糊处揭薄取样。耐心以雾状喷水，撤除水渍。考虑到未来的装帧，四周加固，左右两侧略宽出 1 厘米。根据残片的厚薄，加边采用两层纸提前托裱而成的纸张，以达到平整且便于装帧的效果。

此残片 2012 年 3 月 8 日揭取并开始修复，3 月 13 日修复完成。

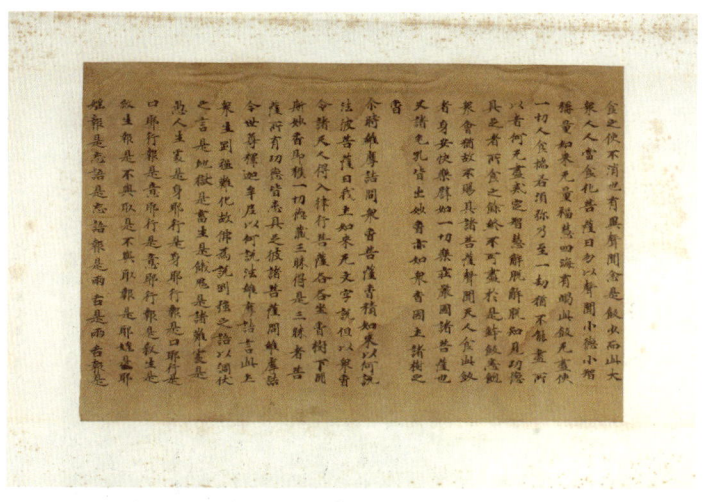

图 4-12 残片 118 修复前

图 4-13 加宽叶边

图 4-14 残片 118 修复后

三、残片 119（津图 055）背 17

这件残片揭自《唐人写经残卷》二，内容为《金刚般若波罗蜜经》，系唐写本。存 1 纸，12 行，尺寸为 19.1×24.8 厘米。原贴裱于推蓬册页。残片上部有明显水渍。

尒時須菩提聞說是經深解義趣涕淚悲泣
而白佛言希有世尊佛說如是甚深經典
我從昔來所得慧眼未曾得聞如是之經世尊
若復有人得聞是經信心清淨則生實相當
知是人成就第一希有功德世尊是實相者
則是非相是故如來說名實相世尊我今得
聞如是經典信解受持不足為難若當來
世後五百歲其有衆生得聞是經信解受持是
人則為第一希有何以故此人无我相人相衆
生相壽者相所以者何我相即是非相人相
衆生相壽者相即是非相何以故離一切諸
相則名諸佛

图 4-15 残片 119 修复前

按照修复方案，此残片须进行三个修复步骤：揭离册页、纸张取样、精修压平。首先检查原粘连处情况，经分析，可以采用干揭法。用针锥挑开残片，注意动作幅度要小，随时左右调整针锥插入位置，确保不损伤残片；实在无法干揭的部位，用温水闷透再仔细揭下，注意控制用水，以防出现新水渍。完整揭下后开始修补，先用温热水划去水渍，反复数次；用双层托裱的厚纸，加宽左右两边；用薄皮纸补上下两边；喷水压平，干后裁边。

此残片 2012 年 3 月 8 日揭取，5 月 29 日修复完成。

尒時須菩提聞說是經深解義趣涕淚悲泣
而白佛言希有世尊佛說如是甚深經典
我從昔來所得慧眼未曾得聞如是之經世尊
若復有人得聞是經信心清淨則生實相當
知是人成就第一希有功德世尊是實相者
則是非相是故如來說名實相世尊我今得
聞如是經典信解受持不足為難若當來
世後五百歲其有衆生得聞是經信解受持是
人則為第一希有何以故此人无我相人相衆
生相壽者相所以者何我相即是非相人相
衆生相壽者相即是非相何以故離一切諸
相則名諸佛

图 4-16 残片 119 揭取后

尒時須菩提聞說是經深解義趣涕淚悲泣
而白佛言希有世尊佛說如是甚深經典
我從昔來所得慧眼未曾得聞如是之經世尊
若復有人得聞是經信心清淨則生實相當
知是人成就第一希有功德世尊是實相者
則是非相是故如來說名實相世尊我今得
聞如是經典信解受持不足為難若當來
世後五百歲其有衆生得聞是經信解受持是
人則為第一希有何以故此人无我相人相衆
生相壽者相所以者何我相即是非相人相
衆生相壽者相即是非相何以故離一切諸
相則名諸佛

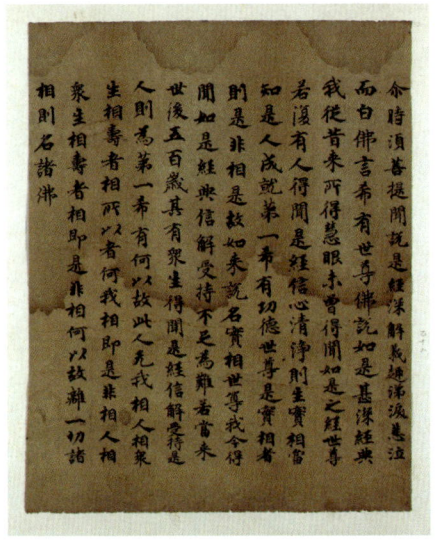

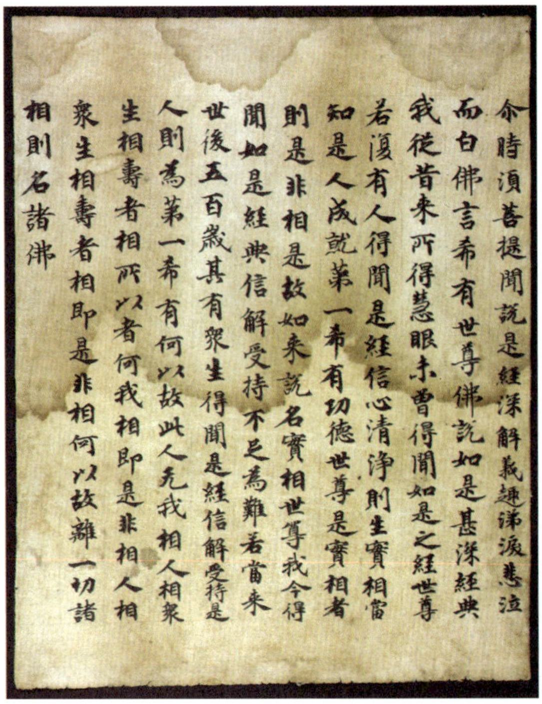

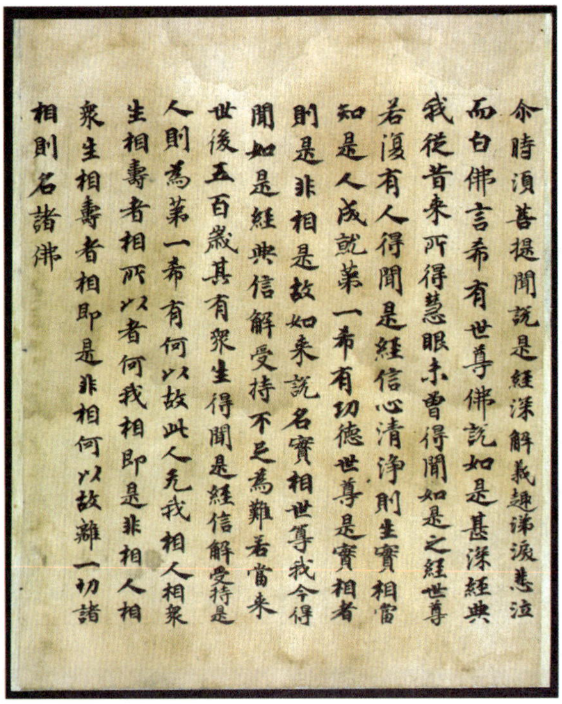

图 4-17 残片 119 修复后

四、残片120（津图056）

这件残片揭自《唐人写经残卷》二，内容为《金光明经》卷四，系唐写本。存1纸，5行，尺寸为8.6×24.5厘米。原贴裱于推蓬册页。残片上下颜色差异很大，且有污渍迹。

按照修复方案，此残片须进行三个修复步骤：揭离册页、纸张取样、精修压平。根据粘连的情况，决定采用干揭法。整体揭离后，左右加边，上下补齐。残片上下色差较大，因此背面用颜色接近的皮纸补过。

此残片2012年3月8日揭取，5月29日修复完成。

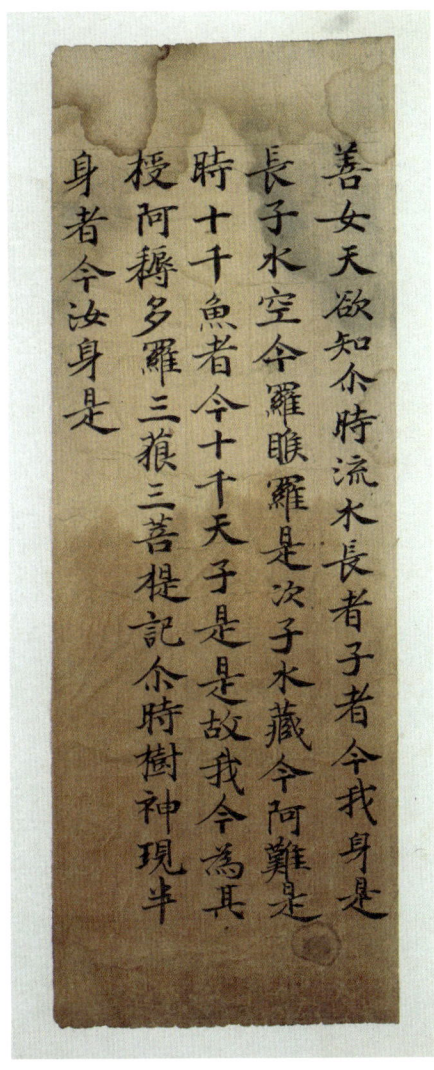

图4-18 残片120 修复前

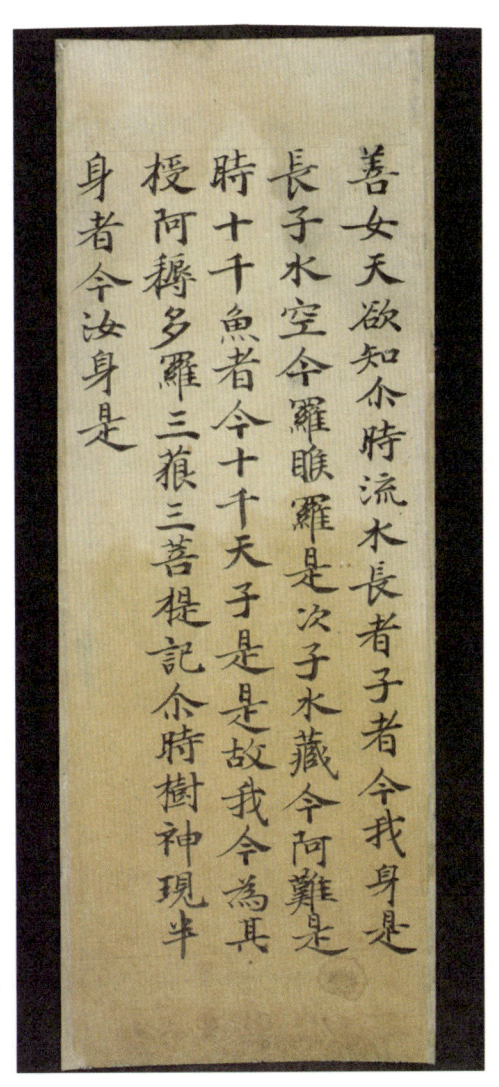

图4-19 残片120 修复后

五、残片 243（津图 176）

这件残片揭自《敦煌石室经卷残字》，内容为《大般涅槃经》卷三十五，系南北朝写本。存 1 纸，12 行，尺寸为 18.3×26 厘米。原贴裱于两面带夹板的册页。右下骑缝钤"叔弢"朱文方印。

按照修复方案，此残片须进行三个修复步骤：揭离册页、纸张取样、精修压平。此残片左下角因有钤印，印章部分应保留，揭离时先从册页中缝处切开，用刻刀宽出钤印 3 毫米取边，将这部分原裱纸连同残片一起取下。残片经修整后，上下补齐，左右加边，因左下角有印章，左右加宽各 1 厘米。

此残片 2012 年 11 月 7 日开始修复，12 月 12 日完成。

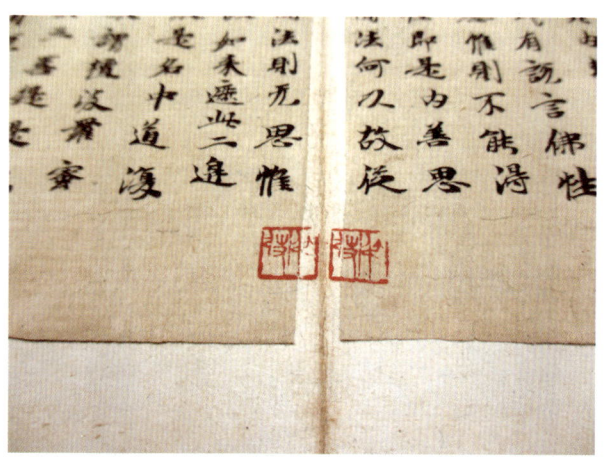

图 4-20　残片 243 钤印部位修复前

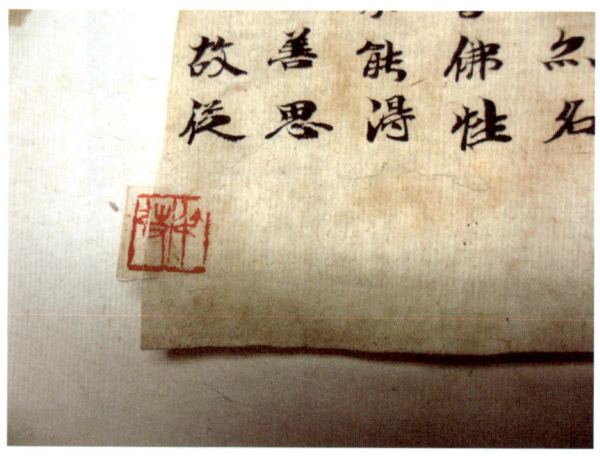

图 4-21　残片 243 钤印部位揭取后

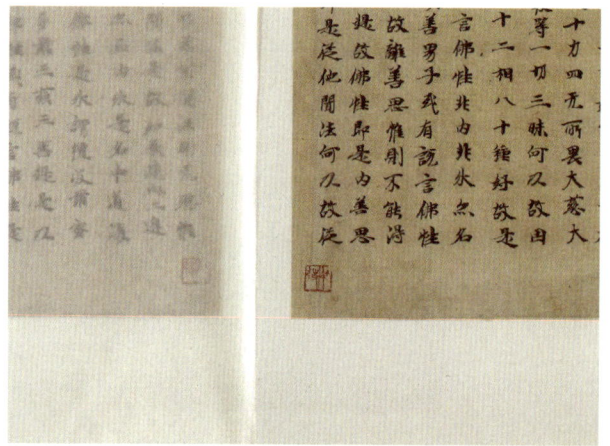

图 4-22　残片 243 钤印部位修复后

六、特殊情况的处理

不同残片修复的过程大同小异,我们不再罗列更多的样例。有些比较特殊的情况,需要在这里特别说明。

1. 残损严重的加阔边

有的残片周边残损严重,为了加强保护,可以补一条比较宽的边。比如残片 111,下边破损严重,修复时加阔下边。又如残片 239,只存上半截,下边损伤严重,修复时加阔,令其接近完整纸幅,视觉上也与其他残片整齐协调。再如残片 193,边缘异形,修复时用补纸进行齐边处理。

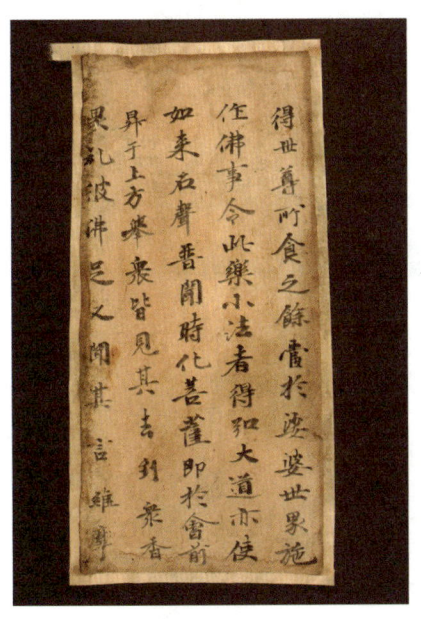

图 4-23 残片 111 加阔四边

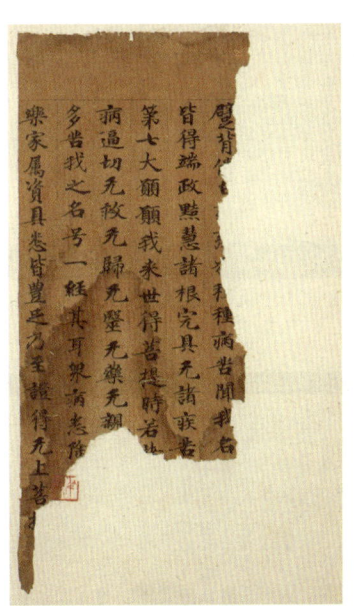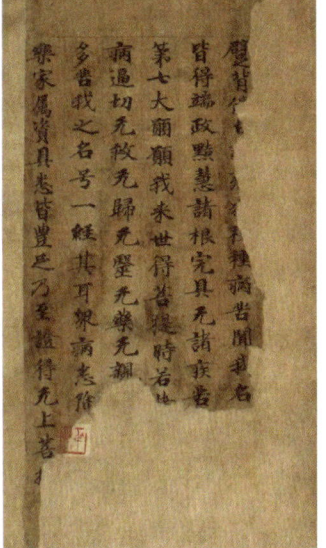

图 4-24 残片 239 修复前后对比

2. 连张残片整体处理

本次修复的有些残片，原本是完整的长卷，近人割裂装裱为册页。对于这类连张的残片，补纸、修复步骤都从整体上加以考虑。比如，残片173至179，割裂自同一经卷，我们将之前装裱所用的不当用纸揭除，统一换装颜色相近的补纸；在补纸的处理上，采用加补两层的方法，即先补一层，剔除余部后再加上第二层，因两层不同时贴合，纸张松紧可调，伸缩整齐可控，两层分别复合还可以形成不同接口。修复完成后，整体非常美观协调，效果上佳。

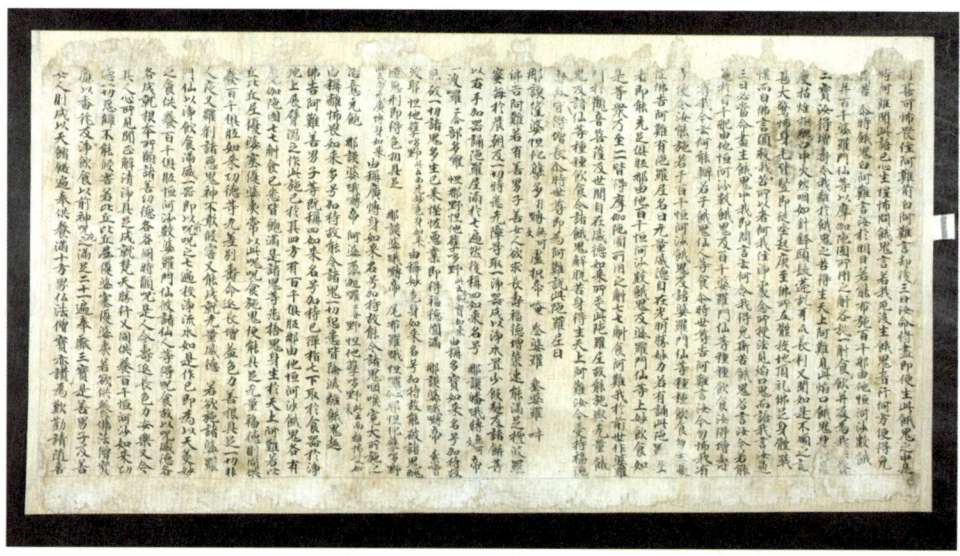

图 4-25 残片 173 修复后效果

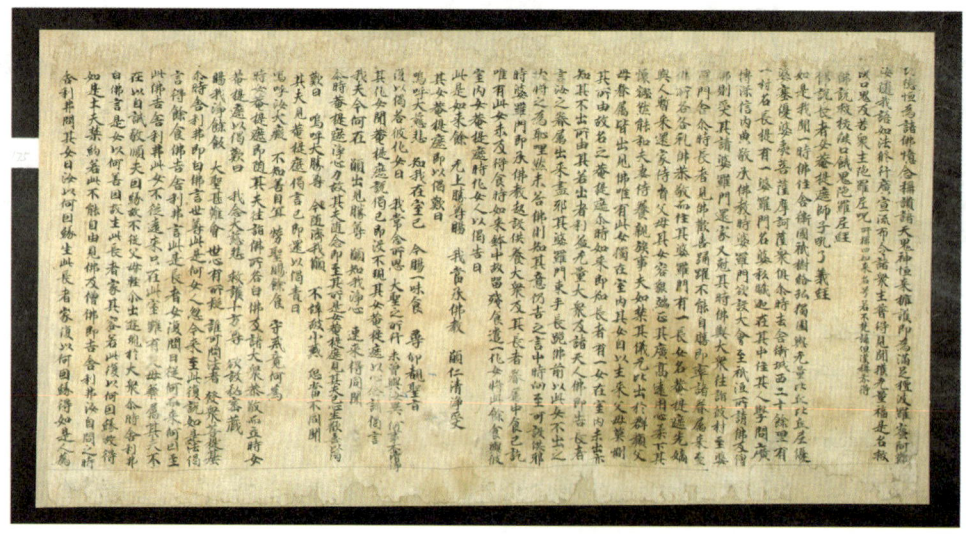

图 4-26 残片 174 修复后效果

3. 双面有字残片的入镶方法

背面有字的残片，不适合以整片托裱的方式进行修复。为了方便阅读正背两面的文献，我们采用入镶的方法。如残片138，之前用白色宣纸整张托裱，本次修复中，在透光补书板上发现其背面有字迹，为此将原裱白色宣纸揭除，然后修补加阔纸幅，并可两面翻看。

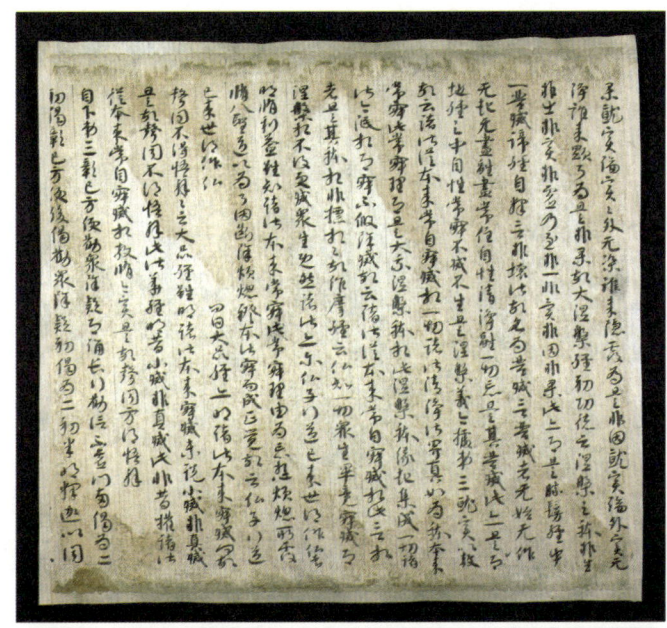

图 4-27 残片 108 正背面修复效果

同类例子还有，残片 108 揭出背面血经，为新发现的文字；残片 198，背面有朱笔题字；残片 145、205，背面都有文字。这几个残片，都用入镶的方法进行处理，求得保护与使用的平衡。

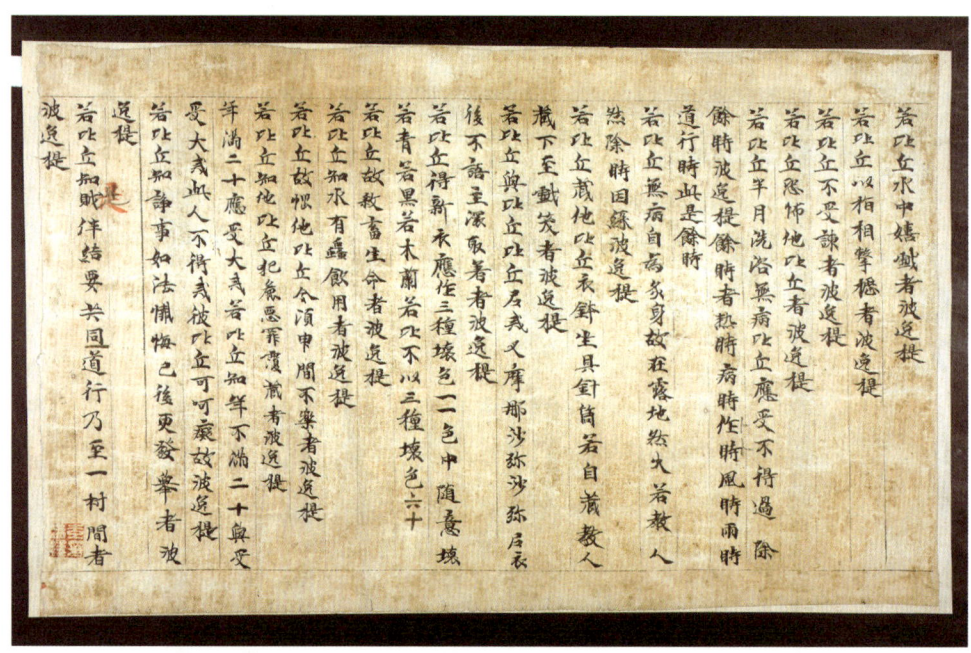

图 4-28 残片 198 及其背面文字

4. 残片纸张厚薄不一的入镶

在单张册页挖镶过程中，残片纸张厚度不一样，开身纸的厚薄应当相应地有所区别。在修复的同时，我们利用国家图书馆古籍保护实验室进行了残片纸张厚度的测量，为开身纸制作提供了重要的参考。比如残片215的厚度平均数值1.66毫米，而残片180的纸张厚度平均值是0.073毫米，二者相差1.587毫米，因此这两件残片入镶时对应的开身纸厚度也应同样相差1.587毫米，这样才能使挖镶的每一张残片单开保持平整一致，从而避免因凹凸不平而损伤书叶的现象发生。

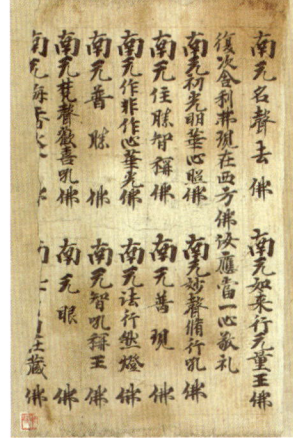

图4-29 厚纸残片215

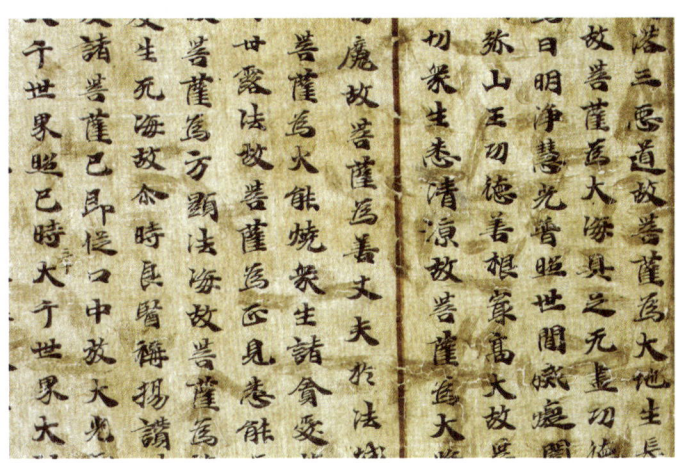

图4-30 薄纸残片180

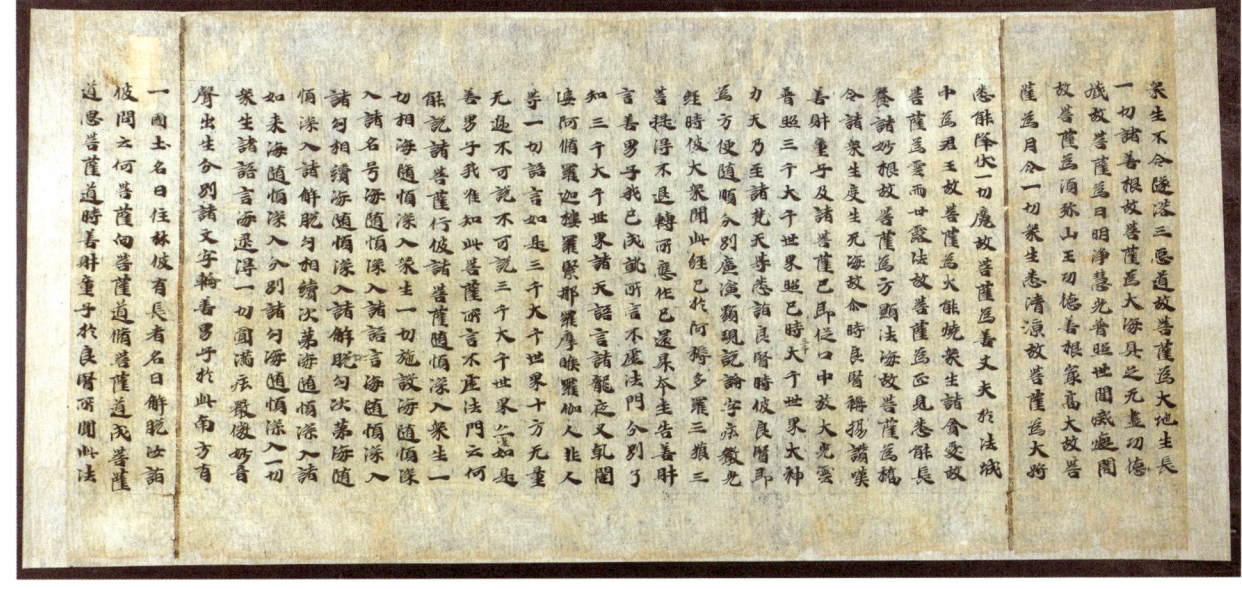

图4-31 残片180修复效果

5. 印章

残片上印章有两类，其一是骑缝章，比如《敦煌石室经卷残字》中的每件残片，其修复方法已见前文；其二是《唐人写经残卷》原册中钤盖馆藏章，比如残片 099（津图 035）。为有效地保存原始资料信息，采取的方法是将钤于原册上馆藏章割取下来，贴于新装册页相同位置。

如是諸法甚深清淨觀行得故如是自在念
是名念根定根者菩薩善取定相能生種種
禪定了了知定門善知入定善知住定善知
出定於定不著不味不作依止善知所緣善
知壞緣自在遊戲諸禪定亦知无緣定不隨
他語不專隨禪定行自在出入无畏是名定
根慧根者菩薩為盡苦聖智慧成就是智慧
為離諸法為涅槃以智慧觀一切三界无常
為三衰三毒火所燒已觀於三界中智慧亦不
著一切三界轉為空无相无作解脫門一心
為求佛法如救頭燃是菩薩智慧无能壞者
於三界无所依於隨意欲中心常離慧根力
故精勤无量功德於諸法實相利入无疑无
難於世間无憂於涅槃自在智慧故名為慧
根菩薩得是五根善知衆生諸根知相染欲
衆生根知離欲衆生根知瞋恚衆生亦知離
瞋恚衆生根知愚癡衆生根亦知離愚癡衆
生知欲隨惡道衆生根知欲生人中衆生根
知欲生天上衆生根知鈍衆生根知利衆生
根知上中下衆生根知罪衆生根知无罪衆

图 4-32 残片 099 原馆藏章

如是諸法甚深清淨觀行得故如是自在念
是名念根定根者菩薩善取定相能生種種
禪定了了知定門善知入定善知住定善知
出定於定不著不味不作依止善知所緣善
知壞緣自在遊戲諸禪定亦知无緣定不隨
他語不專隨禪定行自在出入无畏是名定
根慧根者菩薩為盡苦聖智慧成就是智慧
為離諸法為涅槃以智慧觀一切三界无常
為三衰三毒火所燒已觀於三界中智慧亦不
著一切三界轉為空无相无作解脫門一心
為求佛法如救頭燃是菩薩智慧无能壞者
於三界无所依於隨意欲中心常離慧根力
故精勤无量功德於諸法實相利入无疑无
難於世間无憂於涅槃自在智慧故名為慧
根菩薩得是五根善知衆生諸根知相染欲
衆生根知離欲衆生根知瞋恚衆生亦知離
瞋恚衆生根知愚癡衆生根亦知離愚癡衆
生知欲隨惡道衆生根知欲生人中衆生根
知欲生天上衆生根知鈍衆生根知利衆生
根知上中下衆生根知罪衆生根知无罪衆

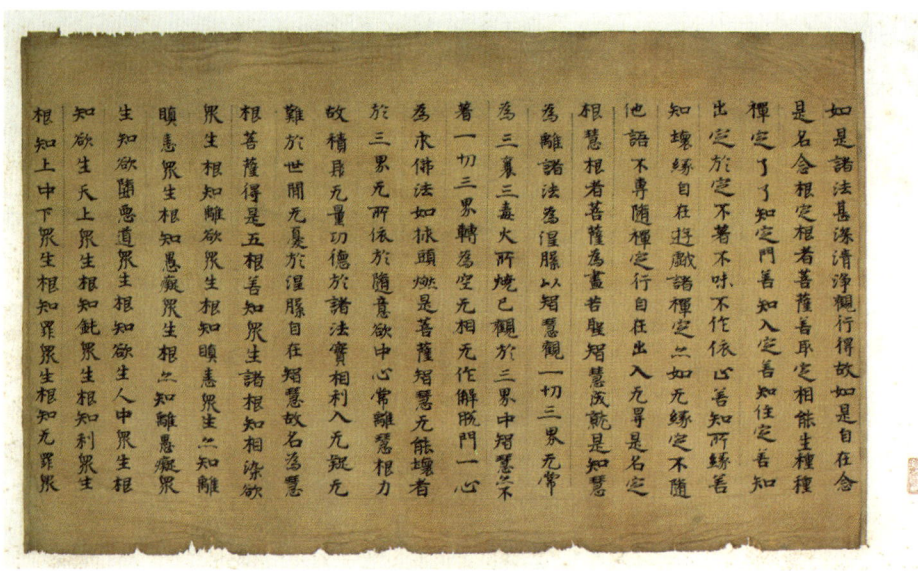

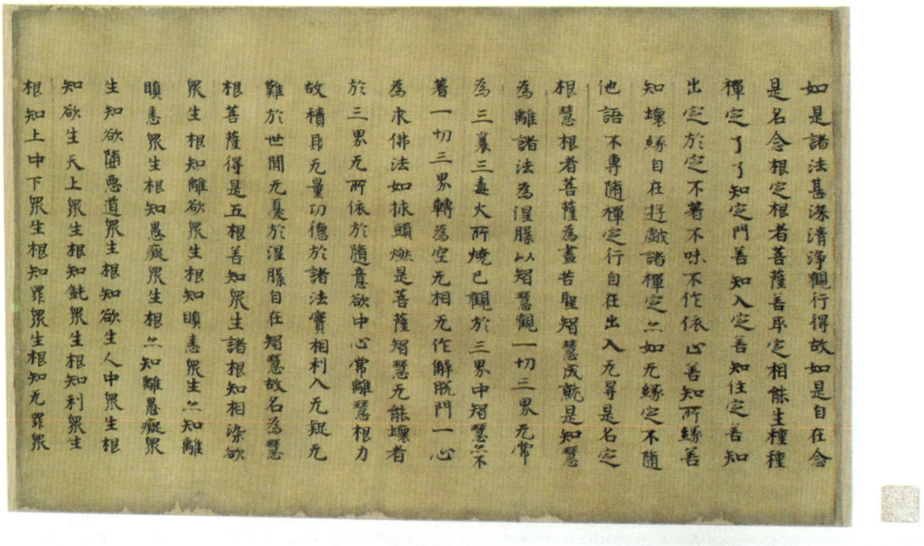

图 4-33 残片 099 修复后

6. 照片、附件（如残片235）、浮签

这几类作为敦煌文献的重要附件，在修复工作的前期必须引起足够重视。考虑到原册装帧的特殊性，即正反两面粘贴的形式，为保留该形式的基本面貌不变，并且保证新装册页的平整，因此修复后采用了平装册页形式。照片、附件、浮签的修复方法基本相近，在此需要强调的是正反两面应尽量依照原位置对应贴装。

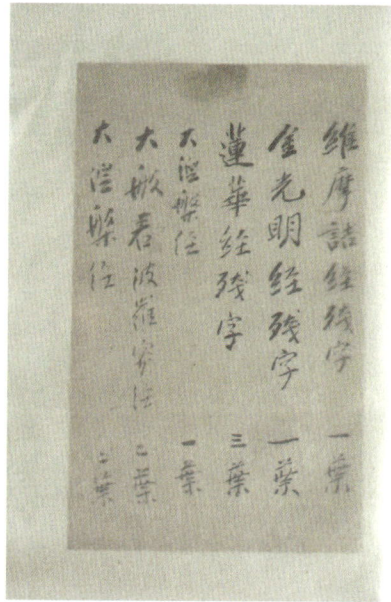 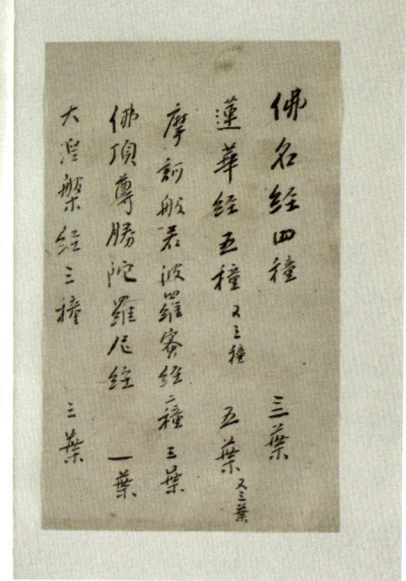 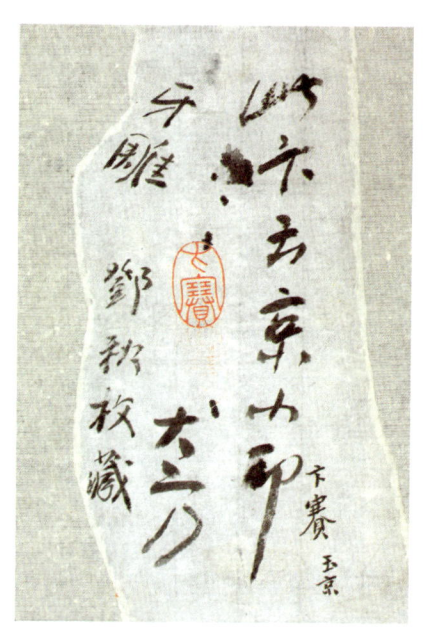

图 4-34 修复后的《敦煌石室经卷残字》附件

 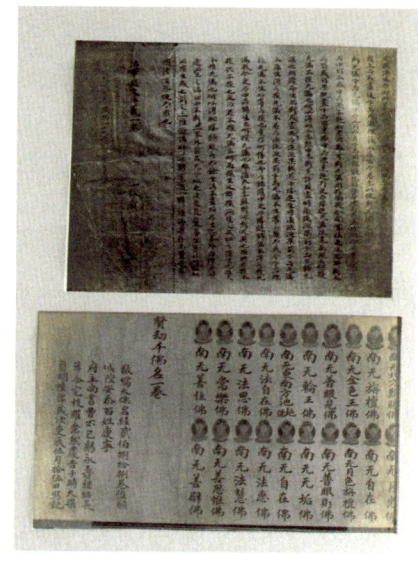

图 4-35 修复后的《敦煌石室经卷残字》所附照片

第三节　背面古代补纸的处理

敦煌遗书在古人阅读使用的过程中，常常发生破损。古人常采用在背面粘贴补纸的方法，进行简单的修补，以保持写卷的完整，方便继续使用。古人的修补方式，着眼于书籍的实际应用，往往并不讲究美观，有时也没有考虑文献保护的相关因素，从当今修复技艺的角度看，手法上不无粗糙随意。

但是，古人的这种修补，也是历史信息的一个方面，对于我们了解古人的书籍使用与保护，有无可替代的文物价值。因此，对卷背古代补纸的处理，同样需要遵循"整旧如旧""最小干预"的原则，坚持历史标准，对于不影响文献保护的古代补纸，不应施加过多的处理。

卷背古代补纸在敦煌遗书中非常常见，有的补纸层层叠加，甚至有多到四五层的。这些补纸造成纸张过厚，卷收时补纸与原卷纸张的弯曲率有细微差异，长期反复使用，容易造成再次断裂与破损。层层叠加的补纸，就是由于这个原因形成的。国家图书馆在进行敦煌遗书修复时，对于这类对文献保护有明显影响的补纸，进行揭取操作，并另行保存、另行编号；对于不影响文献保护的，则予以保留。

天津图书馆藏敦煌文献残片因纸幅较小，均采用册页装帧，有的较长的卷子甚至被剪裁为断片并裱为册页，不再保留原初的卷轴装。因此，补纸虽然造成纸张加厚，但因平摊存放，不再卷收，补纸对文献保护的影响相对比较小。因此，我们对这些补纸，不再揭取另存，仍予保留，仅根据情况进行必要的处理。

揭取的补纸，有的原本是一张较大的纸张撕裂而成的，可以缀合。经过缀合，还能获得一件保存文字较单张补纸更多的文献，这可以说是补纸揭取调整的一个意外收获。补纸缀合而成的残片，我们赋予它新的编号，妥善保存。

以下是一些比较典型的补纸处理案例。

一、残片190（津图124）

修复前观察这一件残片可见：存在明显的缺损；正面有褶皱，多处字形扭曲走样；折痕严重，有裂纹；卷面出现比较严重的色差。背面有补纸6块，其中4块有字，2块为素纸。背面补纸粘贴方法较随意，且所用糨糊很厚，导致纸张页面褶皱，需要重新调整。

对于这件残片的背面补纸，我们决定这样处理：有字的补纸撤下，作为另一件文献编号；因原

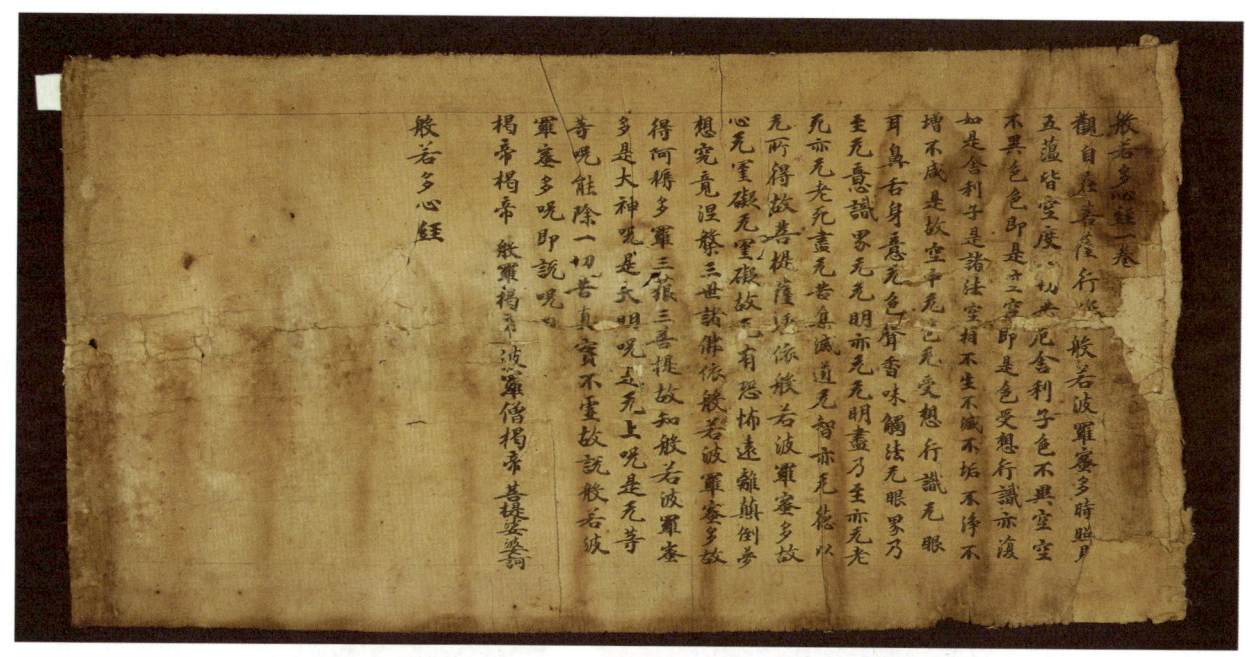

图 4-36 残片 190 正面

件正面前部用素纸补齐，无字的补纸予以保留；正面右下角补纸有字，揭下之后，应在此进行修补。

揭取补纸之前，用清水闷湿以便分离。揭取时注意不要发生"揭离层"或"揭薄"的现象。揭中心长条素纸时，由于纸面破损情况严重，须经过多次闷揭，方可成功。

具体修复步骤如下：

1. 精确测量并记录补纸位置，尤其注意要清楚地记录其叠放层次。

2. 先用温水将背面及整页喷湿，并进行局部整理。

3. 从正面矫正字型，用带色皮纸细条连接固定好，再从背面进行补缀。

4. 将补纸闷潮闷透，然后小心揭离补纸。注意纸揭到哪里，水就喷在哪里，以避免多次用水造成纸面褪色。

5. 无字补纸先行揭下，整理好后原位粘回。补纸上残留的粘合剂，尽可能在干纸状态下剔除，如不可再润湿刮除。先从正面连缀复位，待检测无误后在正面用纸固定，翻转残片，将古补纸原位粘回，背面修补完毕后再清除正面固定用纸。

6. 有字补纸揭取后拼接缀合。

揭取下来的有字补纸，重新编号。编号采用残片号加流水号格式，如 191-1、190-2……这些补纸有的割裂自同一个残片，可以缀合。详见下文。

图 4-37 残片 190 背面

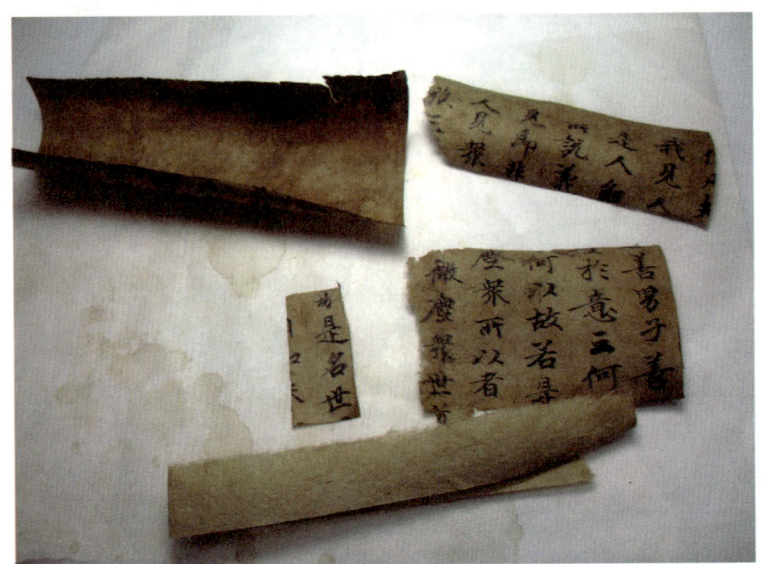

图 4-38 残片 190 揭取的补纸

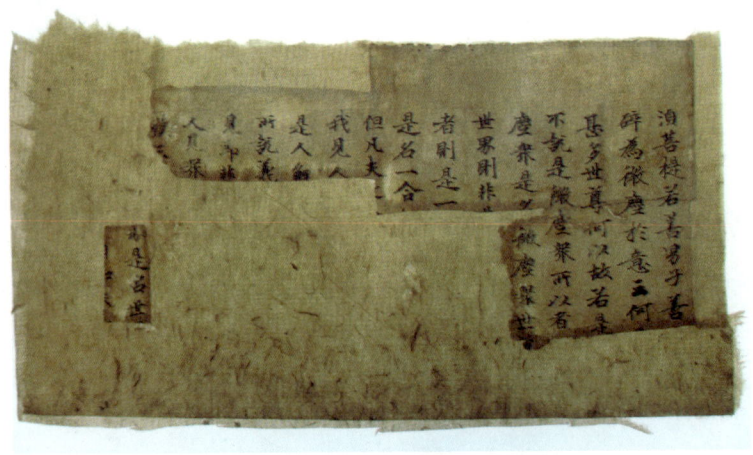

图 4-39 补纸缀合

二、残片 195（津图 129）

此残片背面有补纸 4 块，纸面有许多裂缝，且纸色不匀。

背面揭取的 4 块补纸，可以缀合为一，并可与其他补纸残片缀合。详见下文。

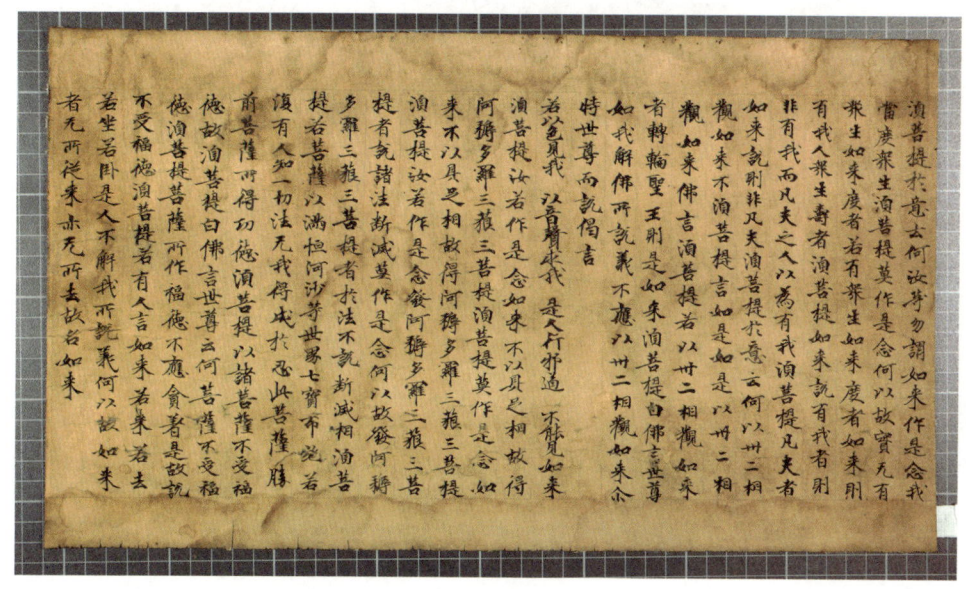

图 4-40 残片 195 正面

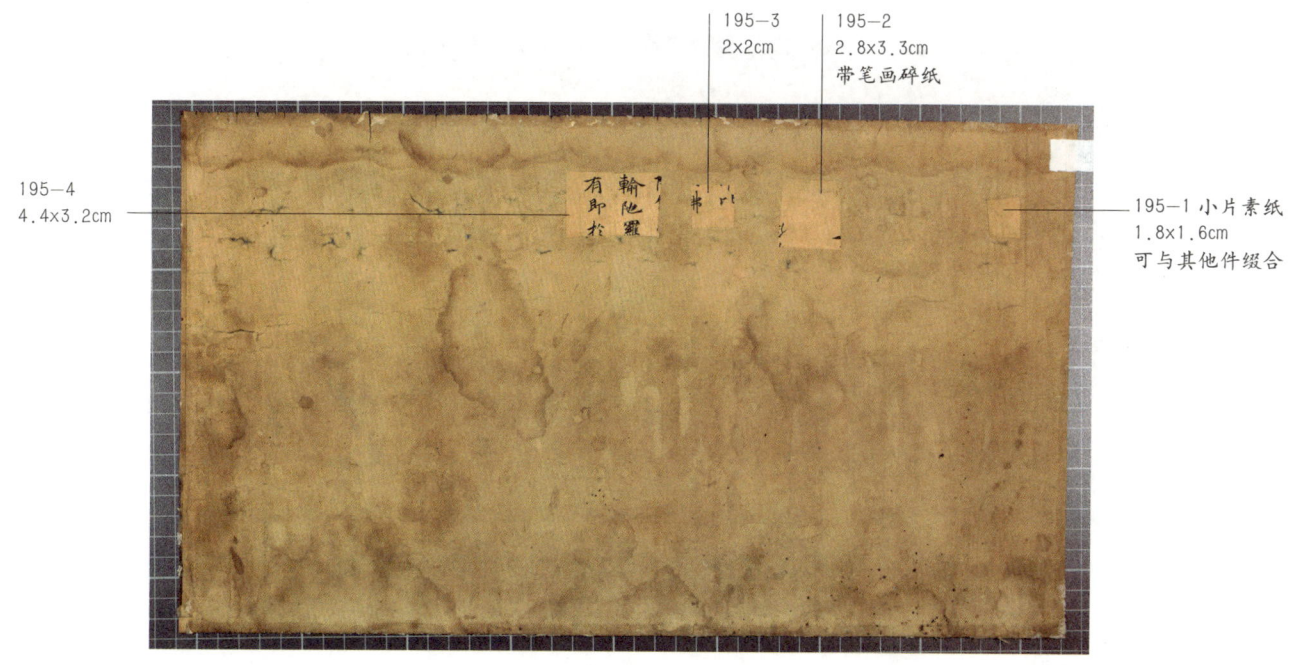

图 4-41 残片 195 背面

三、残片 197（津图 131）

此残片背面有补纸 8 块。揭取后的缀合情况见下文。

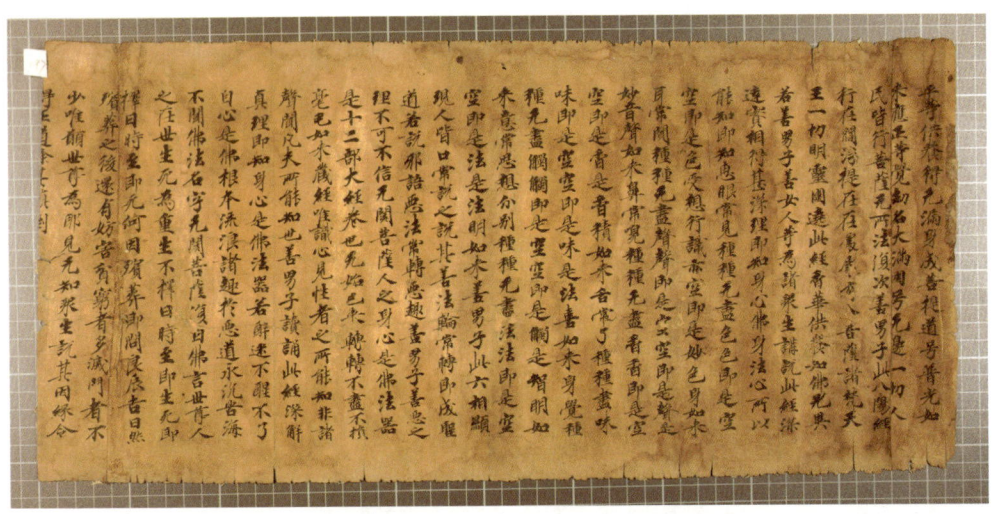

图 4-42 残片 197 正面

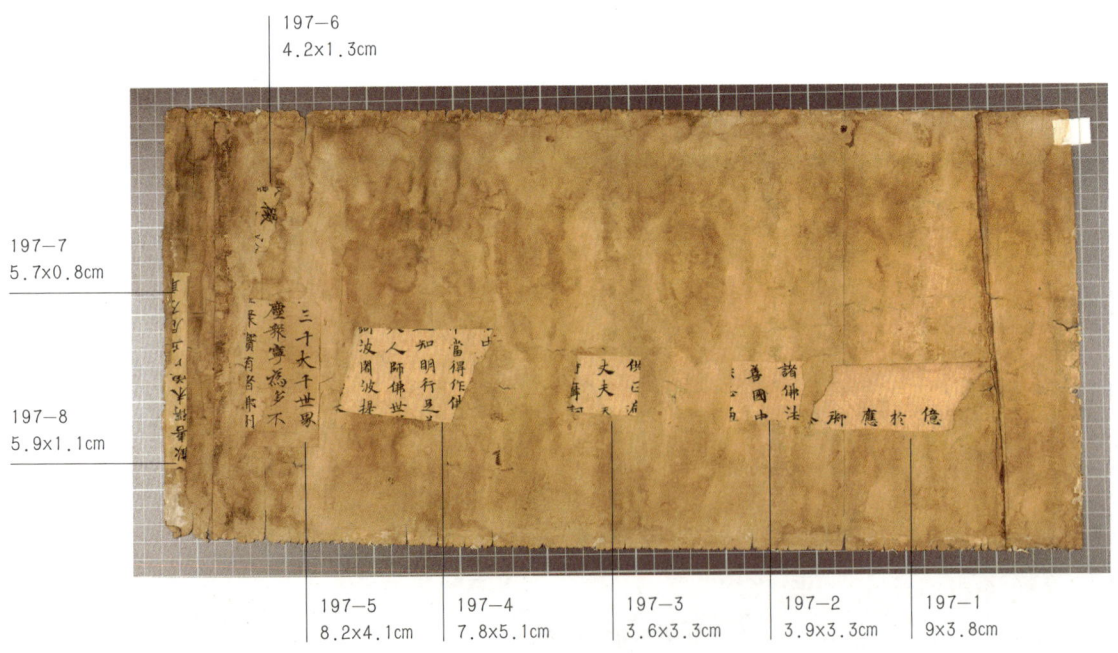

图 4-43 残片 197 背面

四、残片199（津图133）

此残片背面有补纸2块。揭取后的缀合情况见下文。

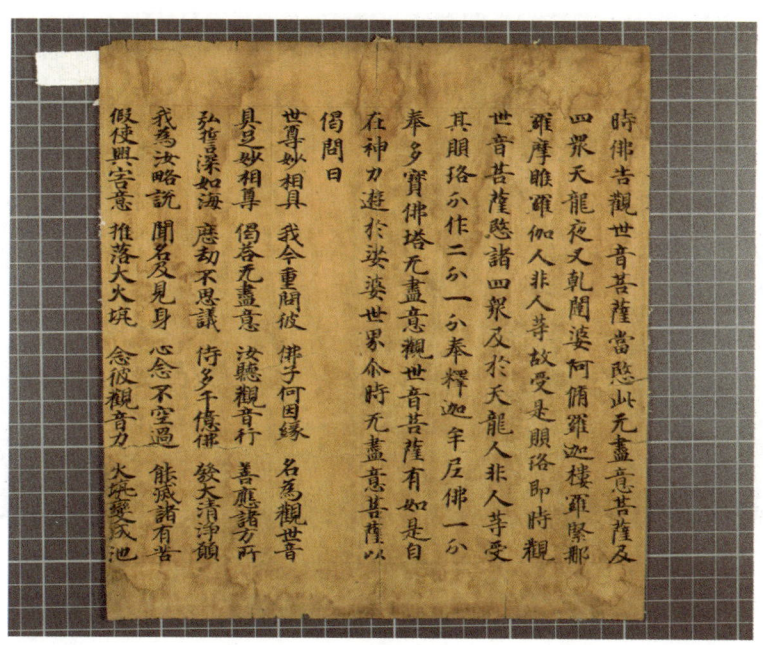

图4-44 残片199正面

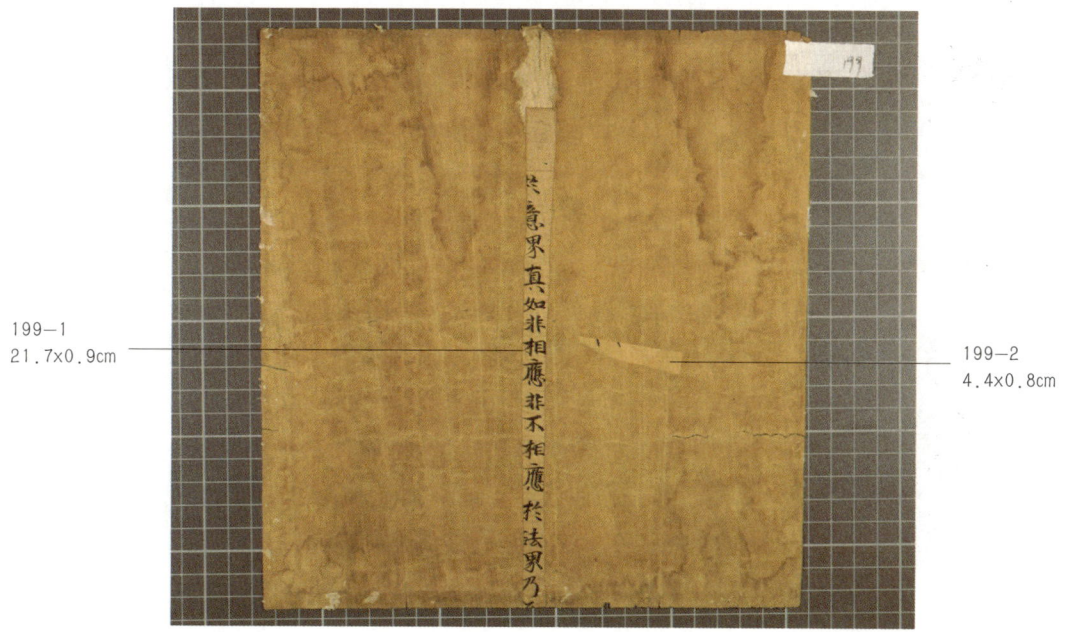

199—1
21.7×0.9cm

199—2
4.4×0.8cm

图4-45 残片199背面

五、残片200（津图134）

此残片背面有补纸9块，其中2块无字迹。修复中发现有钢笔字迹。揭取后的缀合情况见下文。

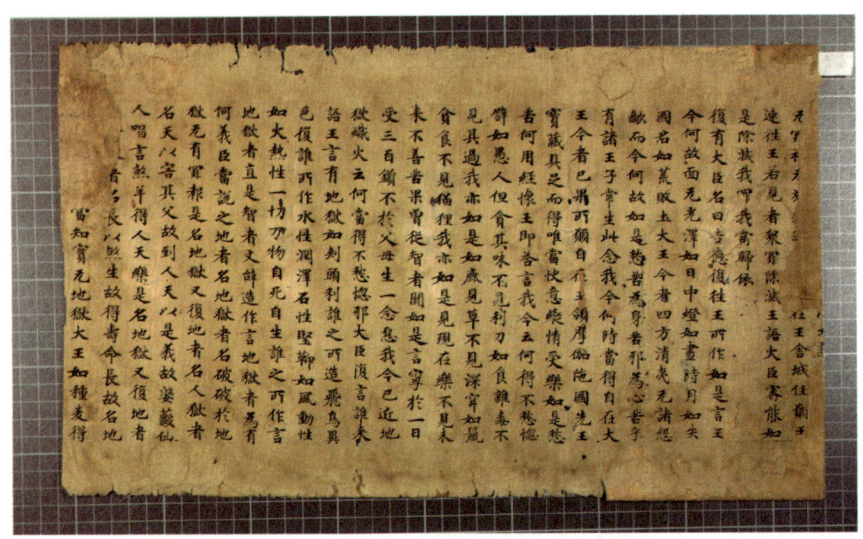

图4-46 残片200 正面

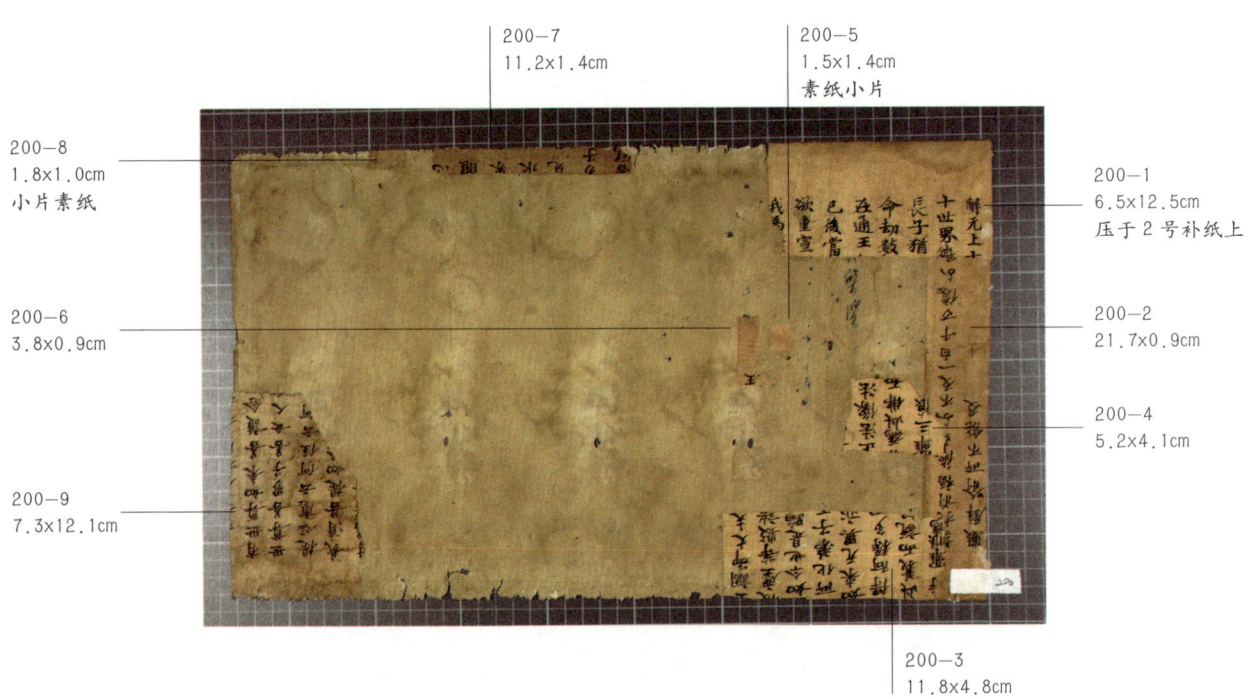

图4-47 残片200 背面

六、残片 201（津图 135）

此残片背面有补纸 2 块。揭取后的缀合情况见下文。

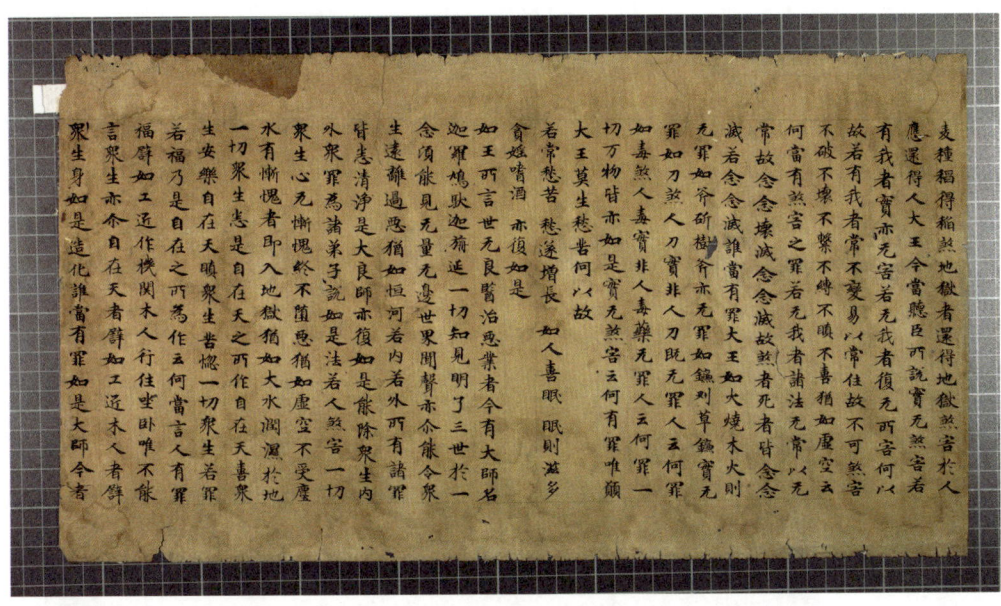

图 4-48 残片 201 正面

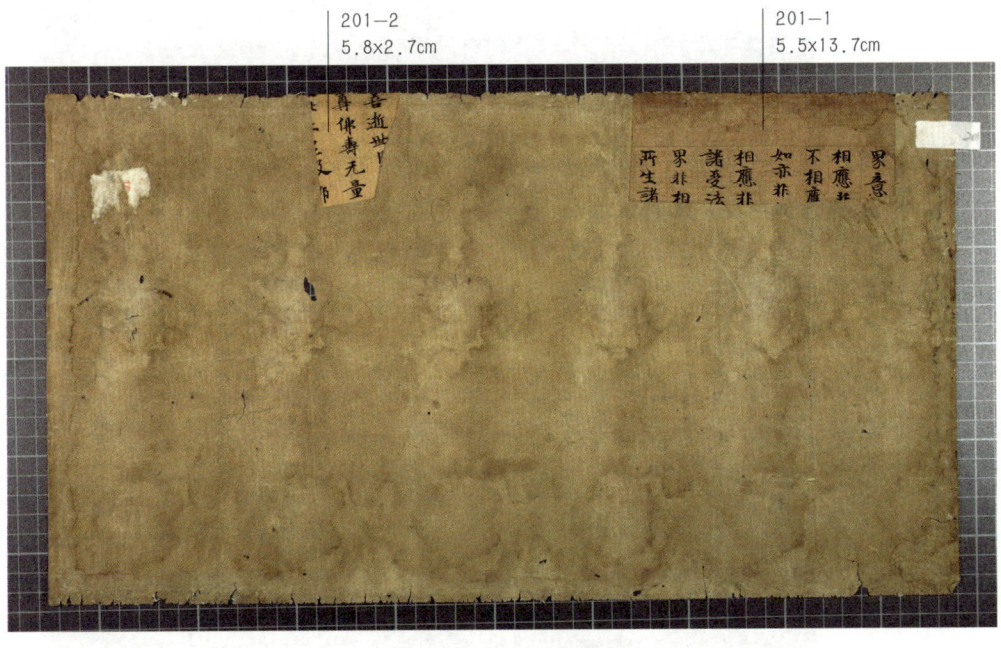

图 4-49 残片 201 背面

七、残片 210（津图 143）

此残片背面有补纸 8 块。

揭下的 8 块补纸，可缀合成 2 片：210-1、2、3、4、5 五片缀合为一；210-①、②、③、④四片缀合为一。缀合步骤是：先选择一张"影纸"，即用以入镶残片的一张经托裱过且厚度与补纸相近的整纸，将补纸放置在"影纸"上，逐一进行拼接尝试；能够缀接的补纸，以带色皮纸连缀；逐张拼缀，最终缀合成较大的残片；在缀合后的残片四周，接镶出整纸，使其便于保存与使用；缀合出的多个新残片，编号并装裱成新的单张册页。

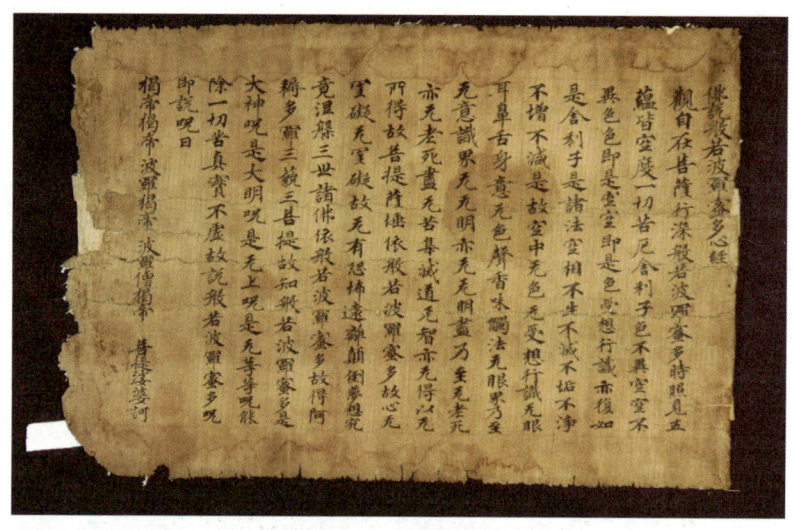

图 4-50 残片 210 正面

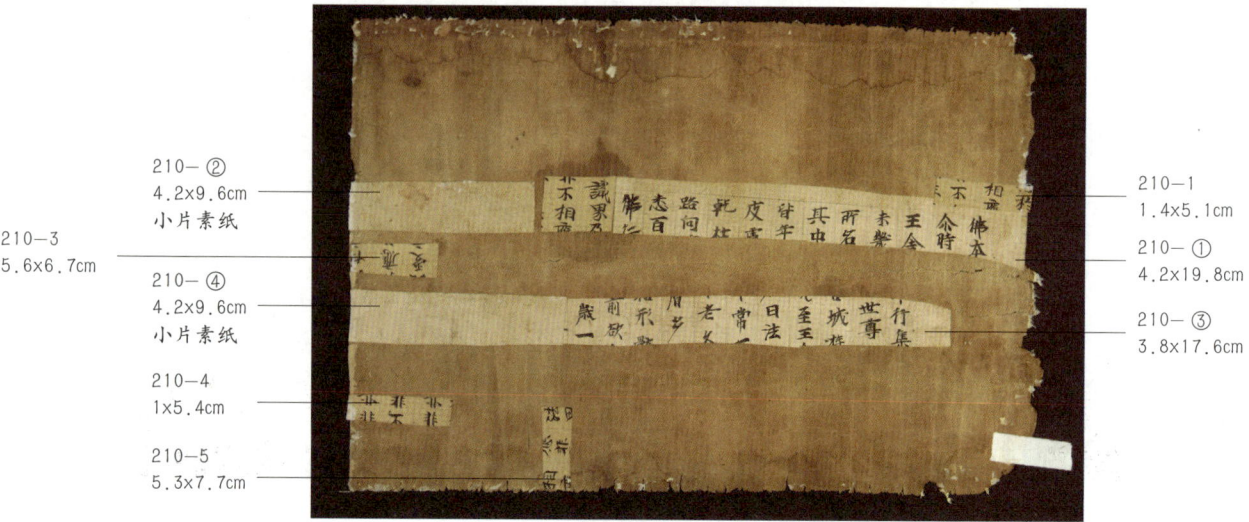

图 4-51 残片 210 背面

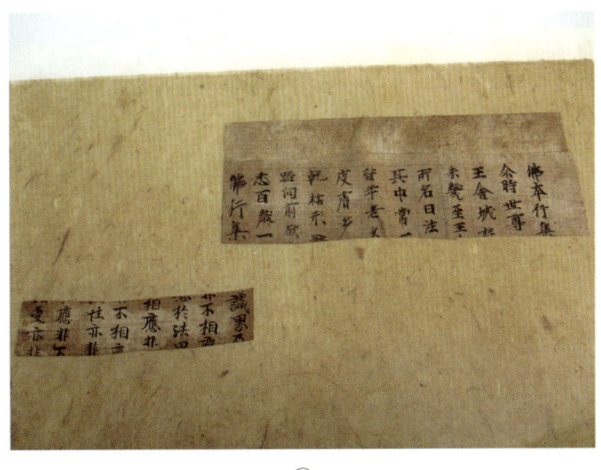

图 4-52 补纸缀合过程
①补纸拼对 ②背面连接 ③对照手绘模拟图 ④完成图

八、补纸缀合

在揭取补纸并缀合的过程中，我们发现，多件残片背面揭下的补纸原来出自同一个写卷，它们可以缀合为一。具体缀合方式为：

1. 197-5、192-6 合一；

2. 201-1、200-9、199-1 三件合一；

3. 200-1、200-3、200-4 三件合一；

4. 195-1、2、3、4合一；

5. 197-1、2、3、6、7、8与199-1、201-2合一；

6. 200-2单独一片。

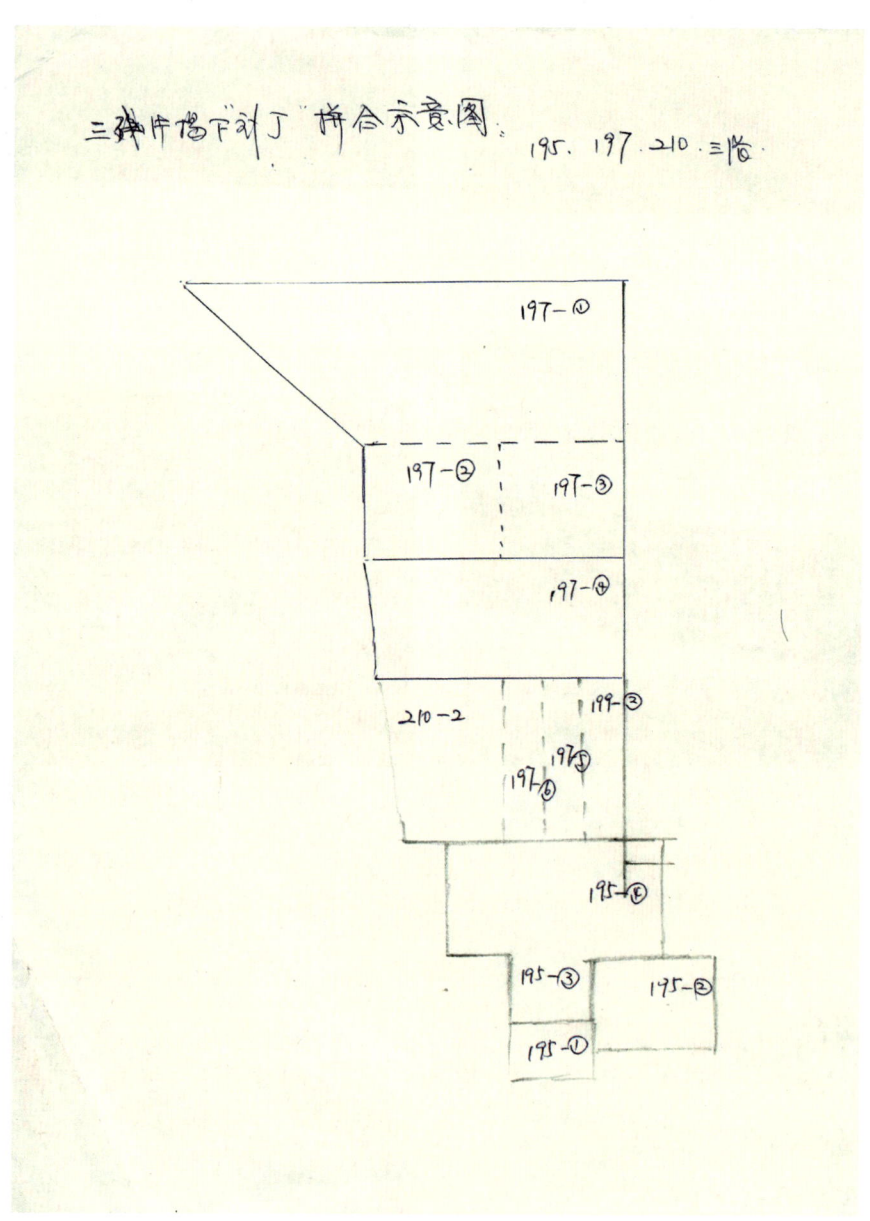

图 4-53 手绘补纸缀合示意图

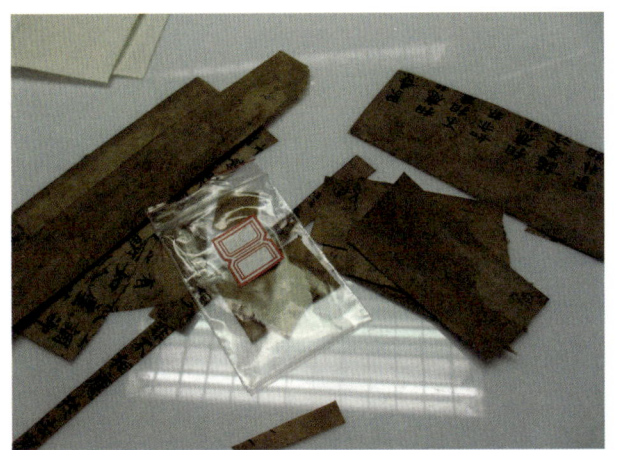

图 4-54 单件的补纸

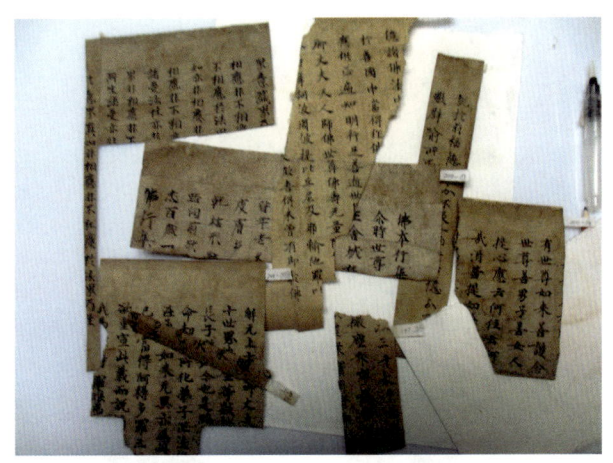

图 4-55 初步拼接的大块补纸

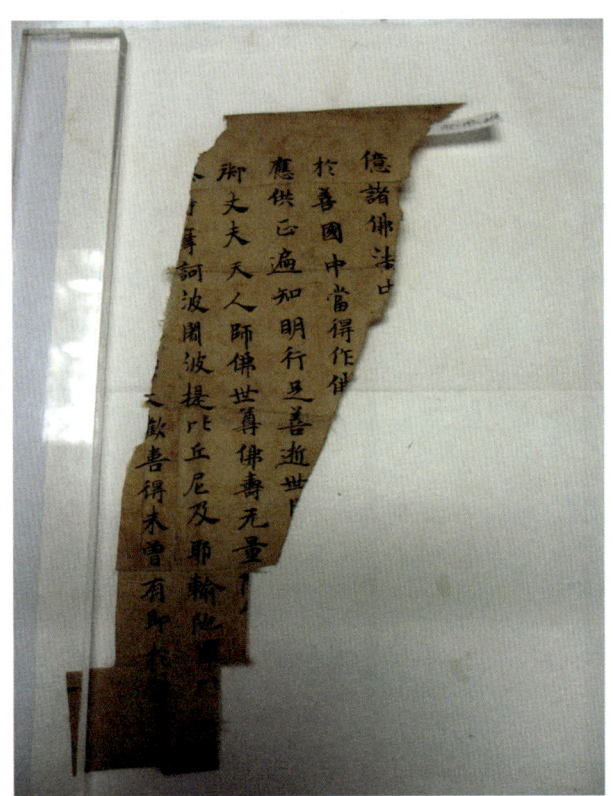

图 4-56 丁-3 正面

图 4-57 丁-3 背面

图 4-58 丁-4、丁-5 背面

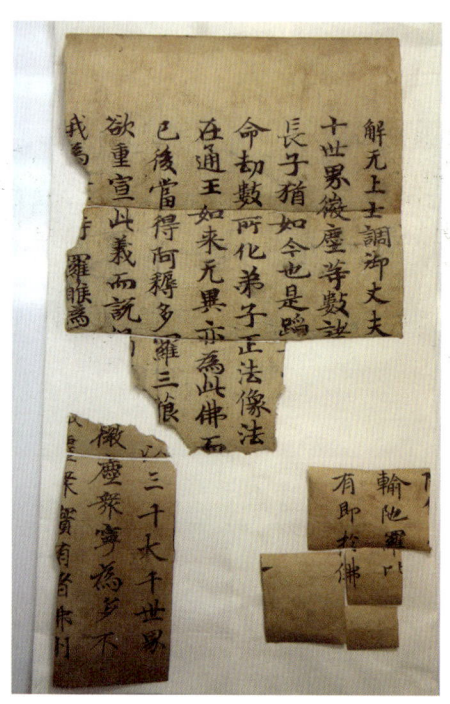
图 4-59 丁-4、丁-5 正面

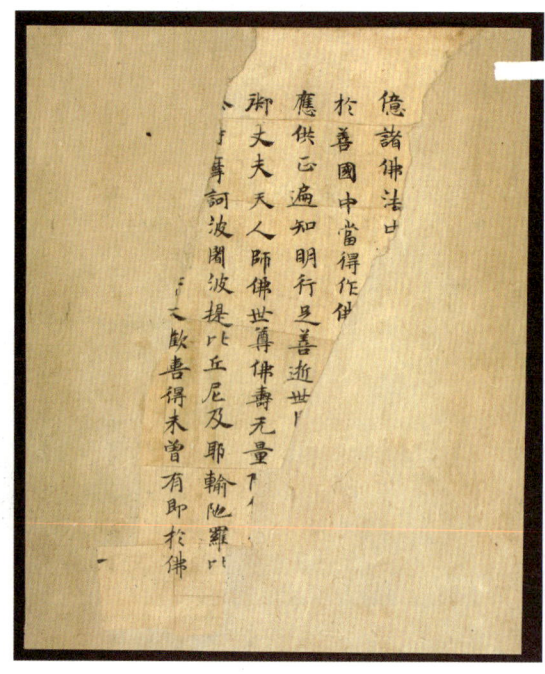
图 4-60 缀合的补纸（丁-3）

图 4-61 缀合的补纸（丁-4）

补纸缀合之后，接镶成整幅。根据需要，我们选用了三种纸张，加接出每张缀合残片的周边，效果较佳。比如丁-8，使用一层旧皮纸、两层薄檀皮纸补齐。又如，丁-5用两层薄檀皮纸托裱后，将缀合新残片敷上，挖去补丁重叠背纸，搭好接口。

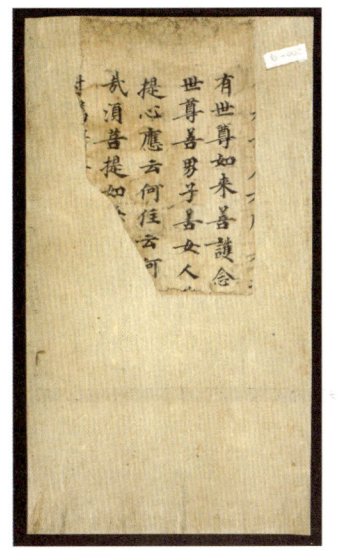
图4-62 缀合的补纸（丁-5）

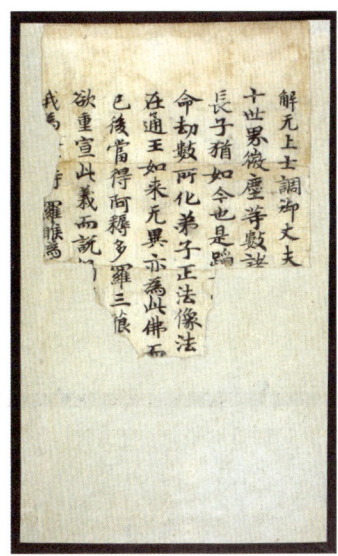
图4-63 缀合的补纸（丁-8）

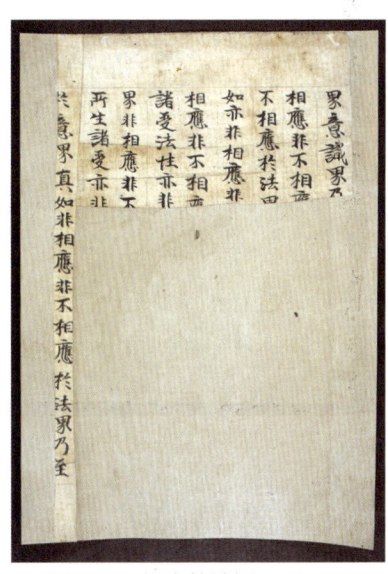
图4-64 缀合的补纸（丁-9）

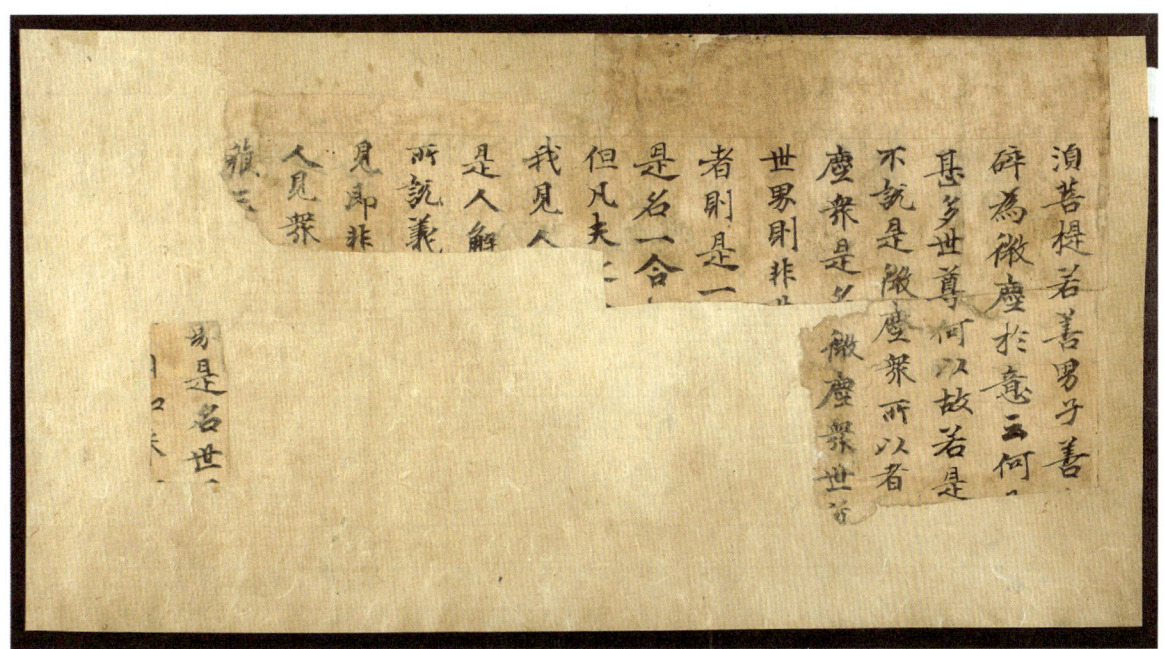
图4-65 缀合的补纸（丁-10）

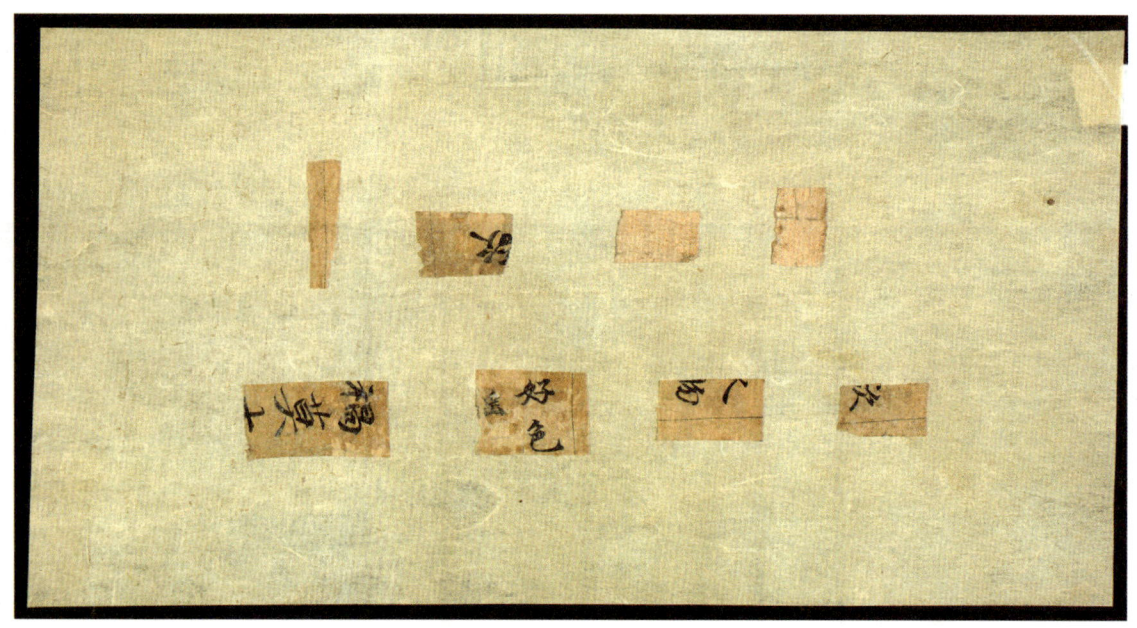

图 4-66 无法拼接带字补纸（丁-2）

经过反复拼接之后，共形成 10 张存有字迹的新残片。列表如下：

表 4-1 补纸缀合残片表

编号	文献名	尺寸（长 × 高 cm）	备注
丁-1	佛本行集经卷四十四 布施竹园品第四十六	19.8 × 9.2	
丁-2	题名待考		八个小碎片，各残存 1—3 字不等
丁-3	妙法莲华经卷四 劝持品第十三	25.1 × 9	与丁-4 裱于同一单叶
丁-4	金刚般若波罗蜜经	4.1 × 8.2	
丁-5	添品妙法莲华经卷四 授学无学人记品第九	12.5 × 15.9	
丁-6	金刚般若波罗蜜经	3.5 × 22.7	
丁-7	题名待考	12.5 × 2.1	残存七行，每行仅 1—2 字
丁-8	金刚般若波罗蜜经	7.3 × 12.1	

（续表）

编号	文献名	尺寸（长 × 高 cm）	备注
丁-9	大般若波罗蜜多经卷九十二初分求般若品第二十七	14.6×21.7	
丁-10	金刚般若波罗蜜经	24×17.7	二片，源自同一写卷，但不能直接缀合

  这是此次修复工作的新收获，也体现了修复工作的学术价值的一个方面，即：通过修复工作将以往遮蔽的文献揭示出来、将以往零散的信息拼合在一起，从而为学术研究和文化事业提供新资料。

第五章
保护措施

第一节　内装具制作

装具是存储古籍的设备设施，分为内装具、外装具两类，外装具主要指庋藏书籍的箱、柜、橱、架，内装具指的是与古籍直接接触的囊帙、函套、夹板等。[1]

内装具是对古籍的"贴身"保护措施。装具对于保护古籍免受损伤有非常重要的作用。同时，装具是古籍的外观，造型美观、制作精良的装具有着很高的艺术价值。对古籍修复工作来说，我们不仅要关注文献本身的整修，也应同样注意装具的设计与制作。装具制作可以说是古籍修复的最后一道工序，也是很关键的一道工序。

本项目修复的敦煌文献都是残片，它们原本采用的是册页装的装帧形制，本次修复没有改变装帧，保留了册页装。为了保护册页，让较软的纸质书册有一个比较固定的承托，通常可以在上下各装置一块木质夹板，并配以合适的书盒，以昭郑重。这次修复的文献，有两个册页原有夹板，即Z145-1《唐人写经残卷》第一册、S3214《唐人写经册》，其他4种16册则需要重新制作。2015年5月修复工作基本完成之后，我们便进行装具制作，为各册量身打造精致的夹板、书柜。

表5-1　装具加工尺寸明细表

序号	书名	册数	尺寸（cm）	数量（块）
1	Z145-2、3《唐人写经残卷》第二、第三	10册	64×40	20
2	S8429《唐人写经真本》	1册	16.7×30.8	2
3	S8440《敦煌石室经卷残字》	4册	26×40.5	8
4	S3755《莲华经提婆达多品》	1册	13.9×30.3	2

---

[1] 陈红彦、张平编著：《中国古籍装具》，北京：国家图书馆出版社，2012年，第15—38页。

夹板与书盒，材料都选用上等老金丝楠木，其材质硬挺，不易变形，有利于珍贵文献的保护；且色泽庄重、纹理美观，整体外观典雅大方，富有美感，与珍贵文献的价值相匹配，有交相辉映之效。

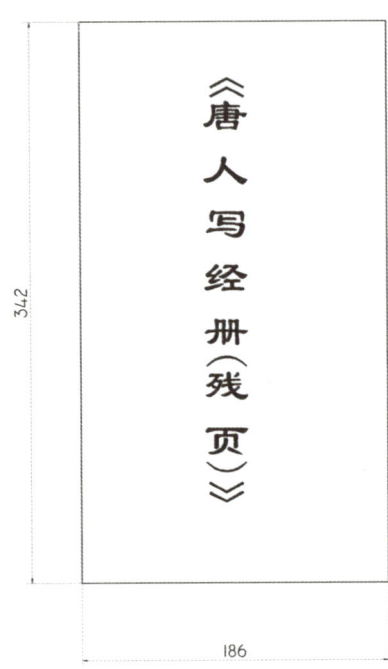
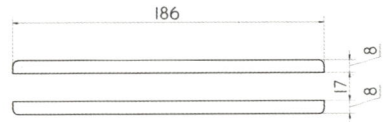

图 5-1 夹板设计图（单位：mm）

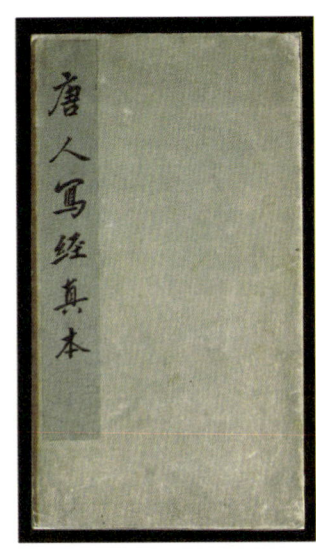
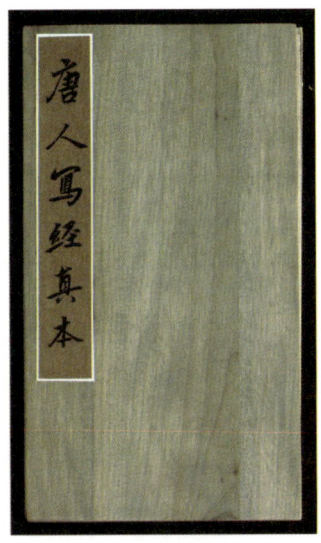

图 5-2 修复后的《唐人写经真本》及其夹板

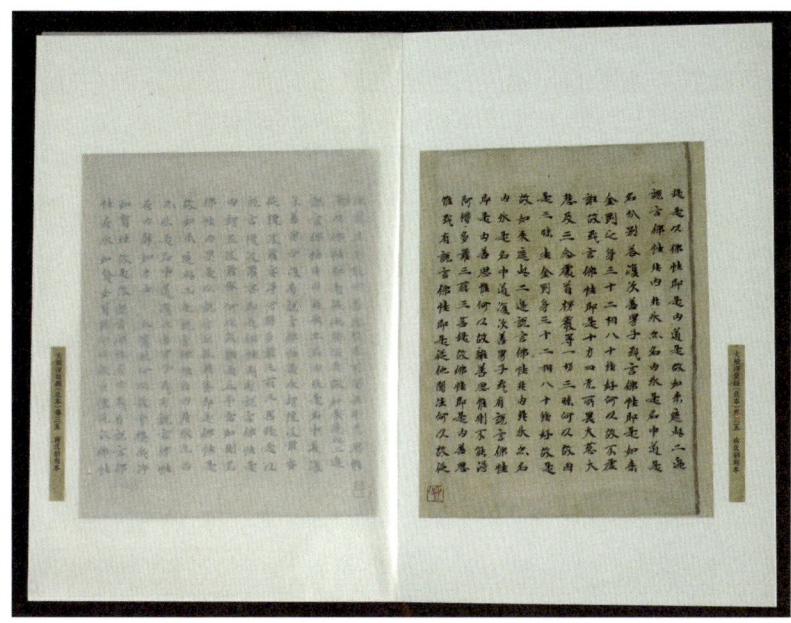

图 5-3 修复后的《敦煌石室经卷残字》及其夹板

第二节　书柜制作

装具制作完成后，册页的尺寸便固定了。根据最终确定的尺寸（详见表 5-2），我们为这批册页量身定制了一个书柜。

表 5-2　修复后装具制作尺寸

序号	书名	册数	长 × 宽 × 高尺寸（cm）
1	Z145-1《唐人写经残卷》	1 册	22.5 × 33.4 × 2.7
2	Z145-2、3《唐人写经残卷》	10 册	64.5 × 40.5 × 8~10
3	S8429《唐人写经真本》	1 册	17 × 31 × 3
4	S8440《敦煌石室经卷残字》	4 册	26.4 × 40.7 × 8~10
5	S3214《唐人写经册》	1 册	18.4 × 34 × 1.7
6	S3755《莲华经提婆达多品》	1 册	30.5 × 14.3 × 2.2

书柜材质仍选用上等老金丝楠木。设计上，特别注意在书册种与种之间加装隔板，也考虑了书板可能变形翘弯的问题。书柜特选定北京市一家以京做古式家具享誉中外的百年老店负责设计，并由天津市一家以工艺精良著称的家具厂负责制作。

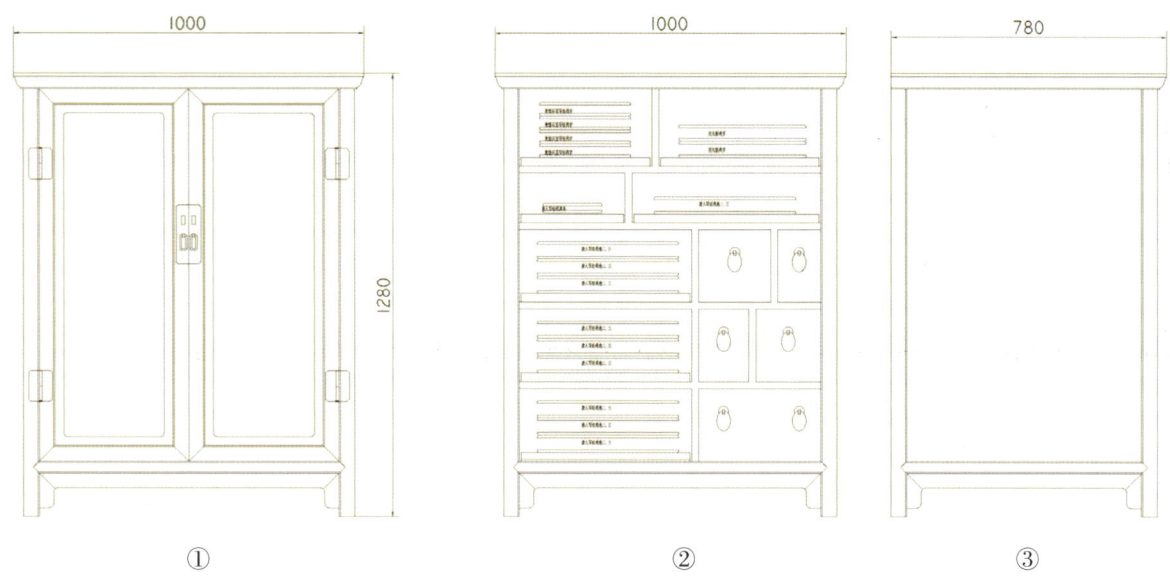

图 5-4 书柜设计图（单位：mm）
①正面外观 ②柜内隔板 ③侧面外观

图 5-5 书柜正面

图 5-6 文献入柜庋藏

第三节　保存环境

2016 年 4 月，装具、书柜制作完毕，馆藏敦煌遗书残片入柜庋藏。本项目的主体工作至此顺利完成。

修复后的敦煌文献保存在天津图书馆的古籍书库。天津图书馆的古籍特藏书库，在温湿度、空气质量和光照控制等影响古籍存藏寿命的重要因素上，近年逐步得以提升和改善。与此同时，我们严格执行《天津图书馆书库组织管理工作规则》，采取措施加强文献保护，做好防火、防盗、防虫、防鼠、防潮、防尘及防晒工作。

图 5-7　天津图书馆善本书库

图 5-8　天津图书馆珍本书柜

第六章
纸张检测

按照项目的总体安排,国家图书馆古籍保护科技文化部重点实验室于 2012 年 4 月至 11 月间,对敦煌遗书残片进行了一系列检测。参与检测的工作人员主要有:田周玲、易晓辉、李婧、刘晨书、龙堃、任珊珊。通过检测,获得了关于敦煌遗书纸张的系统数据。下面是各项检测数据。

第一节　定量检测

定量,即每平方米纸的重量。这是纸张最基本的参数,反映纸张单位面积内用料的多少。

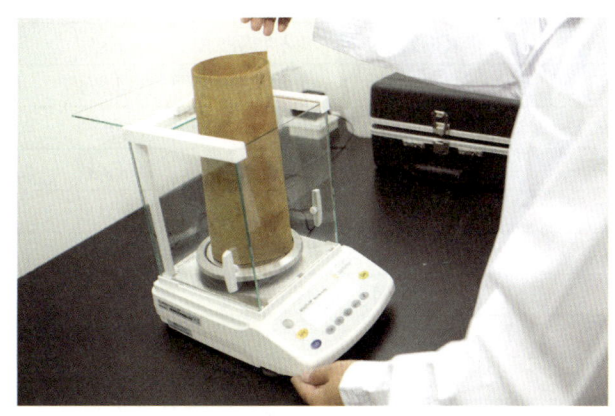

图 6-1　称重

图 6-2　面积测量

表6-1 敦煌文献修复前定量数据

编号	长度（cm）	宽度（cm）	面积（cm²）	面积备注	面积调整（cm²）	质量（g）	定量（g/m²）
129	39.4	25.5	1004.7		1004.7	7.642	76.063
130	19	31.5	598.5	上下已接边	598.5	3.238	54.1
131	28.8	32.0	921.6	上下已接边	921.6	8.225	89.2
132	30.2	30.4	918.08		918.08	6.936	75.5
133	37.0	25.5	943.5		943.5	8.2	87.3
134	42.7	26.9	1148.63		1148.63	7.157	62.3
135	25.0	25.9	647.5		647.5	5.366	82.9
136	25.5	25.1	640.05		640.05	6.168	96.367
143	32.0	26.0	832.0		832.0	6.880	82.692
144	27.1	13.3	360.4		360.4	2.177	60.400
145	38.5	25.4	977.9		977.9	9.798	100.194
152	49.0	26.3	1288.7	+3.0×10.5	1320.2	10.633	80.541
153	29.4	24.5	720.3		720.3	4.470	62.057
154	29.4	29.0	852.6		852.6	9.892	116.022
155	24.6	21.5	528.9	+15.8×4.0	592.1	7.732	130.586
156	26.6	26.1	694.3		694.3	6.363	91.652
157	48.4	25.0	1210.0		1210	4.177	34.521
158	48.7	27.4	1334.4		1334.38	6.101	45.722
159	28.5	24.8	706.8		706.8	2.844	40.238
160	31.5	25.8	812.7		812.7	5.923	72.881
161	15.3	28.1	429.9		429.93	2.741	63.755
162	49.7	25.5	1267.4		1267.35	9.130	72.040
163	54	25.6	1382.4		1382.4	12.417	89.822
164	49.3	25.1	1237.4		1237.43	12.980	104.895
165	50.7	25.2	1277.6		1277.64	9.710	75.999
166	52	25.5	1326.0		1326	10.561	79.646
167	36.0	25.2	907.2	+12.7×0.8	917.36	6.331	69.013
168	36.8	27.2	1001.0		1000.96	5.611	56.056
169	47.8	25.3	1209.3		1209.34	8.110	67.061
170	54.60	26.30	1435.98		1435.98	10.752	74.876
171	53.31	25.59	1364.20		1364.20	9.437	69.176
172	52.04	25.58	1331.18		1331.18	10.479	78.719
173	50.19	28.30	1420.38		1420.38	9.382	66.053

（续表）

编号	长度（cm）	宽度（cm）	面积（cm²）	面积备注	面积调整（cm²）	质量（g）	定量（g/m²）
174–175	48.78	28.21	1376.08		1376.08	8.768	63.717
176	50.63	28.14	1424.73		1424.73	9.435	66.223
177–178	50.24	28.11	1412.25		1412.25	9.696	68.657
179	32.98	28.19	929.71		929.71	5.743	61.772
180	55.50	26.92	1494.06		1494.06	4.502	30.133
181	52.25	25.79	1347.53		1347.53	5.986	44.422
182	51.45	25.57	1315.58		1315.58	10.725	81.523
183	51.49	25.62	1319.17		1319.17	5.501	41.700
184	51.19	25.69	1315.07		1315.07	11.523	87.623
185	43.40	25.30	1098.02		1098.02	7.567	68.915
186	38.40	24.82	953.09		953.09	10.205	107.073
187	48.42	25.89	1253.59		1253.59	8.078	64.439
188	46.11	25.71	1185.49		1185.49	7.731	65.214
189	51.76	25.69	1329.71		1329.71	10.675	80.280
190	25.67	49.22	1263.48		1263.48	18.31	144.918
191	29.02	43.68	1267.59		1267.59	6.033	47.594
192	18.40	26.00	478.40	左5cm三角	478.40	2.308	48.244
193	26.01	26.80	697.07	宽度为最宽处，右边缺	697.07	4.087	58.631
194	25.58	51.73	1323.25		1323.25	8.334	62.981
195	25.39	43.31	1099.64		1099.64	8.316	75.625
196	25.30	41.21	1042.61		1042.61	7.638	73.258
197	24.74	51.46	1273.12		1273.12	16.82	132.116
198	26.82	41.96	1125.37		1125.37	11.060	98.279
199	25.18	26.69	672.05		672.05	5.174	76.988
200	26.20	43.60	1142.32		1142.32	8.73	76.423
201	26.19	46.41	1215.48		1215.48	7.209	59.310
202	32.6	22.3	726.98		726.98	10.541	144.997
203	32.0	30.1	963.2	+10×21.5	1178.2	11.185	94.933
204	46.5	31.7	1474.05		1474.05	20.761	140.843
205–206	52.2	26.9	1404.18		1404.18	15.789	112.443
207	20.8	29.9	621.92		621.92	11.210	180.248
208	45.3	27.4	1241.22		1241.22	11.083	89.291
209	27.1	28.1	761.51		761.51	13.825	181.547
210	36.1	25.4	916.94		916.94	10.032	109.407

表 6-2　敦煌文献修复后定量数据

编号	长度（cm）	宽度（cm）	面积（cm²）	面积备注	面积调整（cm²）	质量（g）	定量(g/m²)
137	37.9	27.2	1030.9	无		5.227	50.704
138	20.6	26.2	539.7	无		3.400	62.996
139	27.2	26.3	715.4	无		7.054	98.608
140	22.6	26.1	589.9	无		6.289	106.619
141	19.2	27.3	524.2	无		3.4	64.580
142	47.3	28.3	1338.6	无		8.328	62.215
146	50.7	26.1	1323.3	无		13.791	104.219
147	55.6	26.2	1456.7	无		15.160	104.069
148	23.5	25.2	592.2	无		3.760	63.492
149	21.7	25.5	553.4	无		6.880	124.334
150	41.4	27.3	1130.2	无		11.457	101.370
151	36.5	33.2	1211.8	无		6.805	56.156

第二节　厚度检测

厚度，即单叶纸张的厚度，反映纸张的厚薄情况。测试原理是在规定的静态负荷下，使用符合精度要求的厚度计，测量出单张敦煌残片的厚度结果。

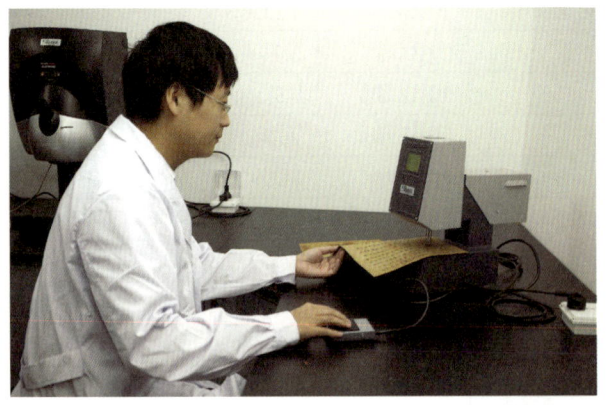

图 6-3　纸张厚度测量

表 6-3　敦煌文献修复前的厚度（单位：mm）

编号	数据 1	数据 2	数据 3	平均值	备注
129	0.098	0.104	0.091	0.098	
130	0.175	0.150	0.139	0.155	
131	0.159	0.118	0.112	0.130	
132	0.123	0.159	0.154	0.145	
133	0.130	0.111	0.136	0.126	
134	0.140	0.085	0.106	0.110	
135	0.189	0.136	0.187	0.171	
136	0.131	0.113	0.161	0.135	
143	0.132	0.135	0.115	0.127	
144	0.104	0.096	0.103	0.101	
145	0.114	0.117	0.12	0.117	
152	0.202	0.162	0.182	0.182	
153	0.102	0.093	0.078	0.091	
154	0.147	0.129	0.143	0.140	
155	0.27	0.197	0.156	0.208	
156	0.157	0.187	0.155	0.166	
157	0.083	0.065	0.067	0.072	
158	0.074	0.084	0.081	0.080	
159	0.102	0.069	0.067	0.079	
160	0.158	0.19	0.133	0.160	
161	0.182	0.142	0.141	0.155	0.271（接口处）
162	0.099	0.105	0.11	0.105	
163	0.125	0.14	0.156	0.140	
164	0.137	0.14	0.145	0.141	
165	0.101	0.103	0.1	0.101	
166	0.092	0.097	0.092	0.094	
167	0.103	0.124	0.18	0.136	
168	0.124	0.134	0.125	0.128	
169	0.236	0.105	0.093	0.145	
170	0.139	0.109	0.114	0.121	不均匀
171	0.104	0.111	0.110	0.108	
172	0.157	0.133	0.112	0.134	
173	0.109	0.127	0.155	0.130	
174-175	0.106	0.103	0.125	0.111	

（续表）

编号	数据1	数据2	数据3	平均值	备注
176	0.303	0.167	0.144	0.205	不均匀
177-178	0.144	0.160	0.125	0.143	
179	0.142	0.110	0.128	0.127	0.100 补纸
180	0.057	0.064	0.097	0.073	
181	0.071	0.078	0.084	0.078	
182	0.079	0.071	0.061	0.070	
183	0.116	0.132	0.126	0.125	
184	0.134	0.127	0.125	0.129	
185	0.102	0.116	0.100	0.106	
186	0.149	0.142	0.161	0.151	
187	0.070	0.069	0.094	0.078	
188	0.168	0.118	0.213	0.166	不均匀
189	0.114	0.110	0.110	0.111	
190	0.181	0.212	0.211	0.201	
190(原补)	0.743	0.508	0.414	0.555	
191	0.119	0.112	0.129	0.120	
192	0.135	0.166	0.109	0.137	
193	0.075	0.076	0.076	0.076	
194	0.106	0.103	0.102	0.104	
195	0.124	0.120	0.117	0.120	
196	0.095	0.103	0.098	0.099	
197	0.191	0.181	0.179	0.184	
198	0.135	0.167	0.145	0.149	
199	0.101	0.102	0.099	0.101	
200	0.073	0.171	0.075	0.106	
201	0.080	0.082	0.077	0.080	
202	0.239	0.199	0.223	0.220	
203	0.245	0.229	0.216	0.230	
204	0.337	0.327	0.253	0.306	
205-206	0.135	0.144	0.169	0.149	
207	0.361	0.317	0.345	0.341	
208	0.257	0.134	0.133	0.175	
209	0.342	0.319	0.342	0.334	
210	0.121	0.106	0.097	0.108	

表 6-4 敦煌文献修复后的厚度（单位：mm）

编号	数据1	数据2	数据3	平均值	接口1	接口2	接口3	接口平均	补纸1	补纸2	补纸3	补纸平均	接口－原纸	补纸－原纸	厚度百分比
137	0.798	0.798	0.794	0.797	0.850	0.846	0.861	0.852	0.757	0.763	0.764	0.761	0.056	0.035	4.435
138	0.776	0.763	0.757	0.765	0.843	0.869	0.824	0.845	0.764	0.761	0.758	0.761	0.080	0.004	0.566
139	0.796	0.792	0.806	0.798	0.848	0.880	0.918	0.882	0.750	0.748	0.752	0.750	0.084	0.048	6.015
140	0.812	0.817	0.928	0.852	0.883	0.898	0.911	0.897	0.765	0.733	0.698	0.732	0.045	0.120	14.118
141	0.728	0.725	0.754	0.736	0.797	0.819	0.796	0.804	0.757	0.755	0.731	0.748	0.068	(0.012)	(1.631)[1]
142	0.839	0.769	0.789	0.799	0.890	0.902	0.856	0.883	0.728	0.729	0.735	0.731	0.084	0.068	8.552
143	0.121	0.111	0.144	0.125	0.175	0.174	0.196	0.182					0.056		
144	0.096	0.101	0.112	0.103	0.166	0.184	0.185	0.178					0.075		
145	0.129	0.130	0.218	0.159	0.225	0.256	0.239	0.240					0.081		
146	0.880	0.812	0.788	0.827	0.876	0.913	0.861	0.883	0.788	0.796	0.808	0.797	0.057	0.029	3.548
147	0.824	0.821	0.816	0.820	0.869	0.887	0.869	0.875	0.779	0.765	0.800	0.781	0.055	0.039	4.754
148	0.783	0.759	0.811	0.784	0.949	0.979	0.822	0.917	0.759	0.767	0.787	0.771	0.132	0.013	1.700
149	0.833	0.803	0.852	0.829	0.875	0.853	0.911	0.880	0.757	0.769	0.759	0.762	0.050	0.068	8.159
150	0.875	0.919	0.857	0.884	0.922	0.901	0.999	0.941	0.803	0.816	0.880	0.833	0.057	0.051	5.734
151	0.764	0.729	0.740	0.744	0.855	0.928	0.793	0.859	0.779	0.784	0.787	0.783	0.114	(0.039)	(5.240)
152	0.124	0.156	0.163	0.148	0.217	0.250	0.235	0.234	0.134	0.132	0.182	0.149	0.086	(0.002)	(1.129)
153	0.087	0.078	0.089	0.085	0.131	0.148	0.173	0.151					0.066		
154	0.174	0.157	0.144	0.158	0.284	0.261	0.232	0.259	0.098				0.101		
155	0.176	0.168	0.184	0.176	0.202	0.240	0.276	0.239	0.287	0.099	0.143		0.063		
156	0.146	0.195	0.158	0.166	0.298	0.284	0.261	0.281					0.115		
157	0.082	0.063	0.064	0.070	0.091	0.109	0.084	0.095					0.025		
158	0.078	0.076	0.085	0.080	0.140	0.143	0.150	0.144					0.065		
159	0.073	0.066	0.069	0.069	0.118	0.121	0.127	0.122					0.053		
160	0.137	0.188	0.144	0.156	0.194	0.176	0.193	0.188	0.103	0.099	0.114	0.105	0.031	−0.051	−32.62%
161	0.138	0.132	0.212	0.161	0.182	0.148	0.164	0.165					0.004		
162	0.097	0.099	0.099	0.098	0.263	0.270	0.223	0.252	0.149	0.137	0.149	0.145	0.154	0.047	47.46%
163	0.129	0.119	0.122	0.123	0.191	0.183	0.235	0.203	0.149	0.123	0.135	0.136	0.080	0.012	10.00%
164	0.114	0.134	0.131	0.126	0.193	0.164	0.243	0.200					0.074		
165	0.112	0.100	0.121	0.111	0.188	0.165	0.282	0.212					0.101		
166	0.098	0.095	0.095	0.096	0.186	0.164	0.162	0.171	0.112	0.150	0.119	0.127	0.075	0.031	32.29%
167	0.104	0.107	0.106	0.106	0.162	0.168	0.194	0.175	0.142	0.129	0.122	0.131	0.069	0.025	23.97%
168	0.122	0.129	0.138	0.130	0.169	0.171	0.169	0.170	0.109	0.110	0.104	0.108	0.040	−0.022	−16.97%

1 括号表示接口位置

（续表）

编号	数据1	数据2	数据3	平均值	接口1	接口2	接口3	接口平均	补纸1	补纸2	补纸3	补纸平均	接口−原纸	补纸−原纸	厚度百分比
169	0.092	0.095	0.094	0.094	0.146	0.151	0.162	0.153	0.134	0.132	0.122	0.129	0.059	0.036	38.08%
170	0.081	0.108	0.115	0.101	0.254	0.232	0.246	0.244	0.185	0.181	0.167	0.178	0.143	0.076	75.33%
171	0.109	0.102	0.115	0.109	0.225	0.162	0.179	0.189	0.101	0.097	0.088	0.095	0.080	−0.013	−12.27%
172	0.138	0.117	0.121	0.125	0.282	0.331	0.266	0.293	0.152	0.126	0.133	0.137	0.168	0.012	9.31%
173	0.125	0.112	0.142	0.126	0.159	0.157	0.228	0.181	0.191	0.152	0.144	0.162	0.055	0.036	28.50%
174−175	0.153	0.120	0.120	0.131	0.216	0.168	0.188	0.191	0.101	0.095	0.093	0.096	0.060	−0.035	−26.46%
176	0.102	0.114	0.123	0.113	0.133	0.170	0.156	0.153	0.093	0.100	0.102	0.098	0.040	−0.015	−12.98%
177−178	0.130	0.095	0.097	0.107	0.182	0.181	0.181	0.181	0.125	0.109	0.122	0.119	0.074	0.011	10.56%
179	0.087	0.124	0.170	0.127	0.196	0.174	0.171	0.180	0.120	0.111	0.115	0.115	0.053	−0.012	−9.19%
180	0.059	0.098	0.082	0.080	0.131	0.144	0.111	0.129	0.087	0.089	0.098	0.091	0.049	0.012	14.64%
181	0.074	0.070	0.074	0.073	0.220	0.214	0.181	0.205	0.181	0.171	0.147	0.166	0.132	0.094	128.90%
182	0.122	0.120	0.121	0.121	0.284	0.245	0.186	0.238	0.139	0.106	0.130	0.125	0.117	0.004	3.31%
183	0.087	0.072	0.063	0.074	0.143	0.190	0.140	0.158	0.146	0.134	0.149	0.143	0.084	0.069	93.24%
184	0.122	0.115	0.146	0.128	0.301	0.196	0.148	0.215	0.101	0.118	0.103	0.107	0.087	−0.020	−15.93%
185	0.109	0.098	0.116	0.108	0.253	0.214	0.182	0.216	0.102	0.108	0.100	0.103	0.109	−0.004	−4.02%
186	0.169	0.145	0.149	0.154	0.293	0.340	0.210	0.281	0.113	0.108	0.106	0.109	0.127	−0.045	−29.37%
187	0.095	0.075	0.070	0.080	0.151	0.144	0.149	0.148	0.103	0.135	0.106	0.115	0.068	0.035	43.33%
188	0.101	0.104	0.125	0.110	0.287	0.291	0.223	0.267	0.104	0.139	0.102	0.115	0.157	0.005	4.55%
189	0.108	0.180	0.117	0.135	0.184	0.166	0.149	0.166	0.107	0.099	0.110	0.105	0.031	−0.030	−21.98%
202	0.236	0.207	0.205	0.216	0.248	0.284	0.276	0.269	0.187	0.132	0.140	0.153	0.053	−0.063	−29.17%
203	0.206	0.241	0.230	0.226	0.248	0.286	0.251	0.262	0.120	0.124	0.137	0.127	0.036	−0.099	−43.72%
204	0.269	0.271	0.284	0.275	0.360	0.334	0.316	0.337	0.152	0.135	0.117	0.135	0.062	−0.140	−50.97%
205−206	0.149	0.157	0.157	0.154	0.258	0.230	0.256	0.248	0.199	0.128	0.136	0.154	0.094	0.000	0.00%
207	0.149	0.133	0.150	0.144	0.214	0.198	0.189	0.200	0.116	0.126	0.117	0.120	0.056	−0.024	−16.90%
208	0.140	0.108	0.133	0.127	0.222	0.175	0.185	0.194	0.170	0.128	0.112	0.137	0.067	0.010	7.61%
209	0.099	0.102	0.116	0.106	0.159	0.165	0.162	0.162	0.131	0.134	0.135	0.133	0.056	0.028	26.18%
210	0.106	0.086	0.108	0.100	0.188	0.164	0.198	0.183	0.148	0.137	0.132	0.139	0.083	0.039	39.00%

第三节 白度检测

白度,即亮度,反映纸张反射光线的能力。纸张白度太低,一般说明纸浆内含有较多的木质素,不耐老化;白度太高,则说明造纸过程中存在比较强烈的漂白反应,因而纤维强度会有所下降。补纸的白度,一般应与所修复古籍的纸张白度相近。

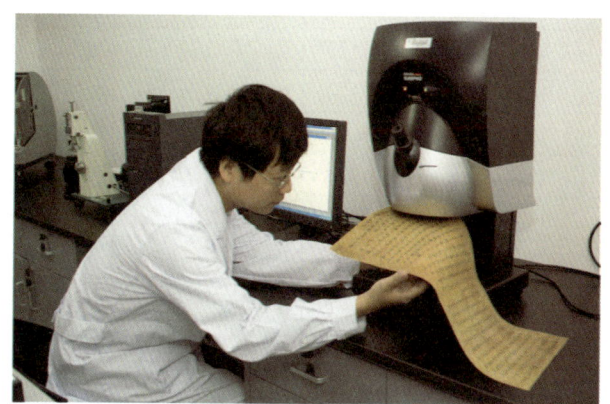

图 6-4 纸张白度检测

表 6-5　敦煌文献修复前的白度

编号	数据1	数据2	数据3	平均值	带字迹1	带字迹2	带字迹3	字迹平均	差值
129	10.86	9.98	10.12	10.32					
130	22.04	21.74	21.77	21.85					
131	20.35	18.55	20.05	19.65					
132	19.32	21.90	21.80	21.01					
133	10.70	13.10	13.47	12.42					
134	14.03	13.38	16.68	14.70					
135	15.74	17.94	15.1	16.26					
136	12.38	14.07	13.30	13.25					
143	9.88	10.06	9.26	9.73					
144	18.54	12.26	13.78	14.86					
145	10.25	11.45		10.85					
152	18.27	17.80	19.37	18.48					
153	20.35	21.17	19.27	20.26					
154	25.94	25.00	26.13	25.69					
155	11.73	12.28	12.67	12.23					
156	16.51	15.94	16.36	16.27					
157 正面	16.10	16.69	16.75	16.51	15.86	15.98	15.37	15.74	0.78
157 背面	17.82	19.29	19.06	18.72	17.11	18.48	18.98	18.19	0.53
158 正面	12.51	12.21	11.97	12.23	13.07	10.82	13.33	12.41	(0.18)
158 背面	14.66	12.54	16.45	14.55	13.04	14.03	13.55	13.54	1.01

(续表)

编号	数据1	数据2	数据3	平均值	带字迹1	带字迹2	带字迹3	字迹平均	差值
159 正面	11.17	11.45	11.37	11.33	10.47	10.61	10.13	10.40	0.93
159 背面	10.84	11.17	10.67	10.89	11.64	11.66	11.00	11.43	(0.54)
160 正面	15.09	17.27	17.66	16.67	12.77	14.85	12.38	13.33	3.34
160 背面	16.82	14.91	15.59	15.77	17.44	16.56	16.83	16.94	(1.17)
161 正面	25.16	21.76	25.19	24.04	25.97	24.05	22.62	24.21	(0.18)
161 背面	24.20	24.85	20.05	23.03	24.95	23.45	27.90	25.43	(2.40)
162 正面	13.24	13.14	11.26	12.55	11.39	11.13	11.16	11.23	1.32
162 背面	14.73	15.48	14.33	14.85	15.86	16.20	16.27	16.11	(1.26)
163 正面	16.18	12.70	14.46	14.45	13.36	11.73	14.90	13.33	1.12
163 背面	17.30	17.87	19.25	18.14	17.21	19.85	17.51	18.19	(0.05)
164 正面	13.24	11.70	12.70	12.55	13.46	13.45	12.85	13.25	(0.71)
164 背面	14.70	13.87	14.34	14.30	15.34	14.79	13.81	14.65	(0.34)
165 正面	18.15	17.45	15.64	17.08	16.22	15.61	15.36	15.73	1.35
165 背面	21.22	20.18	20.82	20.74	22.14	23.98	23.98	23.37	(2.63)
166 正面	13.34	13.83	10.71	12.63	10.04	10.94	11.00	10.66	1.97
166 背面	12.12	12.84	13.48	12.81	13.52	14.36	14.02	13.97	(1.15)
167 正面	10.92	10.53	10.93	10.79	9.86	9.69	9.18	9.58	1.22
167 背面	11.31	14.52	11.87	12.57	11.54	13.08	12.03	12.22	0.35
168 正面	18.14	19.39	17.88	18.47	17.93	15.23	14.93	16.03	1.77
168 背面	16.28	19.29	16.58	17.38	16.94	19.54	19.91	18.80	(1.41)
169 正面	10.64	10.62	10.55	10.60	9.85	9.72	10.02	9.86	0.74
169 背面	12.47	12.60	12.90	12.66	12.85	13.45	13.57	13.29	(0.63)
170	9.30	9.11	9.78	9.40					
171	20.53	19.38	16.86	18.92					
172	8.92	8.73	8.89	8.85					
173	20.40	20.82	19.78	20.33					
174-175	18.71	20.79	20.58	20.03					
176	21.58	23.21	22.92	22.57	带点字				
176 原补纸	31.43	31.39	32.32	31.71					
177-178	24.07	22.77	21.95	22.93					
179	20.83	21.20	19.65	20.56					
179 原补纸	33.12	32.09	32.70	32.64					
180	17.42	15.12	16.31	16.28					
181	8.40	8.29	8.60	8.43					
182	10.58	9.19	9.23	9.67					
183	15.53	17.12	15.57	16.07					

(续表)

编号	数据1	数据2	数据3	平均值	带字迹1	带字迹2	带字迹3	字迹平均	差值
184	15.61	15.06	13.69	14.79					
185	10.56	10.52	11.97	11.02					
186	16.47	16.39	16.52	16.46					
187	9.59	8.42	8.24	8.75					
188	15.56	15.08	13.89	14.84					
189	14.75	16.47	16.62	15.95					
190	12.18	12.29	14.77	13.1					
191	22.70	22.03	22.44	22.4	垫绿板（白度51.56）				
192	18.65	16.72	21.06	18.8	孔径内字迹约1/5				
193	9.44	10.38	9.60	9.8					
194	13.37	15.90	21.81	17.0					
195	15.89	16.51	15.28	15.9					
196	11.89	11.47	12.00	11.8					
197	12.04	12.64	11.74	12.1					
198	19.72	19.55	20.56	19.9					
199	11.71	11.56	11.93	11.7					
200	16.79	17.21	17.81	17.3					
201	17.72	18.03	16.89	17.6					
202	17.49	18.63	16.48	17.53					
203	16.60	9.44	10.67	12.24					
204	25.75	24.82	24.41	24.99					
205−206	15.40	11.39	12.61	13.13					
205−206水印部分	7.40	10.02	7.17	8.20					
207	18.88	18.52	23.74	20.38					
208	17.38	17.89	17.31	17.53					
209	24.27	24.27	25.83	24.79					
210	9.03	9.49	10.04	9.52					

表 6-6　敦煌文献修复后的白度

编号	数据1	数据2	数据3	平均值	补纸1	补纸2	补纸3	补纸平均	补纸－原纸	带字迹1	带字迹2	带字迹3	字迹均值	备注
137	20.98	17.22	18.50	18.90	16.06	16.13	14.27	15.487	(3.41)					均为背面
138	21.66	20.47	19.16	20.43	22.71	22.95	23.06	22.907	2.48					
139	11.13	11.67	11.97	11.59	23.02	22.48	23.26	22.92	11.33					
140	17.58	21.18	20.51	19.76										
141	22.69	24.49	27.09	24.76										
142	23.65	28.14	29.17	26.99										
143 正面	10.39	12.78	12.25	11.81						9.16	9.87	9.71	9.58	
143 背面	18.10	13.45	16.42	15.99						15.13	15.2+6	13.8	14.47	
144 正面	22.88	19.18	15.56	19.21						21.15	16.95	15.72	17.94	
144 背面	20.95	30.55	22.54	24.68						19.77	18.94	19.35	19.35	
145 正面	9.14	10.48	11.33	10.32						9.73	8.22	8.53	8.83	
145 背面										10.7	11.03	11.96	11.23	
146	16.40	14..09	12.66	14.53										
147	8.38	8.09	8.60	8.36	15.86	15.64	16.46	15.987	7.63					
148	18.37	17.80	18.03	18.07										
149	14.52	15.99	14.77	15.09										
150	17.78	17.43	15.14	16.78	30.28	26.18	27.16	27.873	11.09					
150 补纸二				16.78				24.757	7.97					
151（背面）	30.28	26.18	27.16	27.87	25.52	24.24	24.51							
152 正面	18.07	18.22	16.76	17.68	28.24	29.3	28.83	28.79	11.11	13.5	17.93	11.83	14.42	
152 背面	19.15	14.05	19.21	17.47	30.03	29.38	24.99	28.133	10.66	17.24	17.33	14.25	16.27	
153 正面	20.31	22.15	19.81	20.76						18.97	18.14	18.07	18.39	
153 背面	20.98	22.26	21.90	21.71						20.68	20.59	20.57	20.61	
154 正面	24.64	22.58	23.94	23.72						22.14	20.15	21.9	21.40	
154 背面	21.16	25.85	21.28	22.76						25.47	25.66	24.32	25.15	
155 正面	11.71	11.67	10.88	11.42	14.95	13.62	14.24	14.27	2.85	10.78	10.29	11.28	10.78	

(续表)

编号	数据1	数据2	数据3	平均值	补纸1	补纸2	补纸3	补纸平均	补纸-原纸	带字迹1	带字迹2	带字迹3	字迹均值	备注
155背面	9.30	10.52		9.91	15.18	14.04		14.61	4.70	11.25	10.44	10.83	10.84	
156正面	17.94	16.77	16.74	17.15						13.75	16.55	11.3	13.87	
156背面	16.61	17.61	17.44	17.22						12.83	12.26	16.98	14.02	
157	17.37	17.92	20.20	18.50										
158	13.59	11.65	11.92	12.39										
159	14.19	15.41	14.95	14.85										
160	15.71	17.43	16.83	16.66	24.45	24.26	22.77	23.83	7.17					
161	27.76	23.95	26.72	26.14										
162	11.12	12.46	13.83	12.47	13.64	13.08	13.16	13.29	0.82					中层补纸
					16.43	16.26		16.35	16.35					底层补纸
163	12.59	15.36	15.31	14.42										
164	12.02	13.08	12.34	12.48										
165	16.34	16.43	16.02	16.26										
166	10.77	11.11	12.68	11.52										
167	11.35	11.55	11.39	11.43										
168	16.96	17.13	17.46	17.18	20.39	20.90	20.40	20.56	3.38					
169	11.49	10.45	10.06	10.67										
170	9.34	7.85	12.67	9.95	10.07	9.93	10.01	10.0	0.0					
171	20.79	19.61	17.10	19.17										
172	9.57	8.87	8.96	9.13										
173	20.47	20.72	18.57	19.92										
174-175	21.65	19.70	23.26	21.54										
176	23.31	23.54	20.73	22.53	23.95	23.54	23.81	23.8	1.3					
177-178	22.20	22.23	22.07	22.17										
179	21.88	19.31	20.17	20.45	23.12	22.99	22.39	22.8	2.4					
180	15.70	16.53	18.93	17.05						垫绿板（51.58）				
181	8.83	8.51	7.61	8.32										
182	11.60	11.55	10.84	11.33										
183	18.52	17.19	18.49	18.07						垫绿板（51.58）				
184	13.31	13.24	15.59	14.05										
185	13.68	12.85	10.38	12.30										

（续表）

编号	数据1	数据2	数据3	平均值	补纸1	补纸2	补纸3	补纸平均	补纸－原纸	带字迹1	带字迹2	带字迹3	字迹均值	备注
186	17.03	17.25	17.22	17.17										
187	8.79	8.00	8.08	8.29										
188	15.88	16.09	16.16	16.04										
189	15.85	14.73	15.96	15.51										
202	18.75	17.94	17.22	17.97										
203	11.38	18.75	12.09	14.07	12.59	13.71	13.95	39.72	25.64					
204	26.04	25.94	25.03	25.67				79.433						
205-206	12.16	9.51	14.61	12.09										
207	24.83	22.34	21.92	23.03	22.61	21.68	26.39	67.85	44.82					
208	21.51	21.17	20.11	20.93										
209	26.01	28.19	25.42	26.54	29.33	28.95	30.55	87.89	61.35					
210	10.46	10.84	9.99	10.43	13.66	13.79		41.18	30.75					

第四节　表面 pH 值检测

纸张 pH 值即纸张酸碱度。冷抽提法 pH 值是目前认为能够比较客观地反映纸张内部酸碱度的一项指标。该方法测试结果较稳定，重现性好，但采样量较大（2g），应用于古籍时需要进行有损采样，因此只适用于补纸酸碱度的检测。考察古籍纸张的酸碱度，一般检测表面 pH 值。

图 6-5　纸张表面 pH 值检测

检测表面 pH 值，采用的是一种微损的纸张酸碱度检测法，只需要在被测纸张上滴 0.5ml 的蒸馏水。这种办法既能用来检测补纸，也可用来检测古籍。缺点是受制于纸张抗水性的影响，短时间之内纸张内部的酸碱性物质不能全部释放出来，无法准确反映纸张内部的酸碱度，且测量结果波动较大，数据不稳定，容易受检测过程的影响出现较大误差。由于古籍无法进行冷抽提 pH 检测，一般只能通过对比古籍纸张和补纸的表面 pH 值，作为选择补纸的参考指标。

表 6-7　敦煌文献修复前的表面 pH 值

编号	pH1	pH2	pH3	平均值	备注
129	5.65	5.88	5.63	5.72	50 微升水，自动平衡
130	5.63	5.56	5.85	5.68	
131	5.96	6.19	5.95	6.03	
132	5.96	5.98	5.93	5.96	
133	4.94	5.81	6.04	5.60	
134	5.62	5.75	5.81	5.73	
135	6.10	6.57	6.18	6.28	
136	6.08	6.11	6.08	6.09	
143	5.70	5.8	5.70	5.74	
144	6.81	6.76	6.93	6.83	
145	6.06	6.20	6.06	6.11	
152	6.88	6.72	6.65	6.75	
153	6.08	6.21	5.88	6.06	
154	6.07	6.00	5.90	5.99	
155	5.72	5.85	5.96	5.84	
156	6.12	6.11	6.31	6.18	
157	6.31	6.29	6.34	6.31	
158	6.24	6.32	6.31	6.29	
159	6.16	6.28	6.26	6.23	
160	5.99	6.37	6.53	6.30	
161	6.74	6.9	6.57	6.74	
162	6.14	6.01	6.01	6.05	
163	5.95	5.85	6.28	6.03	
164	6.06	5.93	6.14	6.04	
165	5.45	6.19	6.33	5.99	
166	6.36	5.97	6.23	6.19	

(续表)

编号	pH1	pH2	pH3	平均值	备注
167	6.07	6.4	6.13	6.20	
168	6.42	6.16	6.51	6.36	
169	5.98	6.02	5.72	5.91	
170	6.15	6.25	6.32	6.24	
171	6.27	6.36	6.22	6.28	
172	6.36	6.25	6.54	6.38	
173	6.58	6.13	6.26	6.32	
174–175	6.20	6.20	6.34	6.25	
176	6.44	6.19	6.62	6.42	带点字
177–178	6.34	6.32	6.4	6.35	
179	6.62	6.17	6.67	6.49	
180	6.10	6.45	6.23	6.26	
181	6.14	6.30	6.14	6.19	
182	5.95	6.33	5.95	6.08	
183	6.15	6.12	6.21	6.16	
184	6.37	6.33	6.32	6.34	
185	6.32	6.38	6.27	6.32	
186	6.24	6.43	6.10	6.26	
187	6.29	6.44	6.21	6.31	
188	6.27	6.12	6.17	6.19	
189	6.81	6.51	6.44	6.59	
190	6.40	6.33	6.60	6.44	
191	6.64	6.91	6.91	6.82	
192	6.73	6.99	6.70	6.81	
193	6.23	6.25	6.51	6.33	
194	6.38	6.12	6.33	6.28	
195	6.45	6.86	6.60	6.64	
196	6.50	6.38	6.44	6.44	
197	7.04	7.03	6.79	6.95	
198	6.02	5.75	5.73	5.83	
199	6.06	6.08	6.18	6.11	
200	6.03	6.24	5.81	6.03	
201	6.25	5.71	5.69	5.88	
202	5.95	5.89	5.59	5.81	

（续表）

编号	pH1	pH2	pH3	平均值	备注
203	5.78	6.29	5.76	5.94	
204	5.98	5.76	5.94	5.89	
205−206	6.03	5.9	5.76	5.90	
207	5.54	5.6	5.55	5.56	
208	5.81	5.95	5.67	5.81	
209	5.69	5.7	5.84	5.74	
210	5.85	5.74	5.4	5.66	

表 6-8　敦煌文献修复后的表面 pH 值

编号	pH1	pH2	pH3	平均值	备注
137	5.81	6.04	6.71	6.19	
138	5.81	5.90	5.98	5.90	
139	6.10	5.87	5.85	5.94	
140	5.69	5.82	6.18	5.90	
141	6.32	5.99	6.18	6.16	
142	6.47	6.69	6.76	6.64	
143	6.23	6.19	6.07	6.16	
144	6.36	6.17	6.62	6.38	
145	6.05	6.13	6.24	6.14	
146	6.14	5.96	6.07	6.06	
147	6.35	5.94	6.00	6.10	
148	6.80	7.0	6.93	6.92	
149	6.38	6.39	5.80	6.19	
150	6.35	6.34	6.37	6.35	
151	5.81	6.04	6.14	6.00	
152	5.83	5.99	6.10	5.97	
153	5.81	6.16	5.94	5.97	
154	5.85	5.89	5.91	5.88	
155	5.65	6.08	6.08	5.94	
156	5.69	6.24	6.28	6.07	
157	6.42	6.45	6.46	6.44	
158	6.52	6.42	6.56	6.50	
159	6.44	6.55	6.65	6.55	
160	5.75	6.25	6.06	6.02	
161	6.57	6.61	6.61	6.60	
162	6.29	6.28	6.17	6.25	
163	6.35	6.42	6.58	6.45	
164	6.78	6.51	6.16	6.48	
165	6.63	6.65	6.41	6.56	

(续表)

编号	pH1	pH2	pH3	平均值	备注
166	6.55	6.19	6.68	6.47	
167	6.65	6.38	6.82	6.62	
168	6.83	6.63	6.62	6.69	
169	6.28	6.22	6.16	6.22	
170	6.71	6.52	6.58	6.60	
171	6.49	6.65	6.42	6.52	
172	6.40	6.51	6.65	6.52	
173	6.80	6.47	6.57	6.61	
174-175	6.48	6.18	6.58	6.41	
176	6.48	6.63	6.58	6.56	
177-178	6.58	6.66	6.73	6.66	
179	6.59	6.49	6.33	6.47	
180	6.44	6.52	6.68	6.6	
181	6.12	6.12	6.22	6.2	
182	6.23	6.20	6.40	6.3	
183	6.12	6.16	6.33	6.2	
184	6.25	6.46	6.21	6.3	
185	6.10	6.02	6.02	6.0	
186	6.22	6.13	6.16	6.2	
187	6.19	6.15	6.35	6.2	
188	6.46	6.4	5.94	6.3	
189	6.29	6.47	6.60	6.4	
202	5.38	6.40	6.10	5.96	
203	6.66	6.96	6.49	6.70	
204	7.21	7.24	6.93	7.13	
205-206	6.82	5.44	6.49	6.25	
207	6.04	6.59	6.27	6.30	
208	6.31	6.46	6.70	6.49	
209	6.80	6.67	6.74	6.74	
210	6.93	6.75	6.58	6.75	

第五节 纸张纤维检测

纸张纤维检测是对纸样纤维组成的定性和定量分析。检测方法是，从被选样品中取少量有代表性的纤维进行染色，用显微镜进行观察，根据纤维染色反应和纤维形态特征，鉴定和测定试样中的纤维成分；进而测量出各种纤维与某计数线的交差点数，并应用重量因子将此交叉点数转换成质量分数。由于某些染色剂着色不稳定，因此一旦完成制片就应立即进行分析。

定性分析检验步骤是：将染色的纤维载玻片置于显微镜的载物台上，沿水平或垂直方向一条线一条线慢慢地、有规律地移动载玻片，以确保观测到全部纤维区；根据纤维形态特征和染色情况，鉴别纤维种类以及制浆方法（参考国标《纸、纸板和纸浆纤维组成的分析 GB/T4688-2002》）。

项目取样说明。依据藏品实际情况，实验中采取分段取样、检测的方式。对能揭取的单张残片，如《敦煌写经残卷》第二、三册和《敦煌石室写字残字》一册中的每件残片进行标准的取样和检测；而对已经装裱册页的《唐人写经真本》《唐人写经残卷》第一册等藏品，限于条件暂未做纸张纤维取样检测。

图 6-6 载玻片制作

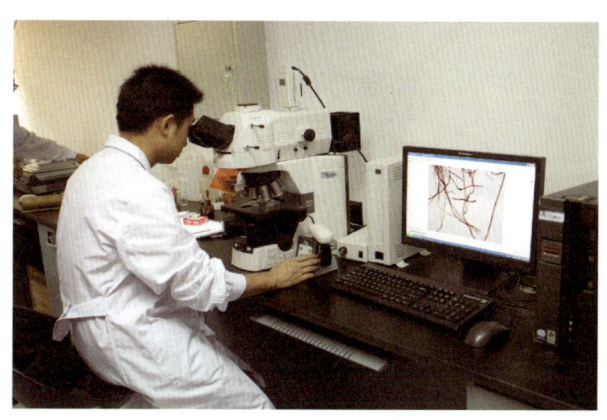

图 6-7 纤维检测

残片纸张纤维举要：

例一，桑皮：残片 104《妙法莲华经》卷三，唐写本（7—8 世纪）。显微镜下桑皮纤维特征明显，有黄色蜡状物，比较漂亮。

图 6-8 桑皮纤维形态特征图（LM×100）

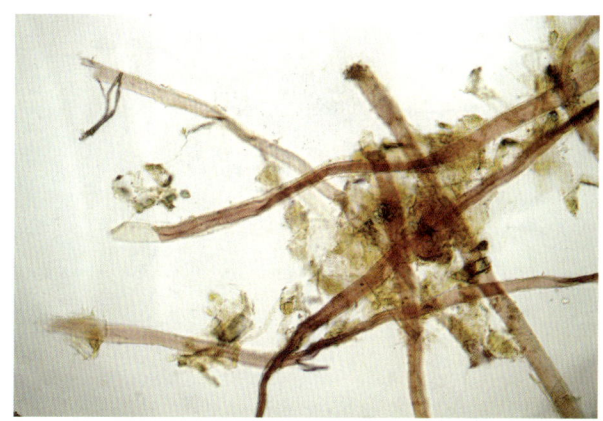

图 6-9 桑皮纤维形态特征图（LM×200）

桑皮的纤维形态特征与构皮十分相似，纤维多呈圆柱形，壁上有明显的横节纹，纤维外壁上有层透明的胶质膜，端部尤为明显。与构皮不同的是，桑皮中很少有菱形或方形的草酸钙晶体，而在纤维上或纤维胞腔中常附着有一些无定形的蜡状物，与碘—氯化锌试剂作用，蜡状物显黄色。

例二，亚麻：残片116《大般涅槃经》（北本）卷一〇，唐写本（7—8世纪）。显微镜下亚麻纤维有䔃化、破损。

 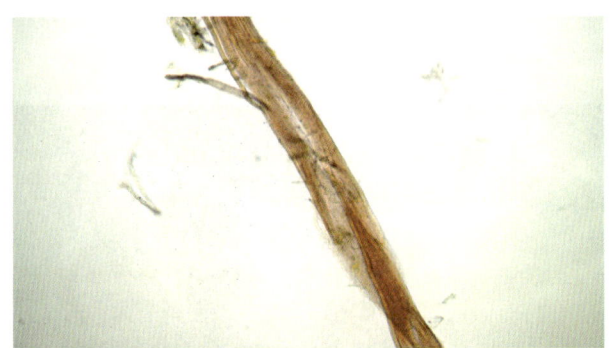

图6-10 亚麻纤维形态特征图（LM×100）　　图6-11 亚麻纤维形态特征图（LM×200）

亚麻纤维由于纤维素含量较高，与碘—氯化锌试剂作用显玫瑰红色，纤维呈圆柱形，表面平滑，中段直径均匀，两端逐渐变细，渐细的部分较长，可达纤维全长的1/4，端头尖削，纤维壁较厚，并有明显的横节纹和膨胀节。

例三，苎麻＋檀皮＋草：残片147《瑜伽师地论》卷七，吐蕃统治时期写本（8—9世纪）。显微镜下呈现苎麻、檀皮、草三种纤维，有较多淀粉。

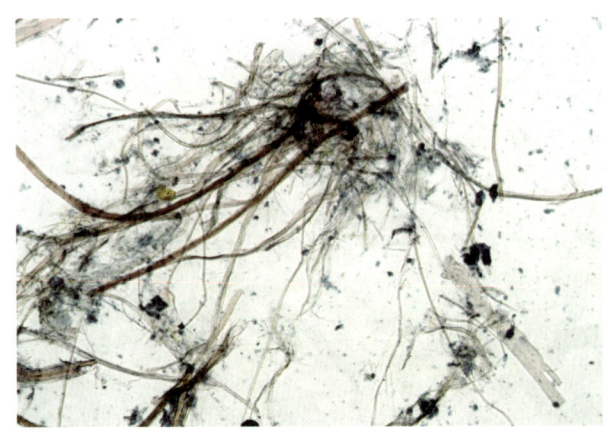 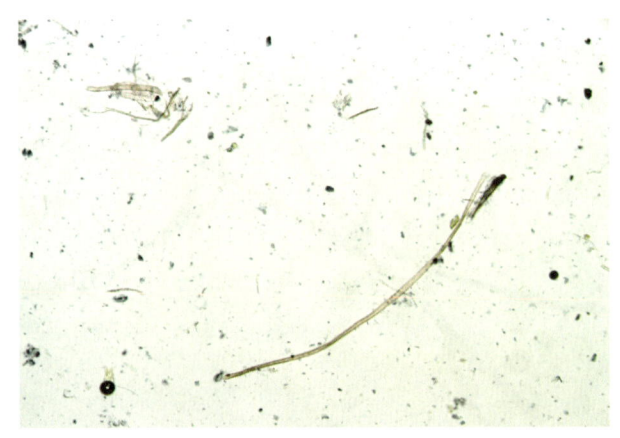

图6-12 苎麻＋檀皮＋稻草（LM×100）　　图6-13 檀皮纤维形态特征图（LM×100）

檀皮纤维较桑皮和构皮纤维细而短，纤维壁上有较稀疏的横节纹，纤维多呈柱状，细胞腔明显。稻草纤维较短、较细。稻草的非纤维状细胞（杂细胞）含量大，表皮细胞体积小，成锯齿状，齿距小，齿峰不高。

例四，藤皮：残片 156《维摩诘所说经》卷下，归义军时期写本（9—10 世纪）。显微镜下发现藤皮纤维，生料。

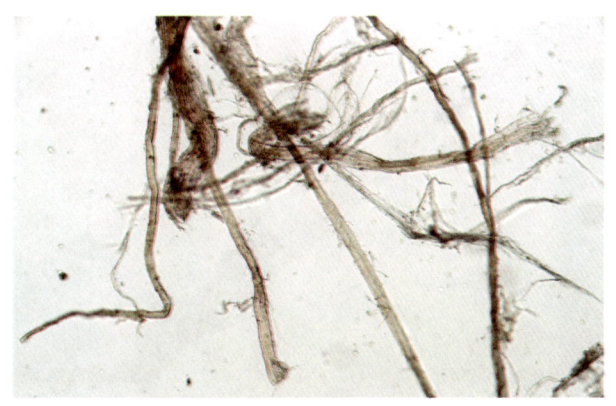
图 6-14 藤皮纤维形态特征图（LM×100）

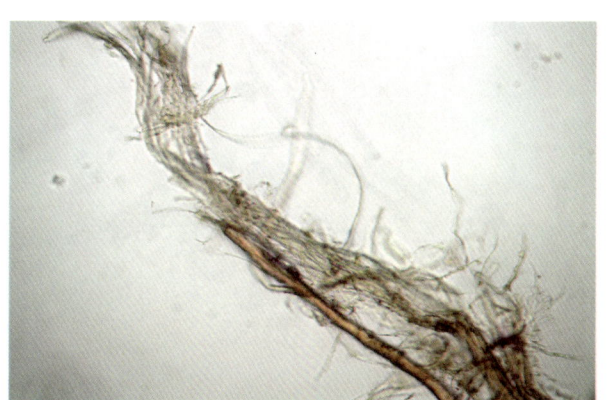
图 6-15 藤皮纤维形态特征图（LM×200）

藤皮原料是野生青藤的皮，藤纸的物理强度好，表面坚滑光白。残片原料中发现藤皮纤维，以实物印证了唐代藤皮造纸的记载。

例五，竹 + 桑皮：残片 179《长者女庵提遮师子吼了义经》，归义军时期写本（9—10 世纪）。显微镜下出现了竹和桑皮纤维。

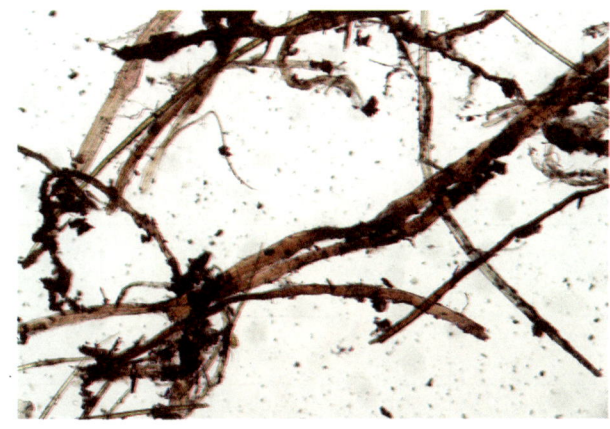
图 6-16 桑皮纤维形态特征图（LM×100）

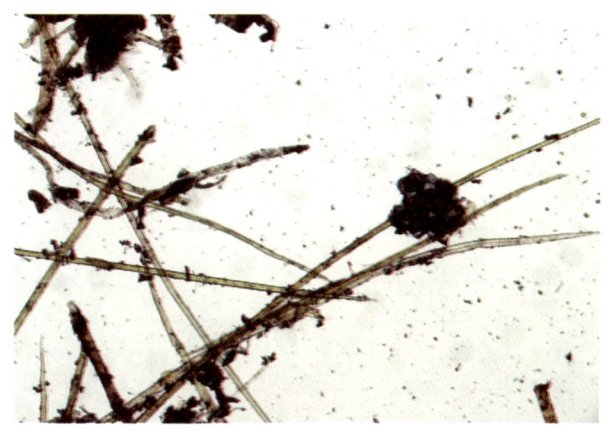
图 6-17 竹纤维形态特征图（LM×100）

竹纤维较长，纤维挺且硬。导管分子一般较大，长度在0.3—1.2mm之间，宽度在50—150μm，两端开口，比草浆的导管分子要更为粗大。

例六，苎麻：残片202《般若波罗蜜多心经》，唐写本（7—8世纪）。显微镜下有较多苎麻纤维，并有黄色蜡状物。

图6-18 苎麻纤维形态特征图（LM×200）

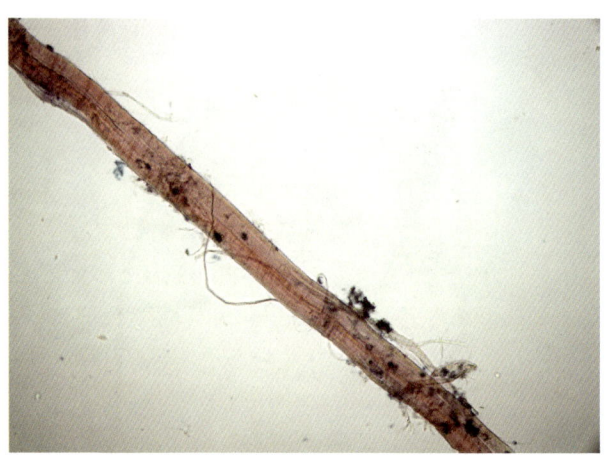

图6-19 单根苎麻纤维形态（LM×200）

苎麻纤维两头渐尖，端部多呈钝圆形或锥形。纤维壁上有明显的横节纹，有明显的细胞腔及纵向条纹。

表6-9 敦煌遗书残片纸张纤维成分汇总表

编号	名称卷次	原卷时代	纤维成分	备注
99	大智度论卷一九	南北朝写本（5—6世纪）	桑皮。有淀粉，有蜡状物。熟料。	
100	大般涅槃经（北本）卷三〇	南北朝写本（5—6世纪）	桑皮＋少量草。黄色蜡状物多，有淀粉。熟料。	
101	大般涅槃经（北本）卷一二	南北朝写本（5—6世纪）	桑皮。黄色蜡状物多，有少量淀粉。	
102	佛名经（十二卷本）卷六	唐写本（7—8世纪）	桑皮。黄色蜡状物多。	
103	添品妙法莲华经卷六	唐写本（7—8世纪）	桑皮。有黄色蜡状物，有大量淀粉。	

(续表)

编号	名称卷次	原卷时代	纤维成分	备注
104	妙法莲华经卷三	唐写本（7—8世纪）	桑皮。有黄色蜡状物。比较漂亮。	
105	妙法莲华经卷三	唐写本（7—8世纪）	桑皮。有少量纤维短。	
106	妙法莲华经卷三	吐蕃统治时期写本（8—9世纪）	絮化亚麻？	
107	妙法莲华经卷二	吐蕃统治时期写本（8—9世纪）	桑皮+构皮。有黄色蜡状物。	
108	法华经疏（拟）	唐写本（7—8世纪）	呈分段短木状，很有特点。构皮？	
109	妙法莲华经卷一	唐写本（7—8世纪）	桑皮。熟料。干净漂亮，有黄色蜡状物。	
110	法华经疏（拟）	归义军时期写本（9—10世纪）	桑皮。有少量淀粉，有少量黄色蜡状物。	
111	维摩诘所说经卷下	唐写本（7—8世纪）	桑皮，黄色蜡状物多。	
112	摩诃般若波罗蜜经卷三	南北朝写本（5—6世纪）	桑皮。纤维破损相对比较厉害。	
113	妙法莲华经卷六	唐写本（7—8世纪）	桑皮。黄色蜡状物多。	
114	妙法莲华经卷七	唐写本（7—8世纪）	桑皮。黄色蜡状物多，纤维有轻度破损。	
115	佛名经（十二卷本）卷六	唐写本（7—8世纪）	桑皮+构皮。熟料。黄色蜡状物多，有黄色立方草酸钙。	
116	大般涅槃经（北本）卷一〇	唐写本（7—8世纪）	亚麻。有帚化破损。	
117	维摩诘所说经卷下	唐写本（7—8世纪）	桑皮+亚麻。熟料。几乎没有黄色蜡状物。	
118	维摩诘所说经卷下	唐写本（7—8世纪）	桑皮+构皮。熟料。少量黄色蜡状物，多有黄色立方草酸钙，胶衣明显，漂亮。	
119	金刚般若波罗蜜经	唐写本（7—8世纪）	桑皮+构皮。很少量淀粉，很少量黄色蜡状物及草酸钙颗粒。	

(续表)

编号	名称卷次	原卷时代	纤维成分	备注
120	金光明经卷四	唐写本（7—8世纪）	桑皮。熟料。漂亮，黄色蜡状物多。	
121	维摩诘所说经卷上	吐蕃统治时期写本（8—9世纪）	苎麻？有少量淀粉，帚化严重。	
122	灌顶拔除过罪生死得度经	唐写本（7—8世纪）	苎麻。漂亮，弯曲多。	
123	药师琉璃光如来本愿功德经	唐写本（7—8世纪）	苎麻。帚化严重。	
124	药师琉璃光如来本愿功德经	唐写本（7—8世纪）	藤。生料。	
125	称赞净土佛摄受经	唐写本（7—8世纪）	桑皮。熟料。有较多淀粉，有较多黄色蜡状物。	
127	陀罗尼杂集卷三	归义军时期写本（9—10世纪）	桑皮。有少量黄色蜡状物。	
128	维摩诘所说经卷中	吐蕃统治时期写本（8—9世纪）	苎麻。帚化严重。	
129	妙法莲华经卷一	唐写本（7—8世纪）	桑皮。熟料。有较多黄色蜡状物。	
130	千眼菩萨总摄身印第一	归义军时期写本（9—10世纪）	藤。生料。	
131	法句经（伪经）	唐写本（7—8世纪）	苎麻？+亚麻。帚化严重。	
132	辩中边论卷一	归义军时期写本（9—10世纪）	苎麻？+亚麻。有黄色蜡状物。	
133	妙法莲华经卷一	唐写本（7—8世纪）	桑皮。熟料。有黄色蜡状物，弯曲多。	
134	四分比丘尼戒本	吐蕃统治时期写本（8—9世纪）	苎麻+桑皮？有较多淀粉，帚化。	
135	思益梵天所问经卷三	归义军时期写本（9—10世纪）	苎麻？有较多淀粉。	
136	妙法莲华经卷四	唐写本（7—8世纪）	桑皮+构皮。熟料。有少量黄色蜡状物，有立方体。	
137	药师琉璃光如来本愿功德经	唐写本（7—8世纪）	藤？+草。	
138	老子	唐写本（7—8世纪）	桑皮？有较多淀粉，有黄色蜡状物。	

（续表）

编号	名称卷次	原卷时代	纤维成分	备注
139	药师琉璃光如来本愿功德经	归义军时期写本（9—10世纪）	桑皮。熟料。有黄色蜡状物。	
140	维摩诘所说经卷中	吐蕃统治时期写本（8—9世纪）	苎麻。微量淀粉，有一根浅绿色纤维。	
141	妙法莲华经卷七	唐写本（7—8世纪）	桑皮+构皮？熟料。有大量黄色蜡状物，胶衣明显。	
142	妙法莲华经卷五	归义军时期写本（9—10世纪）	桑皮+构皮？熟料。极少量淀粉，轻度老化，有黄色蜡状物。	
143	妙法莲华经卷三	唐写本（7—8世纪）	苎麻+桑皮？有较多淀粉，有大量黄色蜡状物。	
144	金刚般若波罗蜜经	唐写本（7—8世纪）	苎麻。帚化。有少量蜡状黄色物。	
145	大般若波罗蜜多经卷五〇四	吐蕃统治时期写本（8—9世纪）	苎麻。有大量淀粉，老化。	
146	维摩诘所说经卷中	归义军时期写本（9—10世纪）	苎麻。少量淀粉。	
147	瑜伽师地论卷七	吐蕃统治时期写本（8—9世纪）	苎麻+檀皮+草。有较多淀粉。	
148	大通方广忏悔灭罪庄严成佛经卷上	南北朝写本（5—6世纪）	麻？+构皮。	
149	大乘密严经（地婆诃罗译本）卷上	唐写本（7—8世纪）	苎麻。有许多淀粉，帚化。	
150	添品妙法莲华经卷一	唐写本（7—8世纪）	苎麻。帚化严重，老化严重。	
151	论八背舍（拟）	吐蕃统治时期写本（8—9世纪）	苎麻+藤。有少量淀粉，老化严重。	
152	妙法莲华经卷六	归义军时期写本（9—10世纪）	亚麻+藤？	
153	金光明经卷四	唐写本（7—8世纪）	桑皮+构。有黄色蜡状物，漂亮。	
155	金刚般若波罗蜜经（三十二分本）	归义军时期写本（9—10世纪）	苎麻。有较多淀粉。	

（续表）

编号	名称卷次	原卷时代	纤维成分	备注
156	维摩诘所说经卷下	归义军时期写本（9—10世纪）	藤。生料。	
157	大般涅槃经（北本）卷一三	归义军时期写本（9—10世纪）	桑皮。熟料。有较多淀粉。	
158	法华经疏（拟）	南北朝写本（5—6世纪）	桑皮生料+麻？有较多淀粉。	
159	大般涅槃经（北本）卷一九	唐写本（7—8世纪）	桑皮。熟料。有黄色蜡状物，有少量淀粉。	
160	维摩诘所说经卷下	南北朝写本（5—6世纪）	苎麻。有大量淀粉。	
161	妙法莲华经卷五	归义军时期写本（9—10世纪）	构皮？有大量淀粉。	
162	大佛顶如来密因修证了义诸菩萨万行首楞严经卷七	南北朝写本（5—6世纪）	桑皮。熟料。有大量淀粉。	
163	金刚般若波罗蜜经	唐写本（7—8世纪）	桑皮。熟料。有黄色蜡状物，有较多淀粉。	
164	金刚般若波罗蜜经	唐写本（7—8世纪）	桑皮。熟料。有黄色蜡状物，有较多淀粉。	
165	妙法莲华经卷六	唐写本（7—8世纪）	构皮？+桑皮。有大量淀粉。	
166	金刚般若波罗蜜经	唐写本（7—8世纪）	桑皮。有大量淀粉，有黄色蜡状物。	
167	金刚般若波罗蜜经	唐写本（7—8世纪）	桑皮+毛竹。有较多淀粉。	
168	千手千眼观世音菩萨姥陀罗尼身经（别本）	唐写本（7—8世纪）	藤？有少量淀粉，老化严重。	
169	金刚般若波罗蜜经	归义军时期写本（9—10世纪）	桑皮。熟料。有少量淀粉。	
170	观弥勒菩萨上生兜率天经	唐写本（7—8世纪）	麻。絮化。	
171	大佛顶如来密因修证了义诸菩萨万行首楞严经卷三	唐写本（7—8世纪）	桑皮。有黄色蜡状物，有淀粉。	
172	菩萨地持经卷一〇	唐写本（7—8世纪）	桑皮。有黄色蜡状物，有淀粉。	
173	救拔焰口饿鬼陀罗尼经	唐写本（7—8世纪）	麻。絮化。	

(续表)

编号	名称卷次	原卷时代	纤维成分	备注
174	救拔焰口饿鬼陀罗尼经	归义军时期写本（9—10世纪）	麻？+桑皮。絮化。	
175	长者女庵提遮师子吼了义经	归义军时期写本（9—10世纪）	麻？+桑皮。絮化。	
176	长者女庵提遮师子吼了义经	归义军时期写本（9—10世纪）	桑皮。有黄色蜡状物，有淀粉。	
177	赞僧功德经	归义军时期写本（9—10世纪）	麻？+桑皮。絮化。	
178	救拔焰口饿鬼陀罗尼经	归义军时期写本（9—10世纪）	麻？+桑皮。絮化。	
179	长者女庵提遮师子吼了义经	归义军时期写本（9—10世纪）	竹+桑皮。	
180	大方广佛华严经（晋译六十卷本）卷四六	归义军时期写本（9—10世纪）	桑皮。有黄色蜡状物，有淀粉。	
181	观佛三昧海经卷九	南北朝写本（5—6世纪）	桑皮。有黄色蜡状物，明显，漂亮。	
182	妙法莲华经卷三	唐写本（7—8世纪）	桑皮。有黄色蜡状物，有淀粉，絮化。	
183	增壹阿含经卷四七	唐写本（7—8世纪）	桑皮。有黄色蜡状物，有淀粉，絮化。	
184	妙法莲华经卷一	归义军时期写本（9—10世纪）	桑皮。有黄色蜡状物，有淀粉，絮化。	
185	金刚般若波罗蜜经	唐写本（7—8世纪）	桑皮。有黄色蜡状物，有淀粉，絮化。	
186	药师琉璃光如来本愿功德经	唐写本（7—8世纪）	桑皮。有黄色蜡状物，有淀粉，絮化。	
187	妙法莲华经卷三	唐写本（7—8世纪）	桑皮。有黄色蜡状物，有淀粉，絮化。	
188	金光明最胜王经卷三	唐写本（7—8世纪）	桑皮。有黄色蜡状物，有淀粉，絮化严重。	
189	妙法莲华经卷七	唐写本（7—8世纪）	桑皮。黄色蜡状物明显。	
190	般若波罗蜜多心经	唐写本（7—8世纪）	桑+竹。絮化。	

（续表）

编号	名称卷次	原卷时代	纤维成分	备注
202	般若波罗蜜多心经	唐写本（7—8世纪）	苎麻。有较多黄色蜡状物。	
204	延寿命经（小本）	归义军时期写本（9—10世纪）	苎麻。有少量淀粉。	
205	新菩萨经	归义军时期写本（9—10世纪）	苎麻。帚化严重，有较多淀粉。	
207	新菩萨经	吐蕃统治时期写本（8—9世纪）	苎麻。有少量淀粉。	
208	正法华经卷一	吐蕃统治时期写本（8—9世纪）	苎麻。有大量淀粉。	
209	木捺佛像	归义军时期写本（9—10世纪）	桑皮。有大量淀粉。	
210	般若波罗蜜多心经	9—10世纪。归义军时期印本。	苎麻。帚化，有少量淀粉。	
118 补纸			帚化严重。桑皮？	
214	佛名经（十二卷本）卷六	吐蕃统治时期写本（8—9世纪）	桑皮。有黄色蜡状物，有淀粉。	
215	佛名经（十二卷本）卷八	归义军时期写本（9—10世纪）	麻？+桑。絮化。	
216	佛名经（三十卷本）卷二一	归义军时期写本（9—10世纪）	竹+桑皮。	
217	佛名经（十二卷本）卷六	南北朝写本（5—6世纪）	桑皮。有黄色蜡状物，有淀粉。	
218	妙法莲华经卷三	南北朝写本（5—6世纪）	桑皮。有黄色蜡状物，有淀粉。	
220	妙法莲华经卷三	唐写本（7—8世纪）	麻。絮化。	
221	妙法莲华经卷四	唐写本（7—8世纪）	桑皮。有黄色蜡状物，有淀粉。	
222	妙法莲华经卷一	南北朝写本（5—6世纪）	桑皮。有黄色蜡状物，有淀粉。	
223	妙法莲华经度量天地品第二十九	唐写本（7—8世纪）	麻。絮化。	

（续表）

编号	名称卷次	原卷时代	纤维成分	备注
224	妙法莲华经卷一	9—10世纪。归义军时期写本。	麻？+桑皮。絮化。	
225	妙法莲华经卷六	唐写本（7—8世纪）	麻？+桑皮。絮化。	
226	摩诃般若波罗蜜经卷一一	唐写本（7—8世纪）	桑皮。有黄色蜡状物。	
227	摩诃般若波罗蜜经卷一三	南北朝写本（5—6世纪）	桑皮。黄色蜡状物明显，淀粉多。	
228	摩诃般若波罗蜜经卷一三	唐写本（7—8世纪）	桑皮。有黄色蜡状物，有淀粉。	
229	佛顶尊胜陀罗尼经（佛陀波利本）	唐写本（7—8世纪）	桑皮。有黄色蜡状物。	
230	大般涅槃经（南本）卷一四	唐写本（7—8世纪）	桑皮。有黄色蜡状物，淀粉多。	
231	大般涅槃经（北本）卷七	唐写本（7—8世纪）	桑皮。黄色蜡状物明显，很漂亮。	
232	大般涅槃经（北本）卷二一	唐写本（7—8世纪）	桑皮。有淀粉。	
233	维摩诘所说经卷上	南北朝写本（5—6世纪）	麻？+桑皮。絮化。	
234	金光明经卷三	唐写本（7—8世纪）	麻？+桑皮。絮化。	
235	妙法莲华经卷一	南北朝写本（5—6世纪）	麻。絮化严重。	
236	妙法莲华经卷三	唐写本（7—8世纪）	桑皮。黄色蜡状物多。	
237	妙法莲华经卷三	唐写本（7—8世纪）	桑皮。黄色蜡状物多，有淀粉。	
238	大般涅槃经（北本）卷三〇	唐写本（7—8世纪）	桑皮。有淀粉。	
239	药师琉璃光如来本愿功德经	南北朝写本（5—6世纪）	麻。	
240	大般若波罗蜜多经卷二四二	唐写本（7—8世纪）	麻。	
241	大般若波罗蜜多经卷二四二	吐蕃统治时期写本（8—9世纪）	麻。	
242	金光明最胜王经卷四	吐蕃统治时期写本（8—9世纪）	麻+木浆。	
243	大般涅槃经（北本）卷三五	归义军时期写本（9—10世纪）	桑皮。	

第六节　数据汇总与分析

残片的各项参数汇总如下：

表 6-10　敦煌文献修复前各项数据汇总

序号	定量	厚度	白度	背面白度	表面 pH 值
129	76.063	0.098	10.32		5.72
130	54.102	0.155	21.85		5.68
131	89.247	0.130	19.65		6.03
132	75.549	0.145	21.01		5.96
133	87.313	0.126	12.42		5.60
134	62.309	0.110	14.70		5.73
135	82.873	0.171	16.26		6.28
136	96.367	0.135	13.25		6.09
137	50.704				
138	62.996				
139	98.608				
140	106.619				
141	64.580				
142	62.215				
143	82.692	0.127	9.73		5.74
144	60.400	0.101	14.86		6.83
145	100.194	0.117	10.85		6.11
146	104.219				
147	104.069				
148	63.492				
149	124.334				
150	101.370				
151	56.156				
152	80.541	0.182	18.48		6.75
153	62.057	0.091	20.26		6.06
154	116.022	0.140	25.69		5.99
155	130.586	0.208	12.23		5.84
156	91.652	0.166	16.27		6.18
157	34.521	0.072	16.51	18.72	6.31
158	45.722	0.080	12.23	14.55	6.29

(续表)

序号	定量	厚度	白度	背面白度	表面 pH 值
159	40.238	0.079	11.33	10.89	6.23
160	72.881	0.160	16.67	15.77	6.30
161	63.755	0.155	24.04	23.03	6.74
162	72.040	0.105	12.55	14.85	6.05
163	89.822	0.140	14.45	18.14	6.03
164	104.895	0.141	12.55	14.30	6.04
165	75.999	0.101	17.08	20.74	5.99
166	79.646	0.094	12.63	12.81	6.19
167	69.013	0.136	10.79	12.57	6.20
168	56.056	0.128	18.47	17.38	6.36
169	67.061	0.145	10.60	12.66	5.91
170	74.876	0.121	9.40		6.24
171	69.176	0.108	18.92		6.28
172	78.719	0.134	8.85		6.38
173	66.053	0.130	20.33		6.32
174-175	63.717	0.111	20.03		6.25
176	66.223	0.205	22.57	31.71（补纸）	6.42
177-178	68.657	0.143	34.40		6.35
179	61.772	0.127	80.30		6.49
180	30.133	0.073	16.28		6.26
181	44.422	0.078	8.43		6.19
182	81.523	0.070	9.67		6.08
183	41.700	0.125	16.07		6.16
184	87.623	0.129	14.79		6.34
185	68.915	0.106	11.02		6.32
186	107.073	0.151	16.46		6.26
187	64.439	0.078	8.75		6.31
188	65.214	0.166	14.84		6.19
189	80.280	0.111	15.95		6.59
190	144.918	0.201	13.10		6.44
191	47.594	0.12	22.40		6.82
192	48.244	0.137	18.80		6.81
193	58.631	0.076	9.80		6.33
194	62.981	0.104	17.00		6.28
195	75.625	0.120	15.90		6.64
196	73.258	0.099	11.80		6.44
197	132.116	0.184	12.10		6.95
198	98.279	0.149	19.90		5.83
199	76.988	0.101	11.70		6.11

（续表）

序号	定量	厚度	白度	背面白度	表面 pH 值
200	76.423	0.106	17.30		6.03
201	59.310	0.080	17.60		5.88
202	144.997	0.220	17.53		5.81
203	94.933	0.230	12.24		5.94
204	140.843	0.306	24.99		5.89
205-206	112.443	0.149	13.13	8.20（正面有水印处）	5.90
207	180.248	0.341	20.38		5.56
208	89.291	0.175	17.53		5.81
209	181.547	0.334	24.79		5.74
210	109.407	0.108	9.52		5.66

表 6-11　敦煌文献修复后各项数据汇总

序号	定量	厚度	白度	背面白度	表面 pH 值	纤维种类
137	50.704	0.797	18.90		6.19	藤？+ 草
138	62.996	0.765	20.43		5.90	桑皮
139	98.608	0.798	11.59		5.94	桑皮
140	106.619	0.852	19.76		5.90	苎麻
141	64.580	0.736	24.76		6.16	桑皮 + 构皮
142	62.215	0.799	26.99		6.64	桑皮 + 构皮
143		0.125	11.81	15.99	6.16	苎麻 + 桑皮
144		0.103	19.21	24.68	6.38	苎麻
145		0.159	10.32		6.14	苎麻
146	104.219	0.827	14.53		6.06	苎麻
147	104.069	0.820	8.36		6.10	苎麻 + 檀皮 + 草
148	63.492	0.784	18.07		6.92	麻？+ 构皮
149	124.334	0.829	15.09		6.19	苎麻
150	101.370	0.884	16.78		6.35	苎麻
151	56.156	0.744	27.87		6.00	苎麻 + 藤
152		0.148	17.68	17.47	5.97	亚麻 + 藤？
153		0.085	20.76	21.71	5.97	桑皮 + 构
154		0.158	23.72	22.76	5.88	
155		0.176	11.42	9.91	5.94	苎麻
156		0.166	17.15	17.22	6.07	藤？生料
157		0.070	18.50		6.44	桑皮，熟料
158		0.080	12.39		6.50	桑皮生料 + 麻？
159		0.069	14.85		6.55	桑皮，熟料

（续表）

序号	定量	厚度	白度	背面白度	表面pH值	纤维种类
160		0.156	16.66		6.02	苎麻
161		0.161	26.14		6.60	构皮？
162		0.098	12.47		6.25	桑皮，熟料
163		0.123	14.42		6.45	桑皮，熟料
164		0.126	12.48		6.48	桑皮，熟料
165		0.111	16.26		6.56	构皮？＋桑皮
166		0.096	11.52		6.47	桑皮
167		0.106	11.43		6.62	桑皮
168		0.130	17.18		6.69	藤？
169		0.094	10.67		6.22	桑皮，熟料
170		0.101	10.00		6.60	麻，絮化
171		0.109	19.20		6.52	桑皮
172		0.125	9.10		6.52	桑皮
173		0.126	19.90		6.61	麻，絮化
174-175		0.131	21.50		6.41	麻？＋桑皮，絮化
176		0.113	22.50		6.56	桑皮
177-178		0.107	22.20		6.66	麻？＋桑皮，絮化
179		0.127	20.40		6.47	竹＋桑皮
180		0.080	17.00		6.60	桑皮
181		0.073	8.30		6.15	桑皮
182		0.121	11.30		6.28	桑皮
183		0.074	18.10		6.20	桑皮
184		0.128	14.00		6.31	桑皮
185		0.108	12.30		6.05	桑皮
186		0.154	17.20		6.17	桑皮
187		0.080	8.30		6.23	桑皮
188		0.110	16.00		6.28	桑皮
189		0.135	15.50		6.40	桑皮
202		0.216	17.97		5.96	苎麻
203		0.226	14.07		6.70	
204		0.275	25.67		7.13	苎麻
205-206		0.154	12.09		6.25	苎麻
207		0.144	23.03		6.30	苎麻
208		0.127	20.93		6.49	苎麻
209		0.106	26.54		6.74	桑皮
210		0.100	10.43		6.75	苎麻

根据以上检测数据，辅以其他途径获取的种种信息，进行综合分析，我们可以获得敦煌遗书纸张的若干信息。

一、纸张表面形态及涂料分析

据史料记载，唐代不同用途的纸有不同的加工方法，一般抄制后未经加工的纸称为生纸，而由专业户或用户自行设计制造，经过黄檗入潢、施胶上矾、染色涂布、浆捶涂蜡等多种方法加工的纸则称为熟纸。

一张纸究竟是直接抄制而成的生纸，还是涂布加工纸，可通过观察分析纸的表面形态及化学成分来做出判断。加工纸大多平整、光滑、细腻，往往肉眼可做出初步判断，但详细结构及具体成分则要通过电子显微镜、显微镜化学及能谱分析仪等手段才能做出判定。经过涂布处理的纸张表面会附着一定量的涂料，包括不同形态的颜料和胶料。本项目通过仪器采集到了每张残片及补纸的原始数据。

图 6-20 纸张表面检测

图 6-21 3D 原始数据采集

例一，带字补纸 3D 表面图：

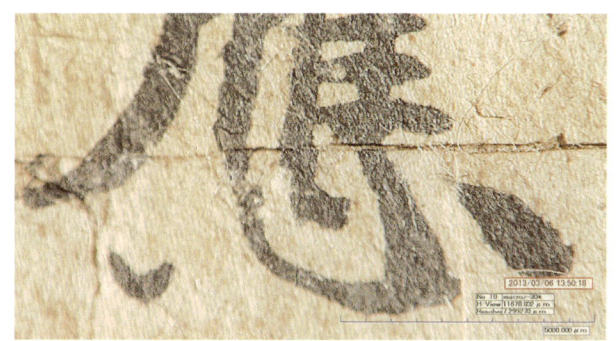 

图 6-22 带字补纸 3D 表面图　　　　　　　　　图 6-23 补纸背面 3D 表面图

例二，《唐人写经册》残片 3D 表面图：

图 6-24 册内残片 3D 表面图　　　　　　　　　图 6-25 装裱绢、纸 3D 表面图

例 3，残片 202《般若波罗蜜多心经》3D 表面图：

图 6-26 苎麻纸 3D 表面图　　　　　　　　　　图 6-27 背面补纸 3D 表面图

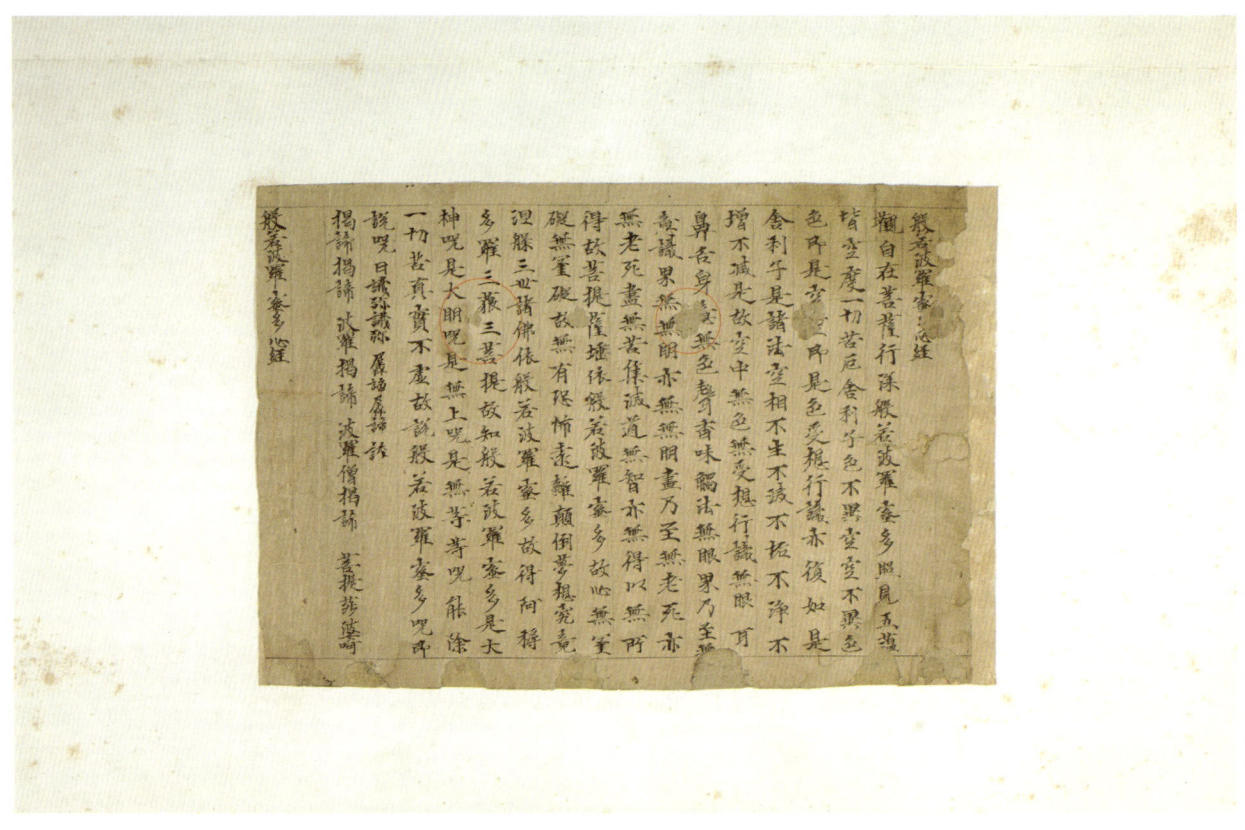

图 6-28 残片 202 修复前照片

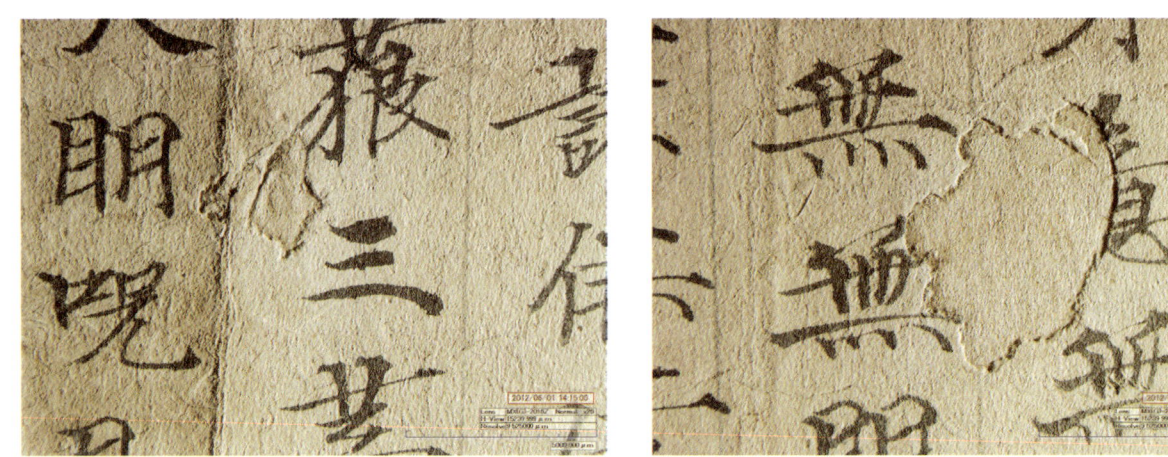

图 6-29 残片 202 修复部位特写图(上图标识位置)

本项目利用国图实验室设备进行了上述实验，其结果表明：天津图书馆藏敦煌遗书用纸大都是加工后的熟纸，其中有双面涂料现象，涂料包括植物胶、动物胶、石蜡等。至于纸中是否还加入了其他物质，有待进一步研究与证实。

二、纸的物理性能及纤维形态测定

由于本次被检测样品的特殊性，即残片大小、形状及装潢程度各有不同，因此在纸张物理性能检测过程中，有些样品的定量、厚度、白度无法用标准方法全部测定，例如已装裱册页中残片的准确厚度和定量，以及修复前被粘贴为册页装的残片，其相关检测数值会受到干扰。遇到这些问题时，本项目只能采取尽量可行的科学方法，测取近似值，以真实记录有效数据。残片纤维种类则是通过显微镜观察纤维形态特征鉴定得出，其结果详见表6-11中纤维种类项。

第七章
修复档案系统设计与应用

第一节 古籍修复档案

一、建立古籍修复档案的必要性

档案是指国家机关、社会组织以及个人从事政治、军事、经济、科学、技术、文化、宗教等活动直接形成的有保存价值的各种文字、图表、声像等不同形式的历史记录。原始记录性是档案的本质属性。档案是保存记录、传承知识的重要文献形式，因此各行各业、各机构都非常重视档案工作。就古籍修复事业而言，对档案的重要性的认识，近年来正在逐渐加强。

传统的古籍修复技术在中国有着悠久的传统，承载着抢救保护中华民族优秀文化典籍的重任。长期以来，这门特殊技艺的传承基本采用"师带徒"的方式，师傅口传身授，徒弟身体力行。专业从事修复的工匠们大多文化水平较低，这种经验型、工匠式的技艺和作坊式的生产，一般很难留下文字记述，更没有真正意义上的系统的档案留存。虽然曾有藏书家或文人参与修书，或撰文记载修书技艺，但终归只是只言片语，行文概略，不够系统，而且往往并不关注技术细节，很难让后人据之了解到具体的修复技艺。

近年来，随着我国图书馆事业的蓬勃发展，传统的古籍修复在文献保护方面的优势越来越受到关注和青睐，该学科领域的专业研究、技术应用、技能创新及规范管理越来越受到重视。因此，在进行"天津图书馆藏珍贵古籍整理、保护与研究项目"过程中，档案的记录、档案系统设计与管理等事务，自然而然成为项目的工作重点之一。我们希望借此机会培育古籍修复业界的档案意识，并积极利用良好的检测与存档条件，获取敦煌文献纸张纤维的多层面实验数据并开展分析，为加速完成我国修复行业从经验修复到科学修复进程提供宝贵经验。

文物保护领域的档案工作经验，对古籍修复业界有很强的借鉴和启发意义。在文物保护领域，档案指的是修复过程中产生的具有保存价值，并且按一定归档制度、格式填写，作为真实的历史记录，并将其集中管理的修复文物的专业资料，是文物修复科学性、规范性的重要文档。文物修复档案的填写，既要真实规范，又要简明扼要，每物一份。记录的基本内容为该文物的编号、名称、时代、材质、级别、尺寸、重量、修复起止时间、文物破损现状与修复历史、修复方案及修后的总结报告。并由主持人、修复者、主管领导分别签名。珍贵文物修复方案制定时的领导审核意见或专家论证会记录，修复前采样检测数据，修复中发现的艺术、制作工艺、材质或其他方面的信息，修复中的用料、配剂配方、工艺流程等所有记录资料，以及修复前后的照片，均应归入藏品档案。[1]

目前，古籍修复档案标准定义尚未形成。笔者认同这样的描述：古籍修复档案是指古籍修复人员在对古籍进行修复的过程中所形成的，对古籍修复情况进行全方位记录的，且具有保存价值的文字、表格、图片、音视频、实物等各种形式和载体的历史记录。

"修复过程中形成"说明古籍修复档案具有反映真实的修复活动的作用。"全方位记录"是指古籍修复档案的形成贯穿于整个修复活动：包括从修复前对待修古籍破损情况的检查、修复准备工作，到对修复过程的全程记录，以及修复工作完成后对修复质量的鉴定、修复经验与教训的总结和古籍回架后的跟踪监测。"具有保存价值"是指要将最能体现古籍修复前后面貌、修复措施和材料的文字、表格、图片、音视频资料和实物加以保存，为后人提供有关本次修复的关键信息，为再次进行可逆性修复提供信息保障。

与其他专业档案相比，古籍修复档案具有一个突出特点，即古籍修复档案中还包括了实物材料：修复用材料样片、修复过程中从古籍上取下的各种实物材料，如丝线、纸捻、书皮、补纸、褙纸等残片。这些实物材料为我们提供了有关古籍原貌和修复的信息，是古籍修复档案不可缺少的一部分，需要永久保存。[2]

二、构建数字化古籍修复档案的基本条件

古籍修复档案的形成方式，经历了两个阶段：其一是传统的手工纸质文本记录形式，其二是基于数字化技术的数字化档案管理系统。当前，在人们对古籍修复档案工作的规范化、标准化、现代化的认识有了普遍提高的同时，信息存储技术的不断更新也为古籍修复档案的数字化提供了可能，

---

1 首都博物馆编：《文物养护工作手册》，北京：文物出版社，2008年10月，第1页。
2 王阿陶，许卫红：《古籍修复档案内容设置及其重要性探析》，《档案学通讯》2010年第5期，第68—70页。

并逐渐成为互联网时代展现和传承修复技艺的重要手段和趋势。

古籍保护与修复工作是对各类相关知识需求庞杂的一项系统工程，古籍修复档案的建设也是一个系统工程：它需要从多角度、全流程加以记录，也需要通过多种手段、使用多种载体进行记录。数字化档案管理系统的设计，应从文献遗产保护的宏观层面和全面视角进行总体规划，加强各领域的合作协调，以此保障数字化古籍修复档案的质量。

首先，需要建立起古籍修复档案数据的标准化体系。数据是古籍修复保护过程中自然形成的产物，是建立古籍修复档案的原始基础，其来源必须具有真实可靠性。古籍修复档案数据的载体、制作手段、表现方式多种多样。因此，古籍修复中档案数据的标准化是工作中必须面对的基础性问题，其相关体系的建设更是实现古籍修复档案资源共享的前提，它将直接影响着传统修复技艺长久保存和便捷利用。

其次，古籍修复档案数据应遵循规范化原则与适应需求原则。古籍保护与修复领域已经形成了一些标准规范，如《古籍著录规则》（GB/T 3792.7-2008）、《汉文古籍特藏藏品定级 第1部分：古籍》（GB/T 31076.1-2014）、《古籍修复技术规范与质量要求》（GB/T 21712-2008）、《古籍特藏破损定级标准》（WH/T 22-2006）等，尚在酝酿中的有《古籍修复档案著录规则》《古籍修复档案机读格式》《古籍修复档案图片标准》等系列规范。这些标准规范或对古籍修复档案建设有指导意义，或有一定的参考价值。同时，数字化古籍修复档案的建设，可以视为利用先进的计算机技术对传统修复技艺开展的保护性传承活动，其过程涉及相关领域的各个环节，其中存在普遍性和特殊性的差异。因此，在参考各标准制定档案工作细则的实践中，应防止僵化套用，须根据古籍修复档案建设的实际需要，加以灵活运用。

再次，技术研发是实现目标任务的前提。古籍数字化技术在我国至今已经走过了30年的历程，它是建设数字化高品质古籍修复档案的基础。古籍修复档案与管理系统的数字化，有赖于成熟的数字化技术、数据库技术、网络技术的支撑，技术保障是数字化古籍修复档案得以实现和运用的前提。

古籍修复档案数字化建设是古籍保护系统工程的重要组成部分，从某种程度上说它甚至称得上是当今以及今后具有较大影响的课题。调研国内图书馆古籍修复档案工作实际状况，我们不难发现，当前我国的数字化古籍修复档案尚处于艰难的开始和曲折的探索阶段。业界在这方面取得过一些可喜的成绩，如2011年国家图书馆研制成功"古籍修复档案管理系统"，并初步具备可以面向全国推广的条件。但是从古籍保护事业的角度看，眼下全国范围的古籍修复档案工作仍然处在起步和探索阶段，面临很多困难，有很多问题需要在实践中逐步探索解决。

第二节　项目档案管理系统的总体设计

"天津图书馆藏珍贵古籍整理、保护与研究项目"主要研究对象是为天津馆藏周叔弢先生捐赠的两批珍贵文献残页、残片。项目开始之前这批文献一直未经系统整理，考虑到文献的珍贵性、不可再生性，这次抢救性修复过程中的信息收集与科学管理至为关键，这就要求我们在项目实施初首先要建设一套完备健全的档案体系。[1]

在设计研制项目档案管理系统之初，首先明确档案管理系统的设计目标、工作内容、使用范围、开放性能及与外界相关数据库的关系等定位问题，力争建设一套方便实用、快捷高效的管理系统。在档案系统研发时，强调整体实用性。从前端的数据生成，到过程中的系统设计，再到后端的保存管理，逐步深入，始终贯彻实用性的指导方针。

为了迅速完成系统设计、少走弯路，在充分调研的基础上，我们首先参考国家图书馆"古籍修复档案管理系统"，逐一了解该档案系统中各项款目的设计意图。国图修复档案设计主要以国家图书馆现有古籍藏书的"修复管理工作"为目标，是一个古籍保护工作的应用系统，它分成四个子系统：用户操作界面系统、修复档案处理系统、管理系统和数据库系统。主要由基础设施、应用系统和服务门户组成，内容全面但比较复杂。

我们利用国家图书馆"古籍修复档案管理系统"，试验性地将本项目中敦煌文献残片和宋元刻本残片的相关信息填写归档记录，发现许多必要加以记录的内容很难对应到国图"古籍修复档案管理系统"的款目中，不能实现全部信息的归类存档。产生这一差异的原因是，本项目档案记录内容不仅仅限于修复过程，而是包括了三个方面的重点内容，即版本鉴定、纸张纤维研究分析、文献修复与装帧，我们的目标是将珍贵古籍修复整理与科学的纸张分析、版本研究相结合，拓展传统古籍保护修复领域的范畴，在研究方法上实现一定程度的突破。因此，档案系统要想达成本项目全部资料的汇集、检索、统计等功能，就需重新加以设计，在充分吸收国图"古籍修复档案管理系统"的优点的基础上，合理调整系统结构，增加特色功能模块，并设计出能够贯穿于整个项目全过程的"专属档案管理系统"。

按照上述设计构想，我们将"天津图书馆珍贵古籍整理、保护与研究项目档案管理系统"划分成修复档案系统、音视频档案系统以及用户管理系统三部分，其中修复档案系统分成六个相对独立的功能模块，每个模块记录不同范畴的信息。系统赋予每件文献唯一的编号，以方便检索管理。

---

[1] 万群：《数字古籍修复档案的实践与思考——以天津图书馆为例》，《图书馆工作与研究》2013年第1期，第84-86页。

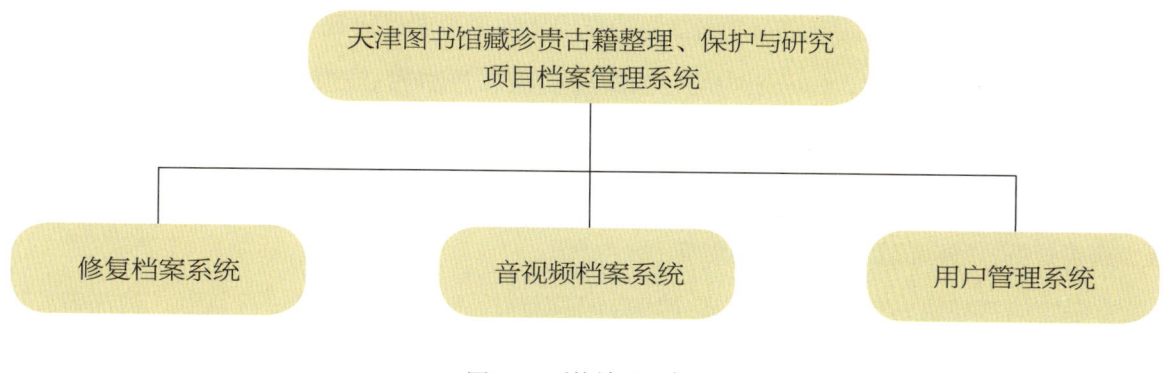

图 7-1 系统关系示意图

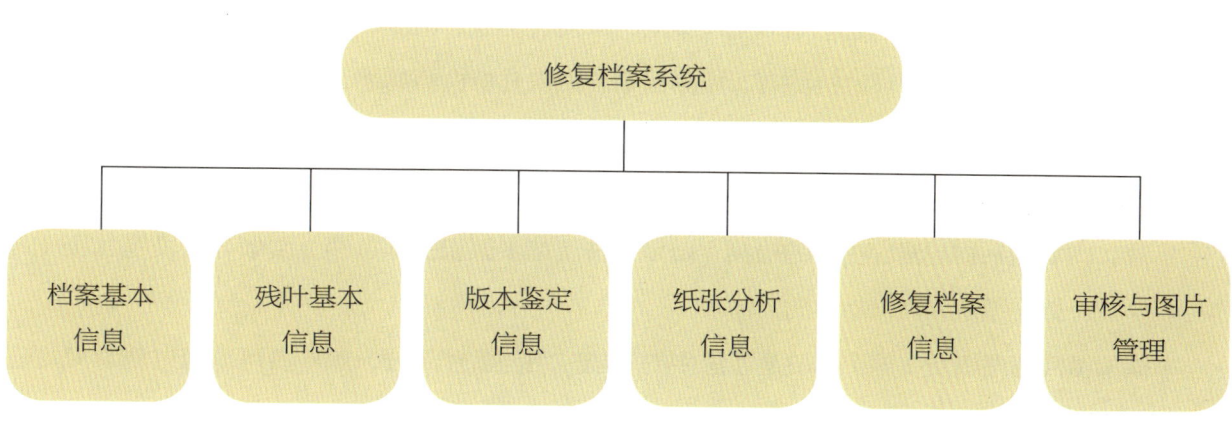

图 7-2 功能模块关系示意图

"天津图书馆珍贵古籍整理、保护与研究项目档案管理系统"是一个基于桌面数据库软件 Visual FoxPro 开发语言编写的开放型的数据收集管理系统，其中数据的增减、划分是完全开放的、可控的。合理的模块化设计，支持在不影响基本运行的状态下迅速扩展系统功能，并可提供多种接口。与之相应的索引和查询系统，便于应对开放型数据库内因数据量过大而导致的无法管理的问题。六大功能模块的设计意图分别为：

档案基本信息模块：在系统中起总括登记作用，著录文献的基本信息。以"册"为单元进行登记，整体反映一册书籍修复前的状况，其主要款目系主要根据敦煌文献著录需要设立。主要著录内容见表 7-1。

残叶基本信息模块：在系统中起个别登记的作用。由于本项目研究对象的特殊性，无论是敦煌文献残片还是宋元刻本残叶，每一册中均包括数量不等的"散叶"，在档案中需要以"张"为单位进行单独记录。这种总括登记、个别登记分别设立模块的模式，同样适用于其他装帧形制的古籍。著录内容包括：残叶题名、版本年代、书叶规格、书叶材质、pH值、破损程度、破损原因、破损位置、病害分析、残叶修复历史、残叶修前图。

版本鉴定信息模块：专为残叶版本鉴定研究记录而设。著录内容包括：行款图、责任者、叶定级、行款、版心尺寸、纸张材质、版本鉴定过程描述、版本鉴定特征、鉴定责任者、鉴定日期、备注。它的设置深化了古籍修复工作的意义，体现了本项目的特色。

纸张分析信息模块：记录对每件纸样进行的理化分析、实验数据，包括对文献材质的检测和病害状况的检测分析。著录内容包括：纸张纤维图、厚度、定量、白度、表面pH值、纤维种类、填料种类、金属离子种类、每项的检测者、检测日期、纸张分析检测描述、纸张检测特征、备注。这个模块凸显了珍贵古纸研究的价值和意义，也是本项目的特色之一。

修复档案信息模块：以国图"古籍修复档案管理系统"为蓝本，重点记录修复过程中所产生的所有信息，内容包括保护修复材料的检测、修复方法工艺步骤和操作条件、装帧与装具等。著录内容见表7-2。这个模块是修复档案的主体。

审核与图片管理模块：这个模块是系统中的功能应用与管理部分，操作者可以通过调取相关记录信息进行图片或影像数据的展示，可以检索并调取各项统计数据并打印输出。著录内容有：审核责任者、验收情况说明、完成归档日期、质量检测评语、备注、整册修前图、残片修前图、残片修后图、行款图、纸张纤维图、整册修后图、视频记录、检索统计。

考虑到未来与国家标准管理数据的兼容与对接，"档案基本信息模块""修复档案信息模块"两部分，基本依照国家图书馆"古籍修复档案管理系统"模式进行设计，只在具体内容上有所调整，力求简洁、方便、实用。著录元素的选取与组织，列表如下：

表 7-1 档案基本信息模块及其释义（以册为单位）

序号	字段名（著录元素）	释义	字段类型
1	整册外观图	修复前整册照片。直观展现修复前文献状态。图片质量达到出版标准。	通用型
2	项目编号	档案编号，如 2011-3-8-001，表示该件为 2011 年 3 月 8 日登记的第一号档案。此为唯一编号。	字符型
3	登录号	登记批次号，登记时以"DH"（敦煌）、"SY"（宋元）区分两大类，其后以每册书籍末尾两字拼音首字母，再以"-"连接阿拉伯数字编号。如 DHCJ-1-1，表示敦煌《唐人写经残卷》第一册第一号。	字符型
4	建档日期	即档案登记日期。	日期型
5	册题名	书籍正题名。	字符型
6	索书号	原书索书号。	字符型
7	版本时代	如敦煌、宋、元、清等。判断不清的可空缺。	字符型
8	版本形式	如刻本、手写本、影印本、石印本、其他等。判断不清的可空缺。	字符型
9	定级	著录专家鉴定之前本馆拟定的定级情况。	字符型
10	书籍装帧	如卷轴、梵夹、经折、蝴蝶、毛装、单张、连张等。判断不清的可空缺。	字符型
11	书签	记录册书签情况，登记时选择有、无、残等选项。	字符型
12	书皮数量（单位:张）	此项为修复敦煌遗书残片而设，依据实际情况在空格中填写阿拉伯数字。	字符型
13	书皮材质	如手工纸、机制纸、丝织品、木板夹等。判断不清的可空缺。	字符型
14	书皮颜色	如明黄、硬黄、古色、磁青、本色、其他等。判断不清的可空缺。	字符型
15	书叶总数	单册书籍的书叶数。	字符型
16	题跋数量（单位:张）	登记书籍正文以外书写题记和跋语的书叶总数。	字符型
17	书叶材质	以整册书为单位进行著录，如麻纸、皮纸、竹纸、机制纸、再生纸等。判断不清的可空缺。	字符型
18	书叶长	整册尺寸（以厘米为单位）。	字符型
19	书叶宽	整册尺寸（以厘米为单位）。	字符型
20	护叶	指敦煌遗书残片册页的护叶情况。	字符型
21	修复历史	整册修复历史，如曾经修复、未曾修复。	字符型
22	附件	以文字形式就整册文献进行整体说明。	备注型
23	册破损情况	详细文字说明。	备注型
24	备注 1	针对档案基本信息的备注项	备注型

表 7-2　修复档案信息模块及其释义

序号	字段名（著录元素）	释义	字段类型
76	残叶修后图	残叶修复后的整体图像。直观展现残叶修复后的状态。图片质量达到出版标准。	通用型
77	修复要求	对残叶的修复要求。	备注型
78	染色材料	如国画颜料赭石、国画颜料花青、国画颜料藤黄、橡碗等。	字符型
79	面料	如手工纸、绫、绢、布、混纺织物等。判断不清的可空缺。	字符型
80	补纸材质	如麻纸、皮纸、竹纸、机制纸、再生纸等。	字符型
81	补纸厚度	所选补纸厚度值。	字符型
82	补纸 pH 值	所选补纸去酸前后书叶表面 pH 值。	字符型
83	修补方式	如手工修补、纸浆修补。可空缺。	字符型
84	修复粘合剂	如小麦淀粉。	字符型
85	修复责任者	修复人姓名。	字符型
86	修复日期	指完成修复日期。	日期型
87	修复分析	详细叙述修复过程及特殊处理情况。	备注型
88	备注 5	针对纸张分析信息的备注项	备注型
89	修后整册图	完成修复与装帧之后书籍的整体图像。直观展现修复后整册书籍的状态。图片质量达到出版标准。	通用型
90	装帧方式	根据实际情况加以说明。	字符型
91	装具设计	残叶恢复成册的整体设计方案。	字符型
92	装帧设计者	装帧方案制定者姓名。	字符型
93	装帧责任者	装帧制作者姓名。	字符型
94	装帧日期	装帧完成日期。	日期型
95	装帧说明	详细叙述装帧过程、步骤、完成效果。	备注型
96	备注 6	针对修复档案信息的备注项	备注型

第三节　项目档案管理系统的具体操作

一、修复档案系统

1.打开并进入"系统登录界面"。我们设计了两类用户：浏览操作用户和录入操作用户，并设有相应的密码，以此来保证浏览用户不会对数据库内的数据产生误操作。输入用户和密码，点击"确定"按钮，进入"系统菜单界面"。

2.在系统菜单中，根据实际情况选择"修复档案系统""音视频档案系统"或"用户管理系统"

中进行著录和管理操作。

3.比如选择"修复档案系统",浏览界面以二维表形式,列出6部分的具体内容共110个字段。该系统管理的独特性与实用性,在浏览系统可以得到直观而充分的体现。在浏览界面下方,我们还设置了支持双字段检索与索引的功能区,用以方便并满足最大限度的数据整理、检索与利用。

4.选择"浏览界面"的"添加"按钮,可以分别进入"档案基本信息""残叶基本信息"等6个录入页面。点击各功能框,可以依次录入、编辑相关著录字段的具体内容。

5.完成信息登记后,点击页面下端的"保存"按钮,提交数据,结束操作。

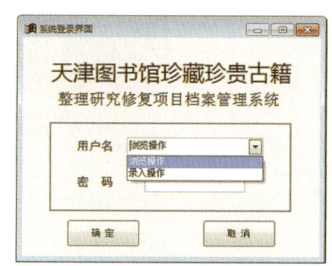

图 7-3 系统登录界面

图 7-4 系统菜单界面

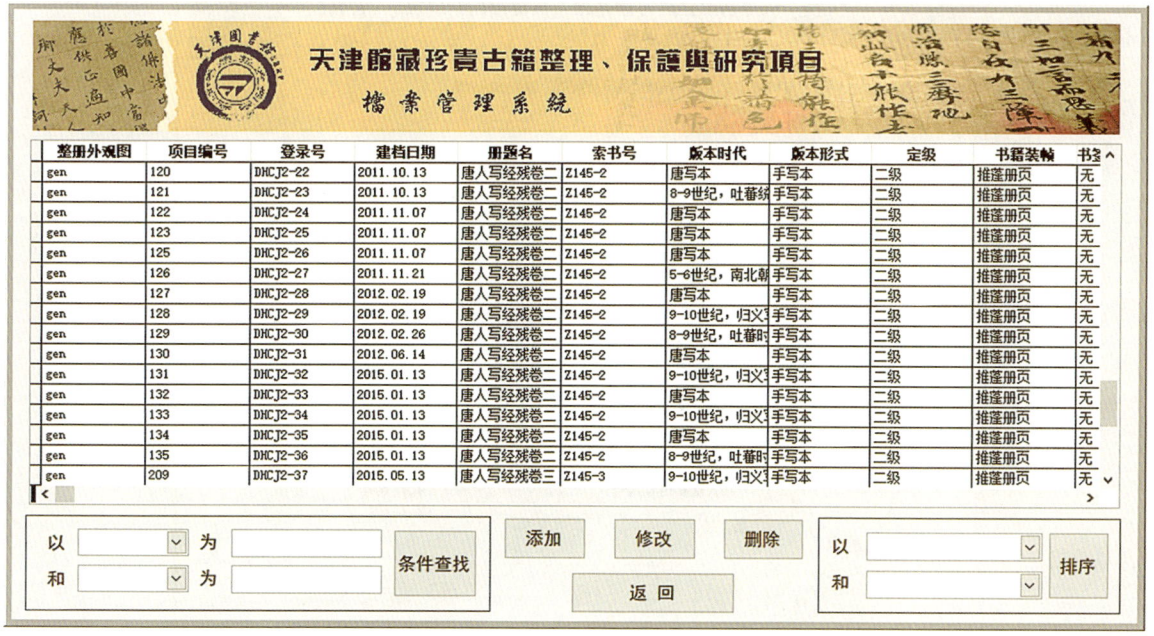

图 7-5 系统浏览界面

图 7-6 档案基本信息模块

图 7-7 修复档案信息模块

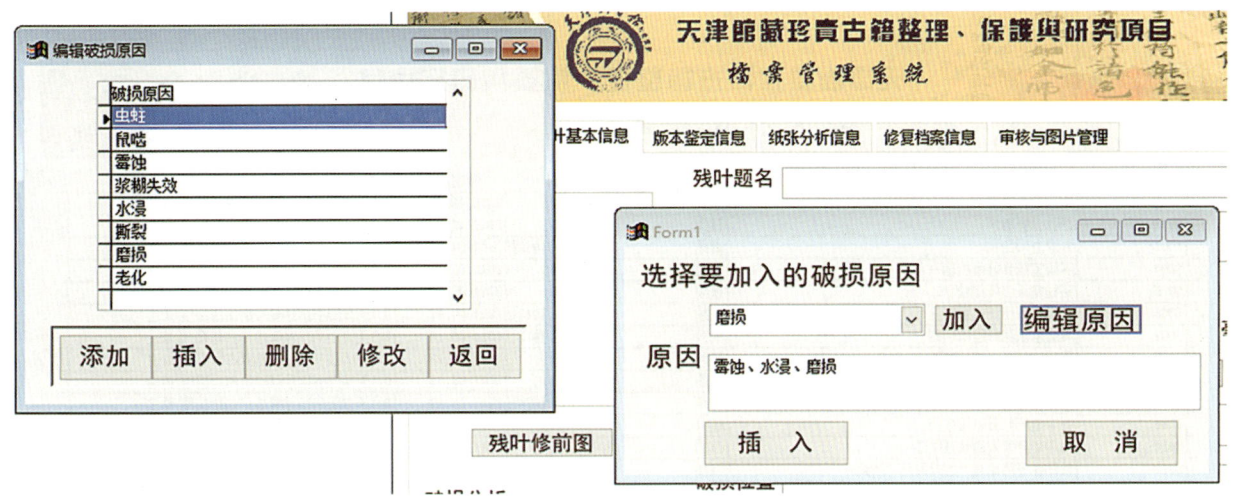

图 7-8 特别设计的窗口

针对图像数据占用空间大、规范性内容重复输入以及录入数据检索排序准确这三种情况，我们增加了特殊窗口设计，使其操作灵活而实用。

针对内容表述方式规范统一、可以采用多选形式的著录项，我们设计了特别的窗口。比如对于"破损原因""破损位置"，不仅可以用下拉菜单自由添加多个规范内容，以及对菜单内容进行添加或删改操作，还可以利用文本框记录菜单选项没有涵盖的重要信息。

二、音视频档案系统数据的著录与关联

1. 如上文所述，在"系统菜单界面"选择"音视频档案系统"，进入浏览界面。该界面与"修复档案系统"浏览界面的要求基本一致，只是对其中的二维表字段进行了调整。

2. 点击"添加"按钮，打开"著录页面"。根据音视频档案的特点，该页面设置了 7 个著录字段，从存藏信息和属性信息两方面对档案文件进行描述。完成信息著录后，单击"保存"按钮保存数据。

3. 完成音视频档案的著录后，我们可以将它与相关的修复档案进行关联。只要在上文所述的"修复档案信息"页面内，著录音视频档案编号，就可以在"审核与图片管理"页面内对其进行调用和管理。

图 7-9 音视频档案系统

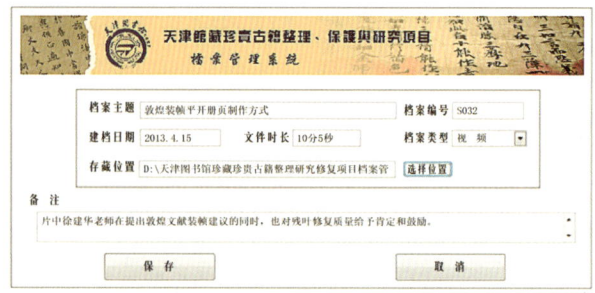

图 7-10 音视频档案系统著录界面

图 7-11 "修复档案信息"页面内的"音视频档案编号"著录字段

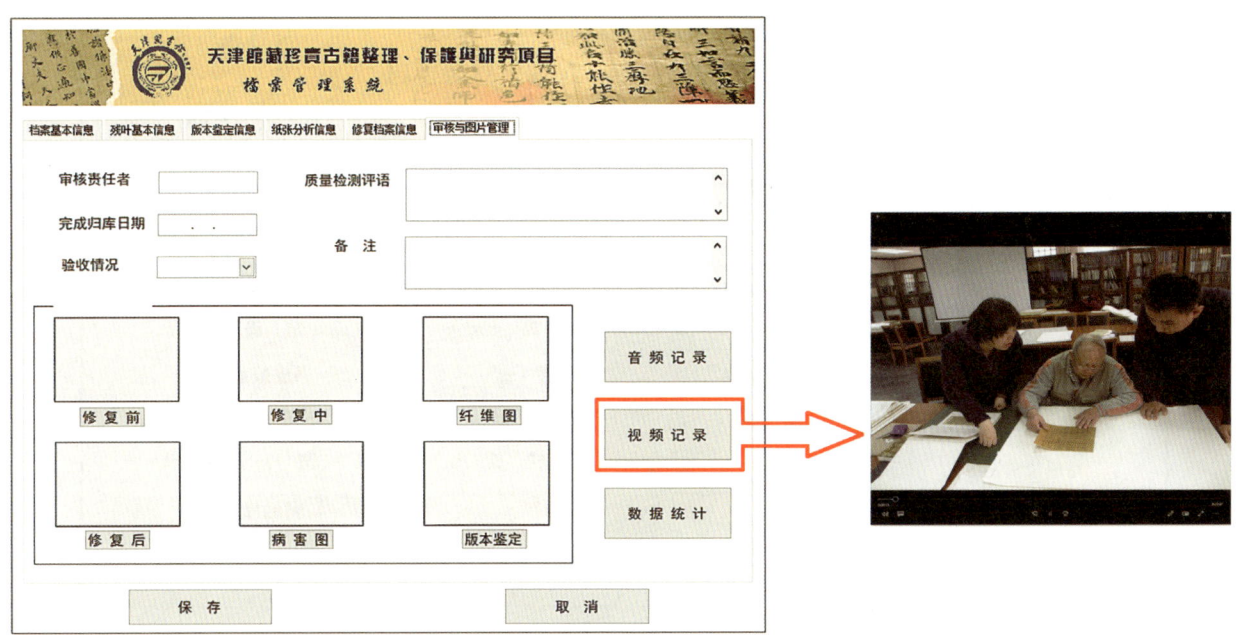

图 7-12 音视频档案系统审核与图片管理界面

三、修复档案管理系统使用样例

下面以敦煌文献《唐人写经真本》为例，具体展示天津图书馆古籍修复档案管理系统的使用和内容。

《唐人写经真本》一册。馆藏编号 S8429，项目编号（目录简称）213(津图 146)。册内粘有敦煌遗书共 39 件，经鉴定其为同卷剪裁之公元 8 至 9 世纪吐蕃统治时期《大般若波罗密多经》卷三五五写本；卷前有题签，卷中钤印多枚，无购书印记。原件为五镶册页装形式，上下两面以硬纸板挟持。基本情况著录于档案系统，如图 7-13 所示。

首先，我们对该件文物进行原始拍照，留取原始信息；对文物进行病害综合分析，利用现代科学仪器对文物进行无损分析检测，根据检测数据及病害评估结果制定具体保护修复方案。

《唐人写经真本》自入藏以来，一直存放在天津图书馆古籍珍本书库内，保存环境良好。册页装裱出现了错简现象，造成次序颠倒。档案系统的破损原因菜单中，没有列出"错简"这一预选项，因此须在文本框内直接添加。

此册页整体无囊匣外包装、书册局部有水渍、页面内有明显黄褐色斑点、书前数页有虫蛀现象。这些信息著录在"残叶基本信息"界面。

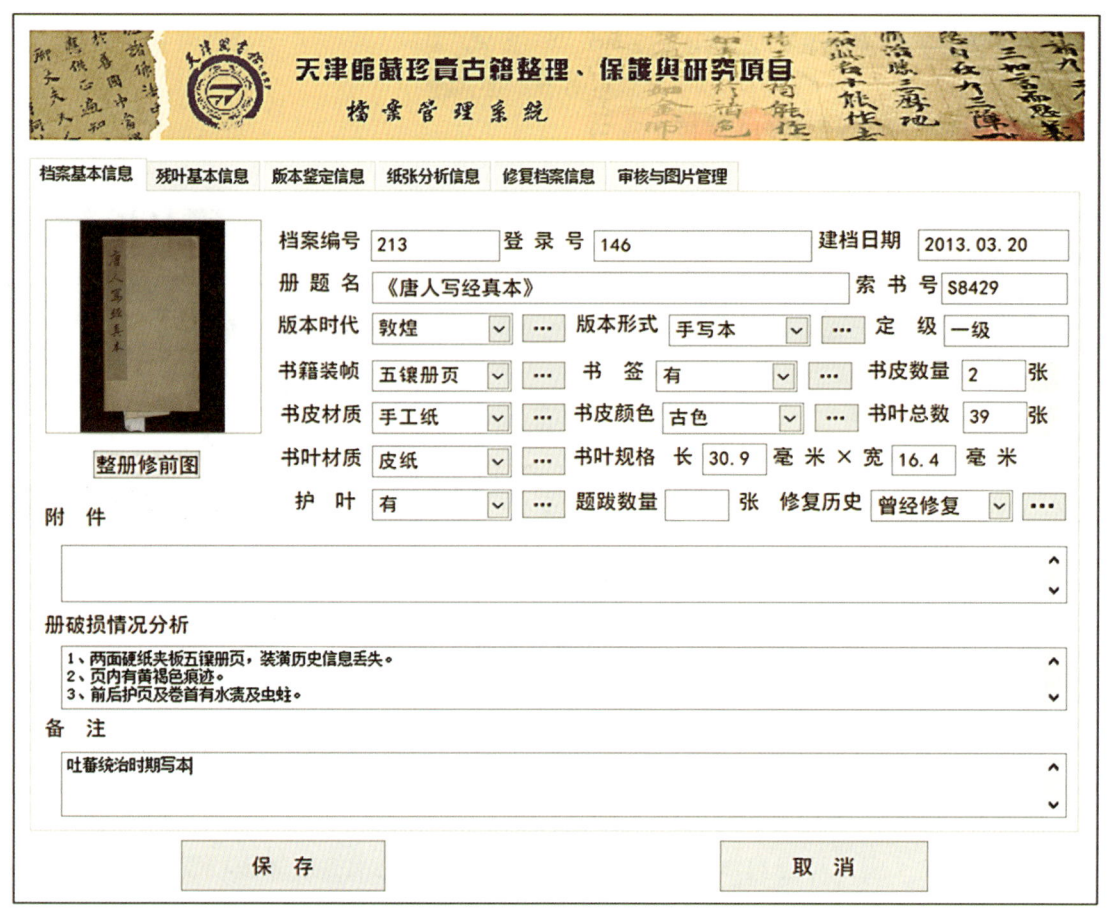

图7-13《唐人写经真本》一册修复档案基本信息

根据该册页的病害特点，我们严格按照WW/T0026-2010《馆藏纸质文物病害分类与图示》的要求，并参照中华人民共和国文化行业标准WH/T22-2006《古籍特藏破损定级标准》中的相关内容，进行了病害调查及整体评估。经评估，我们认为该件文物处于四级破损状态。

该件文物的保护修复，宜遵循对文物最小干预性原则，采取原件基本不动的方案，只做局部技术性清污，以及虫蛀破损的修复。按照《"天津图书馆藏珍贵古籍整理、保护与研究项目"修复方案文本规范》的要求，修复人员编写修复方案，并将真实、详细、完整的信息记入档案系统。

《唐人写经真本》经除尘、修补、阴干、压平、粘合、剪齐等步骤，完成修复，并制作了保护装具。经验收合格，于2013年3月20日归库。相关信息著录于审核与图片管理界面。

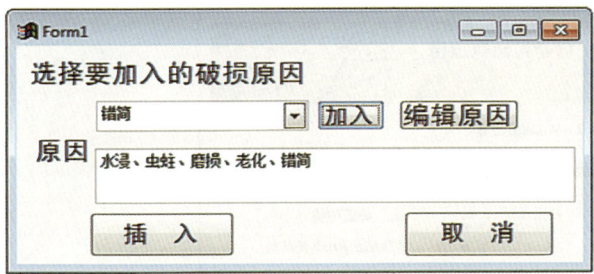

图 7-14 输入残损信息

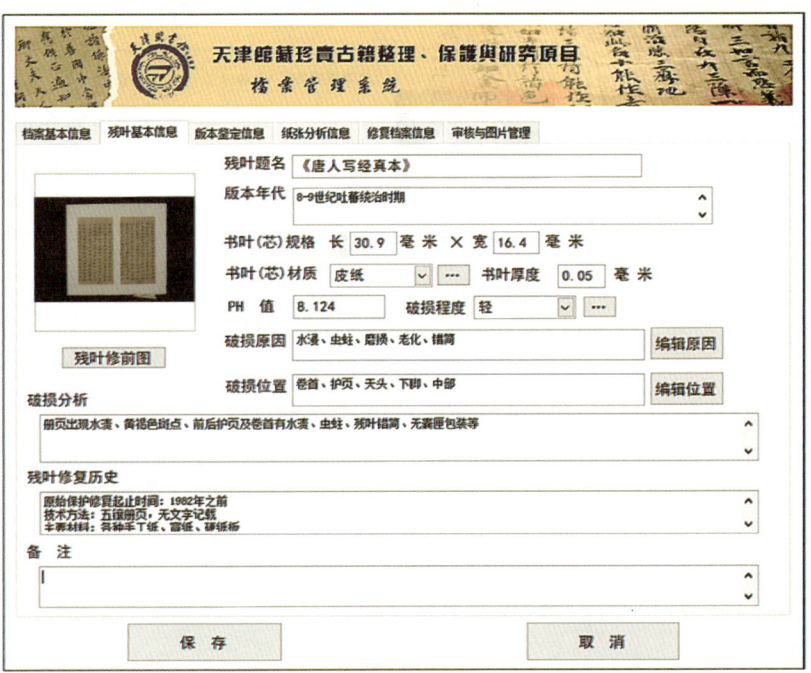

图 7-15 残叶基本信息

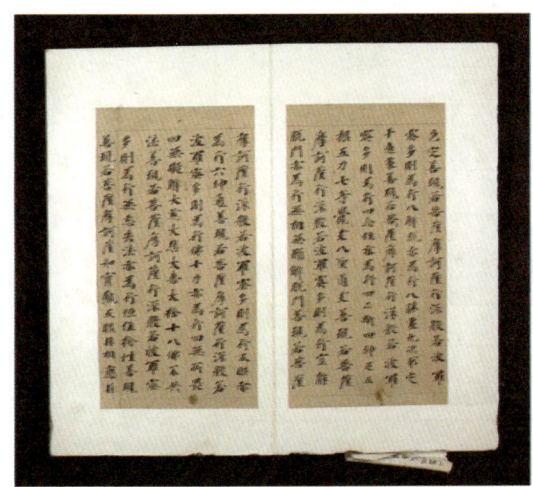

图 7-16 修复前照片

193

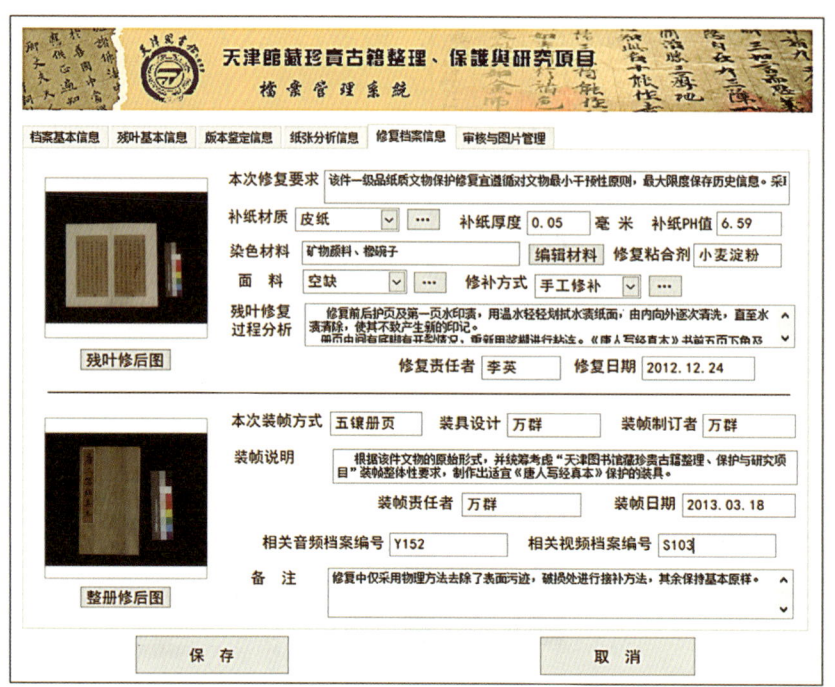

图7-17 《唐人写经真本》修复档案信息

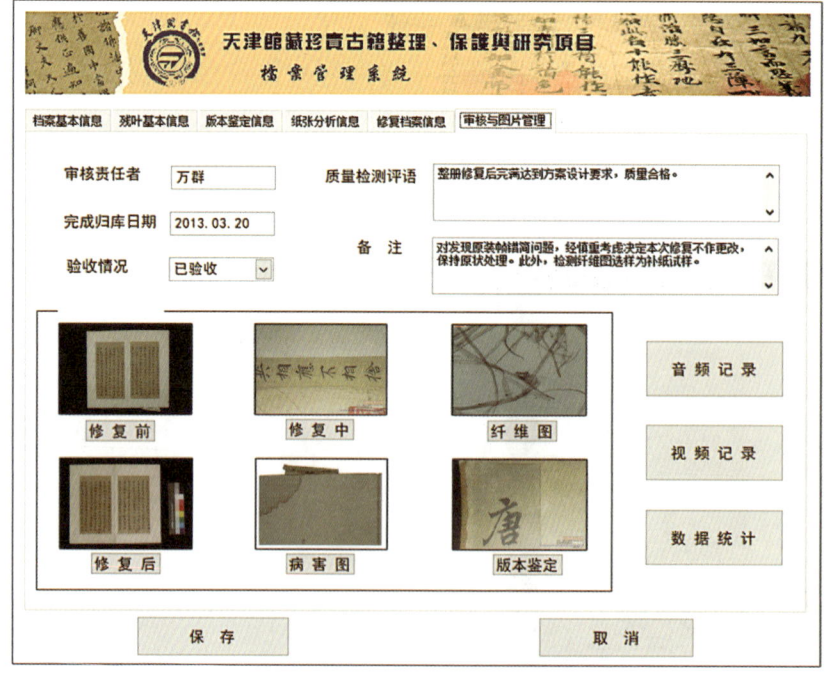

图7-18 审核与图片管理

第四节　古籍修复数字化档案的实践意义

一、建设古籍修复档案数据库，是总结和研究古籍修复技术发展史的重要依据。古籍修复档案作为从实践中获取的一手资料，是吸取前人经验以不断继承修复技艺、推进技术进步的资料宝库。今天当我们回顾国家图书馆用十多年时间完成的《赵城金藏》修复项目，由于当年修复工作不记录不照相，也没能留存一个字的档案，已无从了解当时修复技术的细节和经验，更无法进行科学研究和总结，让人感到非常遗憾。建设古籍修复档案数据库，可以极大地弥补这一遗憾，为当前和今后留下一份历史记录和追溯依据。

二、建设古籍修复档案数据库，是促进古籍修复工作规范化、标准化的必要手段。分析古籍保护修复工作的性质和任务可知，古籍保护属于科学范畴，而古籍修复属于技术范畴，两者同为解决珍贵古籍文献有效传承的关键。修复技术表述往往带着浓郁的个人色彩及地域性，难于统一规范，如常见的"金镶玉"装，在南方被称"袍套装""惜古衬"。通过一定数量的古籍修复档案数据信息的统计分析，能为古籍修复标准提供依据，从而使古籍修复技术步入科学发展的轨道。

三、建设古籍修复档案数据库，是实现古籍文献资源及专业技术资源共享的前提。建立记录详尽、灵活智能的数字化古籍修复档案是当前国内古籍修复机构的工作重心之一。但是由于档案内容范围及形式的不统一，造成全国古籍修复工作整体水平不高、国家宏观管理困难等现实问题，这样也会间接影响到古籍文献整理水平的提升。

通过实践，我们认识到，建立古籍修复档案数据库是振兴独特技艺、促进古籍修复工作向科学化迈进的基础工作和重要依据。为此，有必要加强古籍修复业界的整体协调，在全国古籍修复业界推广古籍修复档案管理系统建设，进一步建立全国性的古籍修复档案联合系统，以促进行业的健康发展。天津图书馆古籍修复档案管理系统的建设实践，可以为这一工作的推进提供一些基础和经验。

第八章
项目经验总结

"天津图书馆藏珍贵古籍整理、保护与研究"项目是"中华古籍保护计划"实施以来国家图书馆与省份中心合作开展的首个深度研究项目，具有比较强的示范意义。

一、国家图书馆（国家古籍保护中心）与天津图书馆（天津市古籍保护中心）的通力合作

"中华古籍保护计划"的实施，为全国图书馆界的古籍保护、整理与服务事业打开了新局面，也为图书馆界各机构之间的合作沟通了渠道、搭建了平台。正是借着这样的良好态势，"天津图书馆藏珍贵古籍整理、保护与研究"项目应运而生。两馆的馆领导都非常重视这一合作项目，在项目管理（包括资金使用）等方面给予了强有力的支持。

我们知道，古籍保护是一项功在千秋、利在万代的事业，对于中华民族优秀传统文化传承和当前的文化建设，都有重要意义。古籍保护也是一个非常专业的工作领域，从业人员数量比较少，行业专家集中在几个大馆；同时，古籍保护需要的科学设备有较高的要求，购置与运行成本较高，规模较小的机构较难承受。因此，古籍保护工作特别需要加强行业内的资源整合、机构间的横向合作。人员、设备、资金等方面，都是如此。

古籍保护工作的对象，是记载着中华文明精华的珍贵古籍，每一册件都是珍贵文物。各馆以职责所系，都极为重视其安全，制订了严格的管理规定。因此，较长时间地在各馆之间调用古籍，开展保护与相关研究工作，面临着管理上的很多难题。

幸运的是，"中华古籍保护计划"及其相关工作机制的建立，为馆际合作提供了新的平台。本

项目得天时、地利、人和。人员方面，汇集了国家图书馆和天津图书馆的版本鉴定、古籍修复、古籍保护等方面的专家团队和业务骨干；设备方面，充分利用了国家图书馆近年购进的一批高精古籍纸张检测设备；资金方面，国家图书馆和天津图书馆都给予了充分的保障。正是因为两馆之间的通力合作，实现了优势互补，本项目才能顺利完成，并为同类项目的开展积累了经验。

二、跨越学科领域，集合专家智慧

传统的古籍修复工作，注重经验积累和技艺传承，对相关领域的研究关注不够。时代在发展，古籍修复事业也应"与时俱进"，古籍保护的理念也应不断拓展与深化。

古籍修复技艺需要与古籍版本鉴定、纸张检测实验分析、文献装帧艺术等相关领域发生密切关联，版本鉴定明确古籍刊印的时间、地点，纸张分析明确古籍用纸的各项参数，装帧形制关系到古籍能否便利使用与长久保存。这些领域的知识与研究成果，都是古籍修复工作需要参考的，有的还可以在古籍修复工作中起到关键作用，比如补纸的选择、粘接剂的选用等等。同时，修复过程本身，也需要运用更多的科学方法和检测技术手段。

本项目所保护修复的这批文献，年代从南北朝到宋元时期，时间长达七八个世纪，对于如此古老的文献，其纸张检测分析、修复用纸的适配，以及修复方法评估等诸多方面，采用多学科综合研究，在古籍保护修复领域具有创新性，有助于推动古籍保护修复工作从"经验"到"科学"的迈进。

大量的工作实践证明，专家的参与和项目专家队伍的建立，是提高古籍修复项目管理水平的有效途径，是制定严密的修复方案、选择得当的修复措施的保障，是准确贯彻目标任务的保证。本项目从提出设想、申报论证、拟定修复保护方案，到具体实施修复、进行检测，以及项目研究过程中解决遇到的种种问题，都是依靠专家的智慧和力量完成的。专家的全程参与为本项目的顺利推进提供了强大的保障，专家的作用在此次项目合作中得到了充分的体现。通过本项目，我们形成了文献专家与修复专家、先进技术与传统工艺、修复与研究、经验与科学相结合的全新的古籍保护理念。

三、运用科学方法提升古籍保护水平

本项目的亮点之一，是在修复的同时，对珍贵文献进行科学检测。检测的目的主要是两个方面：一是通过对跨度长达七八百年的古纸样本的检测，获取多维度的丰富数据，为建立古纸库积累资料；其二是通过检测，为修复过程中补纸的选配提供参考，提高配纸的科学性。

本项目的纸张检测，力图进行一次完整系统的科学分析。通过现代纸张检测技术与IT技术的结合，为最终建立规范化的古籍用纸数字服务平台打下基础。"古籍用纸数字化平台"是古籍保护工作者多年来的愿望，它如同为中国千年古纸建立一个"DNA"库，不仅可以对版本鉴定起到重要辅助作用，还可使古籍修复用纸选配更加科学、合理，从而极大地提高古籍保护工作效率和修复质量。这是以前未曾有过的实践，必将有着深远的意义。

四、提升管理水平，服务业务发展

在传统的古籍修复工作中，由于技术与管理在表现形式和作用发挥途径的不同，人们往往将精力集中在修复技艺的传承上，更多地关注技术，而忽视了修复工作的管理问题。这使得修复工作存在不规范的可能，也容易发生工作失误。当前的珍贵古籍修复项目中，必须强调技术管理，包括修复方案的制定、技艺方法的科学评测、修复原则的可操作性、突发事件的应急措施等等，都应该加以强调。

本项目将当今文献遗产保护技术与管理方法有效地应用于修复实践中，在管理理念和管理方式上都有所创新。首先，前期便构建了较为完善的项目保护工作整体规划，阐明了文献修复的原则、目标和任务，有助于明确从上到下的责任体系，使项目的每项工作都能做到有章可循。其次，在管理方式的选择上，我们将每件残片的修复方案放到了整批文献的整体中加以考量，包括对不同载体的使用情况的评价、实施修复或载体转换与选取新材料、新技术的甄别等，以保证保护计划的科学性、实用性和有效性。

本项目特别强调修复方案制定的程序和要求，在修复方案制定过程中采取多次专家会商、修复过程中随时调整的办法；要求做到"一件一单"，对每件文献残片制定有针对性的方案；修复实施过程中，要求发现问题随时研讨，必要时随时调整修复方案。又如，本项目建立了完备的修复档案，举凡搜集、整理与数据库建设，都有具体明确的要求并严格执行，留下了完整详细的修复记录。

综上所述，古籍修复与文献保护工作需要不同专业领域的协作融合，需要信息与人才的交流互通。随着社会与科技的发展，古籍保护技术和目标也在悄然发生着变化，它不仅包含修复、装裱等技术层面的内容，也须涉及文献保护原则与保护目标的一致性、政策法规与技术标准的权威性、保护方案制定与档案管理的规范性等更宽泛的范畴。"天津图书馆藏珍贵古籍整理、保护与研究项目"就是这一理念的初步实践，本书记录了这个项目的整体实施过程和我们的一些思考，希望为珍贵古籍文献修复保护工作提供参考。

主要参考书目

1. 肖振棠、丁瑜编著：《中国古籍装订修补技术》，北京：书目文献出版社，1980年。

2. 潘美娣著：《古籍修复与装帧》，上海：上海人民出版社，1995年。

3. 王菊华编著：《中国造纸原料纤维特性及显微图谱》，北京：中国轻工业出版社，1999年。

4. 朱赛虹著：《古籍修复技艺》，北京：文物出版社，2001年。

5. 中国国家图书馆编：《中文善本古籍保存保护国际研讨会论文集》，北京：北京图书馆出版社，2002年。

6. 杜伟生著：《中国古籍修复与装裱技术图解》，北京：北京图书馆出版社，2003年；北京：中华书局，2013年。

7. 国家图书馆编，詹福瑞主编：《文明的守望：古籍保护的历史与探索》，北京：北京图书馆出版社，2006年。

8. 国家图书馆古籍馆编，张志清、陈红彦主编：《古籍保护新探索》，杭州：浙江古籍出版社，2008年。

9. 陈红彦、张平编著：《中国古籍装具》，北京：国家图书馆出版社，2012年。

10. 张平、吴澍时编著：《古籍修复案例述评》，北京：国家图书馆出版社，2012年。

11. 林明、周旖、张靖编著：《文献保护与修复》，广州：中山大学出版社，2012年。

12. 梁爱民、向辉编著：《古籍保护工作概论》，北京：北京燕山出版社有限公司，2012年。

13. 潘美娣著：《古籍修复与装帧》，上海：上海人民出版社，2013年。

14. 童芷珍著：《古籍修复技术》，上海：上海古籍出版社，2014年。

15. 白淑春、蒋银凤、白放良著：《古籍装修知识及其操作技艺》，银川：宁夏人民出版社，2014 年。

16. 魏华琳著：《古籍修复》，杭州：中国美术学院出版社，2015 年。

17. 国家古籍保护中心、天津市古籍保护中心编：《融摄与传习：文献保护及修复研究》，北京：中华书局，2015 年。

18. 刘家真著：《古籍保护原理与方法》，北京：国家图书馆出版社，2015 年。

19. 国家图书馆古籍馆编：《国家图书馆藏西域文献的修复与保护》，北京：国家图书馆出版社，2017 年。

20. 山东省古籍保护中心编著：《修·行：潘美娣与古籍修复》，北京：线装书局，2017 年。

21. 国家图书馆古籍馆编，陈红彦、刘波主编：《芸香芬馥：古籍保护探索与实践》，上海：上海世纪出版股份有限公司远东出版社，2018 年。

22. 程焕文、林明、邱蔚晴主编：《2016 年古籍保护与修复国际学术研讨会论文海报集》，桂林：广西师范大学出版社，2018 年。

23. 刘建明著：《刘建明古籍修复案例》，北京：学苑出版社，2018 年。

后 记

2005年6月，为参加在京召开的"国际敦煌项目第六次会议"，我有幸接触到天津图书馆藏周叔弢先生捐赠的部分古籍文献，其中包括六册珍贵的敦煌文献。于是，我在2005年方广锠、李际宁编校《天津图书馆藏敦煌遗书目录》的基础上，撰写了《天津图书馆藏敦煌文献介绍》一文，且从书册装帧及前人修复研究视角推介了这批珍贵馆藏。2007年9月，我开始着手进行"周叔弢先生捐赠木版书本残页样拨交清单"的整理工作。同年提出建议，希望在"中华古籍保护计划"开展期间，就馆藏"残页"保存状况进行必要的装帧保护与修复研究。

2008年末，经过一段时间的探讨规划，并请多位保护与修复专家亲临天津图书馆对藏品保存状况给予判定分析，我提出整理修复天津图书馆藏周叔弢敦煌、宋元两部分珍贵文献的建议设想。随后草拟出《"天津图书馆藏珍贵古籍整理、修复与研究"项目申请书（初稿）》上报馆领导，得到批准后报呈国家古籍保护中心。国家古籍保护中心考虑到项目对我国传统古纸研究的特殊意义，补充了纸张检测的研究内容，强调通过对纸张的科学研究指导当前我国珍贵古籍修复技术方法的必要性和紧迫性，使项目更具现实意义。

2009年9月，国家古籍保护中心办公室上报"关于联合开展敦煌遗书、宋元古籍纸张研究报告"。2009年9月30日，包括国家图书馆时任馆长詹福瑞在内的多位领导相继做出批示。至此，项目得以获准实施，资金由"中华古籍保护计划科研经费"及天津图书馆专项经费共同支持，成立由国家古籍保护中心办公室和天津图书历史文献部负责的"天津图书馆藏珍贵古籍整理、保护与研究项目组",成员汇集了当今国内版本鉴定、纸张研究、保护修复领域的知名专家学者。

2010年6月7日,天津馆派专人专车护送珍贵藏品进京。天津图书馆历史文献部李国庆主任与国家图书馆古籍馆陈为老师在《"天津图书馆藏珍贵古籍整理、保护与研究"合作项目送书目录》上代表双方签字,顺利履行了藏品交接手续。2011春节过后,我受天津图书馆委派专程进京再与项目组织策划人陈红彦副馆长(此时她已就任国家图书馆古籍馆副馆长)协商,确定2011年2月21日在京正式启动修复工作。

回顾过往,从项目研究动意,至2018年7月27日藏品安全运回天津图书馆复康路馆舍珍本书库上架庋藏,已十年有余。其间,各级领导、师长、前辈、同道、亲友给予我和项目太多太多的帮助,正是有赖于大家的支持我们才能圆满地完成任务,也使得天津图书馆的这批珍贵文献实现了科学保护的既定目标。这实在都应记录下来,以致谢忱。

首先感谢国家图书馆张志清副馆长和天津图书馆李培馆长,是他们坚定的鼓励和支持,使得项目如愿实现。感谢国家图书馆古籍馆陈红彦副馆长和天津图书馆历史文献部李国庆主任,从项目最初的策划组织,到多年来工作实施过程中遇到的问题困难,他们都能给我以启迪和引导。感谢专家组的李致忠、王菊华、李际宁、赵前等前辈导师,他们在版本鉴定、纸张研究领域的专业指导,使得这个项目具有了合作模式创新、研究内容出新的预期成果。

感谢以胡泊、田周玲为代表的国家图书馆古籍馆文献修复组和国家级古籍保护实验室的年轻朋友们。在一起工作的时光里,我们彼此建立了友谊,他们教会了我更多的文物保护新理念、新技术。衷心感谢李英、边莎两位老师的辛勤付出,助我完成三百余件"残片"的修复工作,他们精湛的修复技艺、踏实认真的职业精神,值得钦佩。我最感谢的是两位授业老师杜伟生和张平,当年是他们教会了我传统古籍修复技艺。此番我带着重任重回老师身边工作,倍感幸福。两位老师言传身教,大至全局,小到细节,无不耐心提点,或书赐教示,学生铭感在心。

我还要感谢这十年来,参与项目工作的索淼淼、王超、杨涛、王笑熙、张建国、赵海云,他们是我的同事,也是与我砥砺扶持、团结奋进的团队伙伴。不曾想,就是这样一个项目,让我与古籍保护工作结下了更深的情缘;它坚定了我对古籍的热爱、对传统技艺的崇尚,促使我在今后的古籍修复研究之旅中不断前行……

本书是"天津图书馆藏敦煌文献整理、保护与研究项目"十年的工作汇报,在项目研究过程中书稿就已经开始动笔,但因我生性疏懒,加之能力所限,故延宕至今。承蒙国家图书馆刘波老师鼎力相助,不仅帮我梳理杂乱文稿,甚或亲为动笔撰写修改篇章,终成是稿,在此深表谢意。

最后，感谢陈红彦馆长不断地鼓励督促我，这也是该研究成果在经历"山穷水尽疑无路，柳暗花明又一村"后，得以面世的一个重要原因。陈馆长还在百忙之中为此书作序，拙稿因之增色不少。感谢学苑出版社决定刊行拙稿，感谢责任编辑战葆红女士认真而细致的编审工作。

因本人水平有限，书中不足之处敬请方家同道不吝赐教。

万群 谨识

2019年3月8日于津门寓所